세상에서 가장 쉬운 SNS 콘텐츠 디자인 with 캔바

디자인의 기본부터
유튜브·인스타그램·블로그
콘텐츠 실습까지

강민영 지음

저자 소개

강민영(마인드카소)

홍익대학교 조형대학에서 프로덕트 디자인을 전공했다. 졸업 후 가방 및 핸드백 디자이너로 10여 년간 일하다가 임신과 함께 전업맘이 되었고, 우연한 기회로 블로그를 시작했다. 여러 방법으로 블로그에 활용되는 이미지를 만들어 보면서 '캔바'를 알게 되었다. 이후 캔바만의 디자인적 감성과 캔바가 제공하는 편리함과 효율성에 매력을 느껴 다양한 이미지 제작에 적극 활용하고 있다.

강의 이력
- SNS 콘텐츠 디자인 워크숍
- 인스타그램 프로필 하이라이트 커버 디자인 워크숍
- 캔바로 드림보드 만들기 워크숍

저서
-『엄마테크, 돈 잘 버는 엄마들의 온라인 출근로드(비제이퍼블릭, 2021)』공동 저자

📷 인스타그램   @design_caso @mindcaso
📝 네이버 블로그   https://blog.naver.com/frissday
✉ 이메일 주소   frissday@naver.com

요즘은 서비스나 제품 판매, 개인 브랜딩, 정보성 콘텐츠 공유, 커뮤니티 활동 등 다양한 목적으로 SNS을 활용한다. 어떤 이유로 어떤 채널을 활용하든지 간에 자신만의 개성을 드러내고 사람들과 소통하는 것이 SNS의 주된 목적이다. 콘텐츠는 글, 이미지, 영상 등 여러 방법으로 표현할 수 있는데, 이 중에서 콘텐츠를 특히 쉽고 효과적으로 전달하는 방법은 섬네일이나 카드뉴스와 같은 이미지 형태일 것이다.

이미지를 디자인하는 일이란, '단순히 예쁘게 꾸미는 것'이 전부가 아니다. 자신이 선택한 단어와 서체는 물론 글의 길이와 여백, 컬러 등이 서로 긴밀하게 영향을 주고받으면서 내 콘텐츠만의 분위기가 만들어진다. 그 분위기는 콘텐츠를 보는 찰나의 순간, 사람들에게 특별한 인상을 남기고, 그 느낌에 따라 글을 클릭하거나 제품을 구매하는 등의 행동 변화를 불러일으킨다. 그렇기 때문에 누군가에게 자신의 콘텐츠로 설득하고 소통하기 위해서는 이미지의 점 하나에도 의도하는 바와 이유가 담겨있어야 한다.

이 책은 캔바 사용법이나 이미지 만드는 법과 같은 기능과 기술적인 내용만을 다루지 않는다. '디자인이란 무엇일까?'라는 질문으로 시작해서 마지막에는 직접 디자인해 보는 과제형 실습까지 체계적으로 구성했다. 디자인의 기초와 디자인 이론 내용을 단순히 머리로만 이해하는 것이 아니라, 자신의 디자인에 적용하고 익힐 수 있도록 이론과 실습을 연계했다. 또한, 글과 사진만으로 설명이 부족한 부분은 QR 코드로 설명 영상을 연결하여 독자분들의 이해를 돕고자 했다.

이 책의 구성

Chapter 01 SNS 콘텐츠를 위한 디자인

디자인이란 무엇인지, 디자인을 하기 전에 무엇을 먼저 해야 하는지에 대해 설명한다. 끌리는 디자인을 위한 3가지 기본 요소(레이아웃, 폰트, 컬러)를 풍부한 예시를 통해 설명한다. 매력적인 브랜딩을 하기 위해 알아야 하는 톤 앤 매너와 디자인 감각을 향상시키기 위한 생활 속 습관과 실천 방법까지 담았다.

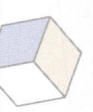

Chapter 02 우리의 디자인 파트너, 캔바

본격적으로 캔바에 대해 알아본다. 캔바 가입 방법과 캔바만의 장점, Pro 버전과 무료 버전의 기능적 차이, Pro 버전을 경제적으로 사용하는 방법 등을 알아본다. 아울러, 상업적 사용에 관한 저작권과 워터마크에 대한 이야기까지 캔바의 전반적인 내용을 다룬다.

Chapter 03 캔바의 기능과 사용 방법

캔바는 디자인 초보자부터 전문가까지 이미지를 편리하게 만들 수 있도록 돕는 디자인 편집 플랫폼이다. 기능을 한번 익혀 두면 SNS 섬네일 제작은 물론 간단한 영상 편집도 가능하고, 일상에서 사용할 수 있는 템플릿 디자인까지 여러모로 활용도가 좋다. 알고 있으면 별것 아니지만, 모르면 활용할 수 없는 것이 툴의 기능이니 하나하나 배워본다. 참고로 Chapter 05~06에서 다루는 예시와 과제 모두 캔바 무료 버전에서 작업하므로 무료 버전의 기능 위주로 설명한다.

Chapter 04 디자인 작업에 도움을 주는 사이트

디자인 작업 시 도움이 될 수 있는 다섯 개의 사이트 소개와 사용법을 담고 있다. 캔바 무료 버전에서 지원하지 않는 기능을 대체할 수 있는 사이트이기도 하다.

Chapter 05 캔바로 디자인하는 SNS 콘텐츠

캔바로 제작 가능한 섬네일, 카드뉴스, 일러스트, 로고에 대해서 알아본다. 기획 프로세스부터 캔바에서 작업할 때의 실질적인 팁 등을 풍부한 사례와 함께 소개한다. 이 챕터에서 배우는 이론에 상상력을 더하면, 자신만의 개성이 담긴 다양한 이미지를 캔바에서 얼마든지 만들 수 있다.

Chapter 06 2주 만에 완성하는 SNS 콘텐츠 디자인

앞에서 설명한 이론을 바탕으로 디자인 실습을 해 보는 파트이다. SNS에서 활용할 수 있는 10가지 예제 이미지의 제작 과정과 3가지 응용 과제를 담았다. 마지막 과제의 제작 과정은 QR 코드로 영상을 제공하나 스스로 먼저 작업해 볼 것을 추천한다.

이 책에서 소개하는 예제를 캔바로 하나하나 따라 만들다 보면 자신의 콘텐츠를 표현하는 것에 대한 흥미를 느끼고, 어느새 디자이너처럼 감각적인 이미지를 능숙하게 만들게 될 것이다.

디자인 감각과 캔바 튜토리얼, 두 마리 토끼를 잡는 책

인스타그램의 피드, 블로그와 유튜브의 섬네일처럼 '이미지'는 나의 콘텐츠를 선명하게 전달하기 가장 좋은 요소다. 그런데 공들여 작업한 결과물을 보면, 머릿속으로 상상하던 이미지와는 다른 모습이라 SNS에 업데이트하기에 망설여진다. 비전공자인 우리들은 포토샵과 같은 디자인 툴을 능숙하게 다루지 못하고 디자이너의 감각을 따라가지 못하기 때문일 것이다.

강민영 저자의 『세상에서 가장 쉬운 SNS 콘텐츠 디자인 with 캔바』는 이런 고민을 시원하게 해결해 주는 책이다. 디자이너로 오랜 기간 활동한 저자의 디자인 감각은 탁월하며, 저자가 제시하는 몇 가지 가이드라인만 적용해도 내 결과물의 퀄리티가 눈에 띄게 달라진다.

이미지 제작에 자신 없었던 분이라도, 이제는 콘텐츠 제작 현업에서 많이 활용하는 캔바와 저자가 아낌없이 공유하는 노하우를 나의 것으로 만들어 감각적인 크리에이터가 될 일만 남았다. 이 책과 함께 여러분만의 콘텐츠를 꾸준히 만들어 보길 바란다!

현직 마케터이자 『사이드잡으로 월급만큼 돈 버는 법』의 저자 _윤소영(해피스완)_

퍼스널 브랜딩 시대, 디자인이 필요하지 않은 곳이 없다. 어떤 분야든 경계가 허물어지고 있는 것을 경험한다. 전문가의 영역이라 어렵게만 느껴졌던 디자인이라는 분야 역시, 다양한 디자인 플랫폼이 생겨나며 누구나 디자인할 수 있는 환경이 되었다.

이 책은 캔바를 똑똑하게 활용할 수 있게 도와주는 책이다. 꼭 필요하고 중요한 포인트만 짚어주고 딱 13일, 하루에 한 가지 실습을 따라 하다 보면 내 콘텐츠와 브랜딩이 완성되어 가는 것을 경험할 수 있다. 디자인의 기본 개념부터 쉽게 설명해 주니 비전공자도 디자이너의 감각을 충분히 익힐 수 있고 저자의 노하우까지 아낌없이 설명하기 때문에 쉽지만 멋지게 만들고 싶은 욕구까지 충족시켜 준다. 그야말로 '세상에서 가장 쉬운 셀프 디자인'이라 할 수 있다.

이 책으로, 작은 노력만으로 전문가의 손길이 닿은 듯한 멋진 결과물을 만들어 내는 마법을 경험해 보기 바란다.

북디자이너_김경수

SNS를 사용하는 사람이라면 콘텐츠 디자인이 얼마나 중요한지 잘 알 것이다. 디자인 퀄리티에 따라 콘텐츠가 달라 보일 정도다. 이 책은 내 콘텐츠를 더욱 돋보이게 하는 레이아웃, 서체, 컬러 등을 저자만의 꿰알 팁과 함께 소개한다.

캔바는 어떠한 콘텐츠를 만들기에도 손색이 없는 디자인 플랫폼이다. 해외 사이트라 세련된 이미지가 많고 사용법이 간단하며, 블로그 스킨 디자인부터 카드뉴스까지 다양하게 활용할 수 있다. 나는 회사에서 프레젠테이션을 위한 용도로 캔바를 사용하곤 했는데, 그땐 몰랐던 보석 같은 기능을 이 책을 통해 알게 되었다.

디자인 관련 프로그램의 기능을 알려주는 책은 많지만, 디자인 감각을 높여 주는 책은 흔하지 않다. 캔바라는 좋은 도구로 한 끗 다른 디자인을 만들 수 있는 저자의 감각과 노하우를 익혀 내 콘텐츠에 적용해 보자. 디자인을 넘어 브랜딩까지 가능한 날이 곧 올 것이다.

아가방앤컴퍼니 VMD팀장, 한국VM연구회 부회장_목경숙

나는 매일 루틴으로 책 필사를 하고 있다. 그리고 좋은 글은 한 장의 이미지로 만들어 SNS에 올린다. 매일 작업하다 보니 어느 순간부터 디자인에 욕심이 났고 그때 만난 것이 바로 캔바다. 이렇게 좋은 툴을 왜 이제 만났나 싶을 정도로 캔바에 빠졌는데, 문득 캔바가 더 알고 싶어졌다. 마침 내가 속한 온라인 모임에 계신 마인드카소 님이 캔바 책을 출간한다고 하여 망설임 없이 베타 리더로 지원해 먼저 읽는 영광을 얻었다.

책을 읽기 전에는 캔바에 대한 툴만 알려줄 것이라고 생각했다. 하지만 첫 챕터부터 디자인이 무엇인지, 디자인을 할 때 무엇을 고려해야 할지부터 차근차근 설명해 준다. 마치 친한 친구가 '디자인에는 내 생각을 담아야 해'라고 따스하게 조언해 주는 느낌이다. 읽는 내내, 그동안 캔바로 카드뉴스를 만들면서 글을 담기에만 급급했던 나 자신을 반성했다. 그리고 앞으로는 다양한 요소와 생각을 담은 디자인을 할 수 있겠다는 자신감을 얻었다.

디자인을 전공하지 않아도 멋진 디자인을 할 수 있는 기회를 제공하는 캔바. 그리고 그것을 실제로 가능하게 해주는 마인드카소 님의 설명 덕분에 유튜브나 블로그의 섬네일, 로고 등을 뚝딱 만들 수 있을 것 같은 느낌이 든다. 나에게 디자인 감각과 자신감을 선물해 준 이 책을 읽고, 여러분도 미라클한 시간을 경험하길 바란다.

『미라클 루틴』의 저자_**염혜진**

캔바는 디자인 작업물이 필요하지만 작업하는 데에 많은 시간을 할애하기 어려운 사람들이 쓰기 좋은 툴이다. 간단히 말하면 Adobe Illustrator와 Microsoft PowerPoint가 합쳐진 느낌이다. 게다가 캔바에는 간단한 영상 편집, 그래픽 검색, 목업 기능까지 있어서 더 유용하다.

이 책은 이러한 캔바를 활용하여 좋은 디자인을 하는 방법과 브랜딩 팁, 디자인 실습 등을 하나부터 열까지 친절하게 설명해 주고 있어서 누구든 쉽게 따라 할 수 있다. 간단하고 효율적으로 디자인하고 싶은 분이라면 이 책을 꼭 읽기 바란다.

대학생_**우인아**

내 콘텐츠는 이 책을 알기 전과 알고 난 후로 나뉜다. 저자의 설명을 따라 캔바를 활용하니 모든 콘텐츠가 시각적으로 더 눈에 들어오기 시작했고, 직접 만든 것들이 쌓이니 자신감 또한 생겼다. 아는 만큼 보인다고 주변에 디자인적인 요소들에 관심도 가지게 되었다.

기초부터 상세하게 알려주는 이 책을 차근차근 따라 하면 자신이 가진 콘텐츠를 더욱 멋지게 표현할 수 있다. 전공자가 아니면 알 수 없는 정보와 팁까지 있기 때문에 이 책 한 권이면 누구나 캔바 디자이너가 될 수 있을 거라고 확신한다.

꽃 피는 숲 연구소 소장_**우혜진**

캔바를 이렇게 친절하게 설명하는 책이 나왔다니 매우 반가운 일이다. 개인적으로 처음 출시된 캔바를 다룬 책을 리뷰할 수 있어 영광이었다. 내가 생각하는 것을 이미지화시키고 싶다면 이 책을 완독하기 바란다.

카이스트 대학원생_**원동식**

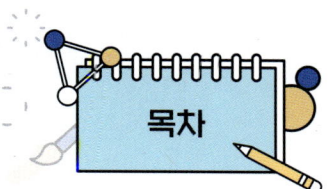# 목차

저자 소개	II
서문	III
추천사	V
베타 리더 추천사	VI

Chapter 01.
SNS 콘텐츠를 위한 디자인

01. 디자인, 디자인 하는데 '디자인'이 뭘까?	03
02. 디자인을 하기 전에 이것부터 하세요!	06
1. 일의 본질 명확하게 정의하기	06
2. 정보 정리하기	07
3. 디자인 콘셉트 잡기	07
4. 기획서 작성하기	09
5. 작업 시간이 단축되는 캔바로 디자인하기	10
03. 끌리는 디자인을 위한 3가지 기본 요소	11
1. 레이아웃	11
2. 서체	18
3. 컬러	22
04. 매력적인 브랜딩을 위한 톤 앤 매너	28
05. 디자인 감각을 향상시키는 노하우	30
1. 많이 보고 느끼고 묻기	30
2. 모방과 다작	32
3. 전체적으로 보는 눈과 피드백	33

Chapter 02.
우리의 디자인 파트너, 캔바

- 01. 캔바를 소개합니다 ·· 37
- 02. 초간단 캔바 회원가입 ··· 38
- 03. 왜 캔바일까? 캔바의 장점 ··· 39
  - 1. 직관적인 인터페이스   39
  - 2. 감각적인 템플릿 디자인   40
  - 3. 무료 버전에서도 남지 않는 워터마크   41
  - 4. 무료 버전에서도 제한 없는 디자인 제작 개수   42
  - 5. 앱 지원   42
- 04. 유료로 전환해야 할까? Pro 버전의 기능 ·· 43
  - 1. 무제한 사용 가능한 프리미엄 사진·동영상·요소·서체·템플릿   44
  - 2. 자동 크기 조정 기능   45
  - 3. 배경 제거 기능   45
  - 4. SVG 다운로드 기능   46
  - 5. 브랜드 키트와 글꼴 업로드   47
  - 6. 콘텐츠 플래너   47
- 05. 이미지의 상업적 사용: 저작권부터 알자 ·· 48
- 06. 캔바의 워터마크 ··· 53

Chapter 03.
캔바의 기능과 사용 방법

01. 메인 페이지 둘러보기 ··· **57**
    1. 상단 메뉴   57
    2. 좌측 메뉴   58

02. 작업 페이지 알아보기 ··· **61**
    1. 작업 페이지 사이즈 설정   61
    2. 상단 파란색 메뉴 바 기능   64
    3. 작업 페이지 기능   68

03. 편집 기능 알아보기 ··· **71**
    1. 꼭 알아야 할 기본 기능   71
    2. 작업 페이지 편집 기능   72

04. 작업 메뉴 탭 알아보기 ··· **75**
    1. [추천 템플릿]: 캔바 디자이너가 만든 템플릿 활용하기   75
    2. [요소]: 디자인 관련 모든 그래픽 이미지 활용하기   79
    3. [업로드 항목]: 내 컴퓨터 이미지 캔바로 가져오기   92
    4. [사진]: 디자인 맥락에 맞는 사진 선택하기   94
    5. [텍스트]: 텍스트로 시선 사로잡기   100

05. 작업한 이미지 다운로드하기 ··· **106**

Chapter 04.
디자인 작업에 도움을 주는 사이트

01. 픽토그램과 그래픽이 필요할 땐, Flaticon ·· **111**

02. 사진의 배경을 지우고 싶을 땐, Remove ··· **115**

03. 컬러 배색이 어려울 땐, Color Hunt ··· **118**

04. 컬러를 Pick하고 싶을 땐, Color Pick Eyedropper ···································· **121**

05. 디자인 아이디어를 얻고 싶을 땐, Pinterest ·· **123**

Chapter 05.
캔바로 디자인하는 SNS 콘텐츠

01. 한 장으로 승부하는 섬네일 ··· **129**
    1. 섬네일 알아보기   129
    2. 캔바 섬네일 제작 노하우   131

02. 메시지를 전하는 카드뉴스 ·· **136**
    1. 카드뉴스 알아보기   136
    2. 캔바에서 카드뉴스 만드는 방법   138

03. 색다른 감성을 부르는 일러스트 ·· **143**
    1. 일러스트 알아보기   143
    2. 캔바에서 일러스트 디자인하는 방법   144

04. SNS의 첫인상이 되는 로고 ·· **147**
    1. 로고 알아보기   147
    2. 캔바에서 로고 디자인하는 방법   150
    3. 캔바로 디자인한 로고의 저작권   153

Chapter 06.
2주 만에 완성하는 SNS 콘텐츠 디자인

01. 실습! 직접 따라 만드는 SNS 콘텐츠 · 157

    [1일차] 사실감 UP! 사진을 활용한 섬네일 디자인 _블로그, 인스타그램_   **157**

    [2일차] 센스 UP! 프레임을 활용한 섬네일 디자인 _블로그, 인스타그램_   **161**

    [3일차] SNS의 기본 플랫폼, 블로그 상단 스킨 디자인 _블로그_   **166**

    [4일차] 감성 UP! 일러스트를 활용한 섬네일 디자인 _블로그, 인스타그램_   **171**

    [5일차] 집중도 UP! 그래픽을 활용한 인스타그램 하이라이트 디자인 _인스타그램_   **178**

    [6일차] 쓱쓱 넘겨보기 쉬운 인스타그램 카드뉴스 디자인 _인스타그램_   **185**

    [7일차] 진정성 UP! 사진을 활용한 유튜브 섬네일 디자인 _유튜브_   **196**

    [8일차] 채널 정체성 UP! 유튜브 채널아트 디자인 _유튜브_   **201**

    [9일차] 기억에 남는 프로필 디자인 _블로그, 인스타그램, 유튜브_   **205**

    [10일차] 판매량 UP! 제품 이벤트 이미지 디자인   **209**

02. 도전! 디자인 실력이 향상되는 응용 과제 · 214

    [11일차] 기본 템플릿을 활용한 섬네일 디자인 _블로그, 인스타그램_   **215**

    [12일차] 참여도를 높이는 이벤트 섬네일 디자인 _블로그, 인스타그램_   **216**

    [13일차] 시선을 사로잡는 섬네일 디자인 _유튜브_   **217**

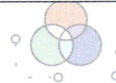

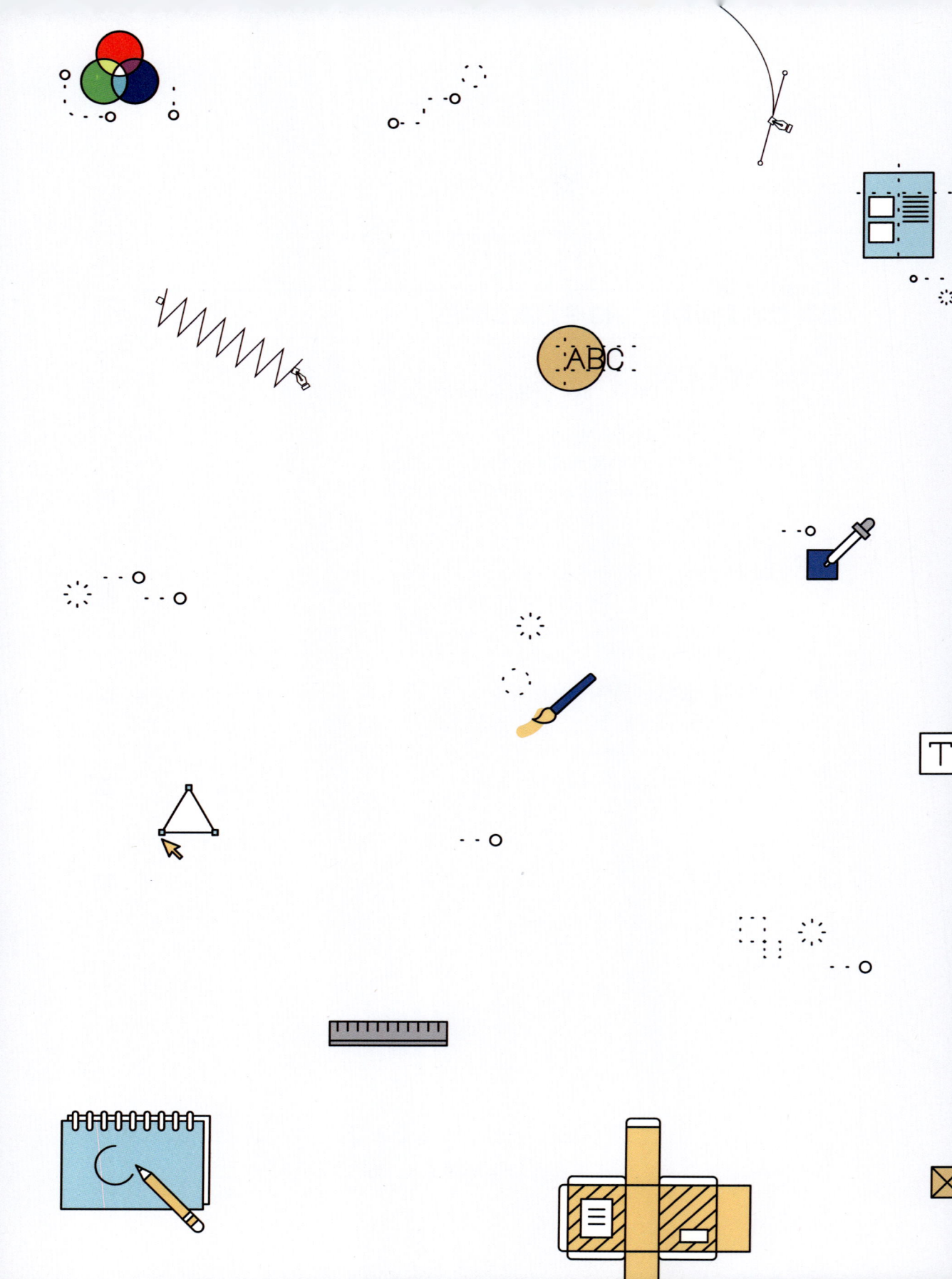

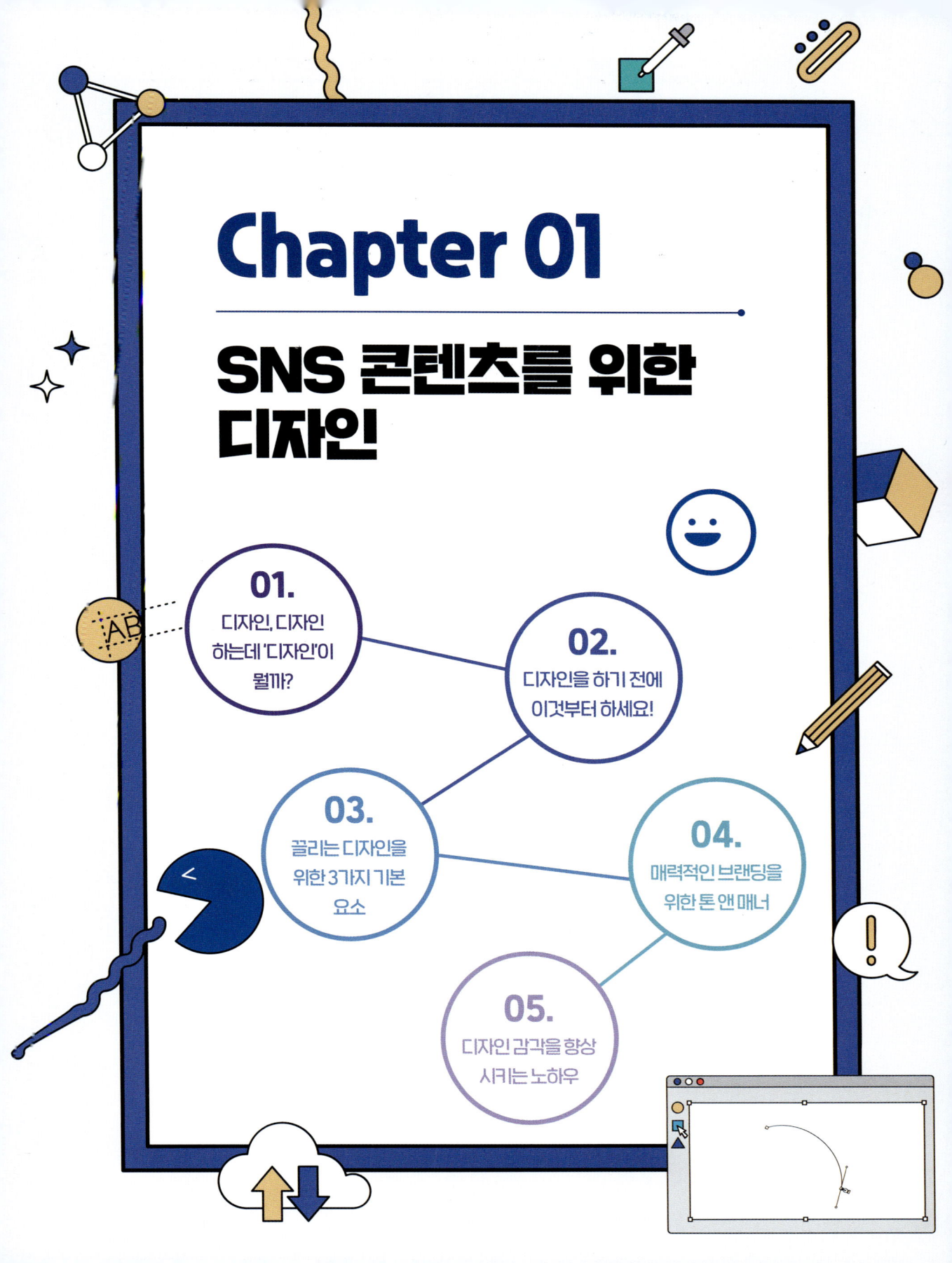

Lesson 01 | 디자인, 디자인 하는데 '디자인'이 뭘까?

디자인이 뭘까? 먼저 단어를 이해하는 데 기본이 되는 사전적 의미를 찾아보자. 디자인이란 '의상, 공업 제품, 건축 따위 실용적인 목적을 가진 조형 작품의 설계나 도안'이라고 정의하며 비슷한 단어는 '설계'라고 한다. 이런 건조한 설명이 와 닿지 않는 이유는 현실에서 디자인은 디자이너라는 한 분야의 전문가가 하는 일인 동시에 전문가가 아닌 사람들도 일상에서 흔하게 쓰는 단어이기 때문일 것이다.

전업 화가가 되고 싶어서 입시 미술을 시작한 나는 대학 원서를 넣는 날 '순수미술 전공자는 졸업 후 자리 잡고 돈 벌기 어렵다', '디자인과에 진학해야 취업하기 수월하다'는 학원 선생님의 말에 초라한 아티스트가 된 나의 모습이 상상되었다. 결국 꿈에 대한 초심이 뿌리째 흔들렸고, 그렇게 원했던 회화과가 아닌 조형학부에 지원하여 프로덕트(Product) 디자인을 전공하게 되었다. 휴대폰이나 가전과 같은 제품 디자인에는 흥미가 없어서 졸업 후 선택한 첫 직장은 패션과 제품 디자인의 중간쯤에 있는 가방을 디자인하는 회사였다. 가방 디자이너로 입사했지만, 가방만 디자인하지 않았다. 해야 하는 일의 범위는 생각보다 넓었다. 가방은 물론, 매장에 세우는 자그마한 POP, 단추의 도안, 신발 안에 넣는 포장지, 제품 박스, 선물용 리본, 시즌 템플릿, 지갑에 넣는 품질보증서, 멤버십 카드 등 '이런 것도 디자이너가 해야 해? 여기에도 디자인이 필요해?' 싶은 것들을 디자인했다. 드라마나 영화에서 본 근사한 디자이너의 모습은 아니었다. 새롭게 만들거나 있는 것보다 조금 더 괜찮게 혹은 다시 만들어 보자 하는 것들은 모두 디자인실의 일로 들어왔다. 이 말은 즉 디자인이 필요하지 않은 곳이 없다는 뜻이었다.

잠시 시선을 주변 사물들로 옮겨 보자. 디자인된 물건이라고 인지하고 있지 못할 뿐, 테이블 위의 달력, 시계, 컵, 책 표지, 노트, 의자 등 모두 누군가가 '디자인'했기 때문에 존재하는 물건이다. 하지만 우리는 그것들을 구매할 때 시각적으로 혹은 기능적으로 좋다, 좋지 않다는 자신만의 주관적인 느낌과 판단이 통과되어야만 계산대 앞에 선다.

한 예로 이탈리아에서는 주식인 마카로니의 형태를 건축가나 디자이너가 결정한다고 한다. 익히기 쉬우면서 소스가 충분히 묻을 수 있는 표면, 공장에서 만들기 쉽고 맛있어 보이는 모양을 고려해서 리본, 소용돌이, 구멍이 뚫린 모양 등이 나왔다는 것이다. 우리가 다 알지 못할 뿐 마카로니 하나도 누군가의 깊이 있는 디자인적 사고를 거쳐서 만들어졌다는 사실이 흥미롭다.

이번에는 SNS로 시선을 옮겨 보자. 블로그, 인스타그램, 유튜브 등에는 어떤 것들이 디자인되어 있을까? 콘텐츠의 첫 얼굴인 인스타그램의 피드나 섬네일은 물론, 블로그라면 스킨, 유튜브라면 채널아트, 프로필 사진과 프로필 영역에도 디자인이 필요하다. '자기소개에도 디자인을 해야 해?'라는 생각을 할 수도 있겠지만, 그렇다! 남들에게 드러낼 나에 대한 정보를 선별하는 일, 이해하기 쉽게 이모티콘을 넣거나 색과 레이아웃을 맞추는 일이 모두 디자인이다.

다시 질문을 떠올려 보자. 디자인이란 무엇일까? 특히 이 챕터 주제인 SNS 콘텐츠를 위한 디자인이란 무엇을 이야기하는 것일까?

나의 외할머니 댁 마당에는 석류나무가 한 그루 있었다. 그때 보았던 석류는 대여섯 살이었던 내 안에 강렬한 인상을 남긴 최초의 무언가였다. 매끄럽고 빨간 열매를 쩍하고 반으로 나누었을 때, 마주했던 석류의 첫 인상이 아직도 생생하다. 선명한 빨간 알갱이에 햇빛이 통과하여 반짝이는 모습이 어린 아이의 눈에는 마치 신데렐라가 했을 법한 목걸이, 루비 같은 화려한 보석처럼 보였다. 반전과 새로움 그 자체! '와' 하는 탄성이 절로 나왔다. 반으로 쪼갠 석류를 두 손에 올려놓고 먹어 볼 생각은 잊은 채, 석류의 아름다움에 오래도록 감탄하고 감동했던 기억이 선명하다.

물론 자연의 형태는 그 자체로 완전하다. 사람의 손길로 디자인되었다고 할 수는 없지만, 석류를 처음 보고 나왔던 감탄처럼 디자인이란 누군가에게 인상을 남기는 것이라는 생각이 든다.

〈디자이너 생각 위를 걷다〉에서 나가오카 겐메이는 "명함을 받고 일주일 뒤에 그것을 보았을 때 그 사람의 얼굴이 떠오르지 않는다면 휴지통에 버린다."고 했다. 상당히 인상적이었다. "그 첫 번째 이유는 정리하기 위해서다. 또 한 가지 이유는 나 자신이 그런 존재가 되고 싶지 않다는 경계 때문이다. 그보다는 나 자신이 인상에 남을 수 있도록 노력한다."고 이야기한다.

어떤 대상에 대하여 마음속에 새겨지는 느낌을 남기는 것이 '인상'의 사전적 의미다. SNS에 자신의 콘텐츠를 담고 표현하는 이유, SNS 콘텐츠 디자인을 하는 이유 또한 누군가에게 인상을 남기기 위해서가 아닐까. 그것이 놀라움이든 새로움이든 즐거움이든 호기심이든 편안함이든 디자인을 통해 자신만의 매력을 드러내고, 좋은 인상을 남겨야 한다.

그렇다면 어떻게 해야 보는 이로 하여금 좋은 인상을 남길 수 있을까? SNS뿐만 아니라 어떤 사람을 만났을 때, 새로운 물건 또는 풍경을 보았을 때, 혹은 서비스를 경험했을 때, '와, 정말 좋다! 멋지다'라는 느낌을 받은 선명한 기억 하나쯤은 있을 것이다.

> 좋은 인상을 남긴 순간의 공통점을 떠올려 보면 세 가지로 정리할 수 있다.
>
> ### 1. 아름다움을 느꼈을 때
> 아름다움에 끌리는 건 인간의 본능이다. 기왕이면 다홍치마라는 말도 있듯이 동일한 조건이면 더 예쁜

것을 선택하게 된다. 싱그러운 초록의 숲에 둘러 쌓여 있는 잔잔한 호수와 같은 자연의 아름다움도 있고, 사물의 외형과 같이 사람의 손끝에서 탄생한 아름다움도 있다.

2. 배려를 받았을 때

목소리가 크다고, 비싼 옷을 입는다고 인상적인 사람으로 기억되는 건 아니다. 생각지도 못한 사람의 다정한 한마디가 마음에 오래 남는 경우가 있다. 그럼 디자인으로 어떻게 배려할 수 있을까? 섬네일 이미지에서도 배려가 가능할까? "내가 편안함을 느낀다면 누군가가 배려하고 있기 때문이다."라는 글을 읽은 기억이 있다. 배려란 '내가 지금 당신을 배려하고 있다!' 알아달라고 드러낼 때 느껴지는 것이 아니라, 어느 순간 문득 '내가 배려받았구나'하고 뒤늦게 다가온다. 읽기 편하게 글자가 배치되어 있는 것, 기억하기 쉬운 컬러를 사용한 것, 흐름이 자연스러워서 이해가 쉬운 것 모두 보이지 않게 누군가가 당신을 위해서 배려한 흔적이다.

3. 문제가 해결되었을 때

스마트폰이 출시되기 전에는 시디 플레이어, 전자사전, 휴대폰, 드로잉 패드 등 각각의 기능에 따라 별도의 기기를 사용했지만, 지금은 이 모든 것을 스마트폰 하나로 해결할 수 있게 되었다. 우리 삶이 더 심플하고 편리해진 것이다. 디자인의 궁극적인 목적은 문제 해결이 아닐까?

문제 해결은 경험해야만 알 수 있는 것이라면, 섬네일이나 프로그램 홍보카드, 제품 상세페이지 등 SNS 콘텐츠 디자인에서 전해져야만 하는 것은 보는 이가 가진 문제를 해결해 줄 수 있을 거라는 기대감일 것이다. 먼저 이미지에서 기대감을 갖게 하고, 실제 콘텐츠의 경험을 통해서 사람들의 문제를 해결해 준다면 좋은 인상을 남기게 된다.

좋은 인상을 남길 수 있는 이 세 가지 경우 모두 디자인으로 가능하다. 사실 디자인의 역할이기도 하다. 그래서 좋은 디자인은 외형이 아름답고, 배려나 도움을 받았다는 느낌을 남기며, 문제가 해결되고 편리함이 향상되는 경우가 많다.

디자인이란 무엇일까? SNS 콘텐츠 디자인에서 디자인이란 무엇일까? 보는 사람들에게 좋은 인상을 남기기 위해 필요한 것이고, 그러기 위해서는 아름다움과 배려, 문제 해결 또는 그것에 대한 기대감을 담아야 한다는 것을 이해한다면 앞으로 나눌 디자인에 대한 이야기가 실질적으로 와 닿을 것이다.

아침에 일어나면 무엇부터 하는가? 눈 뜨고 일어났으니 그냥 시작하는 하루와 오늘 할 일의 우선순위를 세우고 어떤 마음으로 하루를 보낼지 미리 생각한 하루. 똑같은 24시간을 보내더라도 질적으로는 완전히 달라진다.

디자인 작업도 마찬가지다. 자신의 블로그와 인스타그램에 업로드할 '디자인 온라인 클래스' 홍보용 카드뉴스를 제작한다고 가정해 보자. 무턱대고 하얀 작업 페이지를 열고 디자인을 시작하려고 하면, 무엇부터 해야 할지 막막함만 밀려온다. 실질적인 작업보다 낭비되는 시간이 더 많다는 뜻이다.

일의 본질 명확하게 정의하기 → 정보 정리하기 → 디자인 콘셉트 잡기 → 기획서에 정리하기 → 캔바로 디자인하기

① 일의 본질 명확하게 정의하기

디자인 작업보다 선행되어야 할 것은 내가 하는 일의 본질, 즉 의도와 목적을 명확하게 하는 것이다. 온라인 클래스를 개설한다고 상상해 보자. 그리고 두 가지 질문을 떠올려 보자.

1) 누구를 위한 디자인 온라인 클래스인가?
2) 클래스의 목적이 무엇인가?

이 질문에 대한 답을 생각해 보면 누구에게 무엇을 전달해야 할지, 어떤 콘셉트로 디자인을 해야 할지에 대한 실마리를 발견할 수 있다.

이랑주 저자의 <좋아 보이는 것들의 비밀>에서 "'좋아 보이고 예뻐 보이는 것'은 겉모습만 치장한다고 되는 게 아니다. 본질을 느껴서 '좋다'라는 감탄사가 나오게끔 하는 게 중요하다."고 한다. 본질을 분명하게 해야 좋은 인상을 남기는 디자인을 할 수 있다.

② 정보 정리하기

그 다음 디자인에 담을 정보를 추린다. 어떤 내용을 담을 것인지, 어떤 흐름으로 무엇을 강조할 것인지, 어떤 메시지를 전하고 싶은지, 제목은 어떻게 쓸 것인지 텍스트에 관한 부분까지도 함께 고민해 보아야 한다. 내 콘텐츠의 강점은 무엇인지, 상대에게 어떤 가치를 전할 수 있는지에 초점을 맞추면 인상적인 정보를 정리하는 데 도움이 된다.

먼저, 생각했던 클래스를 하는 의도와 목적이 무엇인지에 대한 답을 잊지 말아야 자신이 하는 일에 대한 본질과 방향성을 놓치지 않는다는 것을 기억하자. 이 부분이 명확하지 않으면, 자신의 목적에 부합하여 보는 사람들로 하여금 좋은 인상을 남기는 결과물을 기대하기 어렵다. 정보를 디자인한다는 마음으로, 즉 인상적인 정보만 담겠다는 목표로 정리하다 보면 차별화 지점을 발견할 수 있을 것이다.

③ 디자인 콘셉트 잡기

"이 제품의 콘셉트는 뭐야?"

디자인, 기획, 마케팅, 광고 등에서 콘셉트라는 단어는 흔하게 쓰인다. 콘셉트는 무엇일까?

양은우 저자의 〈기획자의 일〉에서는 "우리 제품(서비스)은 어떤 특징을 갖고 있다."고 이야기하는데 이를 압축적으로 전달하기 위해서 만들어낸 것이 '콘셉트'다. 이 콘셉트에 대해 오해해선 안 될 점은 없는 것을 새롭게 만들어 내는 게 아니라는 것이다. "숨어 있어 드러나지 않는 것을 고객이 공감하도록 만들어 주는 게 콘셉트다."라고 설명한다.

디자인 관점에서 다시 생각해 보면, 콘셉트는 디자인 결과물로 보이는 것 너머의 생각이다. 생각은 눈에 보이지 않지만, 그것과 연결해서 보여지는 것으로 디자인한다. 대표 컬러를 결정하고, 로고나 명함, 패키지, 홈페이지 등을 일관성 있게 표현하려는 것 모두 하나의 콘셉트를 드러내기 위함이다.

콘셉트를 잡는 이유는 디자인의 방향성을 설정하고, 시각적으로 차별화하여 상대방의 기억 속에 확고한 인상을 남기기 위해서이다. 실질적인 디자인 작업을 하면서 왜 이 컬러여야 하는지, 왜 이 요소로 표현해야 하는지, 왜 이 폰트를 써야 하는지에 대한 구체적인 이유와 근거가 되므로 콘셉트는 선명해야 한다.

콘셉트를 잡는 방법은 정해져 있지 않다. 회사에서는 시즌 콘셉트를 잡기 위해 해외 출장을 가기도 하고, 트렌드 세미나에 참여하거나 디자인 페어 혹은 전시를 관람하는 등 다양한 경험과 활동을 독려한다. 새로운 시선만 있다면 일상에서도 충분히 콘셉트를 잡을 수 있다. 책이나 잡지 등에서 힌트를 얻을 수도 있고 친구와의 대화 속에서 떠오르기도 한다.

'디자인 놀이터 캔바에서 놀자' 홍보 이미지

필자가 온라인에서 소규모로 진행했던 초보자를 위한 SNS 콘텐츠 디자인 제작 프로그램 '디자인 놀이터 캔바에서 놀자'를 예로 들면, 이것을 기획할 때 다음 표와 같이 정리했다.

타깃	디자인과 캔바를 처음 접하는 사람
내용	디자인 기초와 캔바의 기능을 익히고, 캔바를 다양하게 활용할 수 있는 프로그램
기대하는 반응	디자인은 쉽고 재미있다! 캔바를 이렇게도 응용할 수 있네?
목적	캔바는 누구나 쉽고 즐겁게 작업할 수 있는 디자인 편집 툴이라는 메시지를 전하는 것
콘셉트	아이들이 자유롭게 노는 느낌의 콘셉트로 디자인을 풀어 볼까?

그 다음 떠오른 생각을 바탕으로 콘셉트에 맞는 단어들을 떠올리고 키워드를 결정했다. 자료는 핀터레스트, 인터넷 서핑, 책, 아이와의 일상 등 어디서든 발견할 수 있다는 마음으로 열어두었다. 필자의 경우 아이가 한창 가위질에 푹 빠져서 달력과 색종이를 잘라서 장난감을 만들어 노는 모습을 보고 '색종이, 콜라주, 선명한 컬러' 등을 키워드로 뽑았다.

키워드를 결정하는 과정

그 다음 뽑은 키워드를 놓치지 않으면서 참고할 시각적 자료를 찾는다. 이때 중요한 것은 상상력이다. 수집한 자료를 보면서 내가 디자인할 이미지에 어떻게 적용할지 머릿속에서 계속 떠올려 보는 과정이 필요하다.

시각적 자료 찾기

또한 자료를 왜 선택했는지에 대한 답을 생각하면서 다양하게 살펴봐야 한다. 그래야 결정한 콘셉트에 적합한 이미지를 만들 수 있고, 나중에 디자인 작업을 할 때도 단순 카피가 아닌 자신만의 의도가 담긴 새로운 이미지를 만들 수 있다. 필자는 앙리 마티스(Henri Matisse)와 앨런 플레처(Alan Fletcher)의 작품과 콜라주 이미지 위주로 찾아보았다.

④ 기획서 작성하기

		카드뉴스 기획서	
목적		디자인 기초와 캔바의 기능을 익히고, 캔바를 다양하게 활용할 수 있는 프로그램	
타겟		SNS 콘텐츠 디자인과 캔바를 처음 접하는 사람	
콘텐츠		디자인, 캔바에서 만드는 썸네일, 일러스트, 카드뉴스	
방식		일러스트 활용, 나열형	
제목장	제목	디자인 놀이터 캔바에서 놀자	
	부제목	with 마인드카소	
내용장	페이지	사진 / 이미지	내용(텍스트)
	1	색종이 콜라주	클래스를 오픈한 이유 (설득)
	2	픽토그램 활용	어떻게 배우나
	3	점토느낌	무엇을 배우나
	4		타겟은 누구?
	5		신청방법 / 일정
	6	색종이 콜라주	클래스의 목표하는 바 (기대감)
	7		
	8		
	9		
디자인 기획	사이즈	인스타그램 사이즈	컬러
	콘셉트	아이들이 자유롭게 노는 느낌	
	디자인 요소	색종이, 콜라주, 점토, 놀이터, 컬러감 일러스트 그래픽 활용	
	폰트	나눔스퀘어 라운드	

'디자인 놀이터 캔바에서 놀자' 기획서

SNS 콘텐츠 디자인을 할 때마다 기획서를 쓸 필요는 없지만, 중요한 포스터나 카드뉴스처럼 다소 많은 분량을 작업할 때만큼은 전체적으로 정리를 한 후에 작업을 시작하자. 물론 한번에 완벽하게 계획할 수는 없다. 이렇게 해도 디자인 작업에 들어가면 반복적으로 수정하기 마련이지만, 표현하고자 하는 콘텐츠의 흐름과 뼈대를 잡고 시작하느냐와 그렇지 않느냐의 차이는 크다. 디자인하고자 하는 이미지를 상상하면서 문장으로 생각을 정리하는 과정이 필요하다.

⑤ 작업 시간이 단축되는 캔바로 디자인하기

회사에서 디자이너로 일할 당시, 굵직한 시즌을 기획하거나 세컨드 라인을 론칭할 때는 계획을 세우는 데 충분한 시간과 정성을 들였지만, 솔직히 모든 작업에 이러한 기획 프로세스를 거치지는 않았다. 시장은 빠르게 변화하고 시간은 한정되어 있다 보니, 먼저 작업하고 의미 부여로 콘셉트를 맞추는 경우도 있었다. 잘못된 프로세스라기보다는 현실이었다.

자신의 콘텐츠에 대한 본질을 정의하고 정보를 정리하며 방향을 정하는 일에는 시간을 투자해야 하지만, 그것을 관통하는 결과물을 어떻게 풀어야 할지 결정해야 할 때는 캔바에서 제공하는 다양한 템플릿을 선택해서 작업하면 시간을 단축할 수 있다. 그 과정 자체가 자료 조사가 되기도 하고, '디자인 소스를 이렇게도 활용할 수 있구나', '색을 이렇게 쓰니까 이런 분위기가 나네', '나는 이렇게 표현해 봐야겠다'와 같은 힌트를 얻을 수 있기 때문이다.

캔바에서 제공하는 템플릿

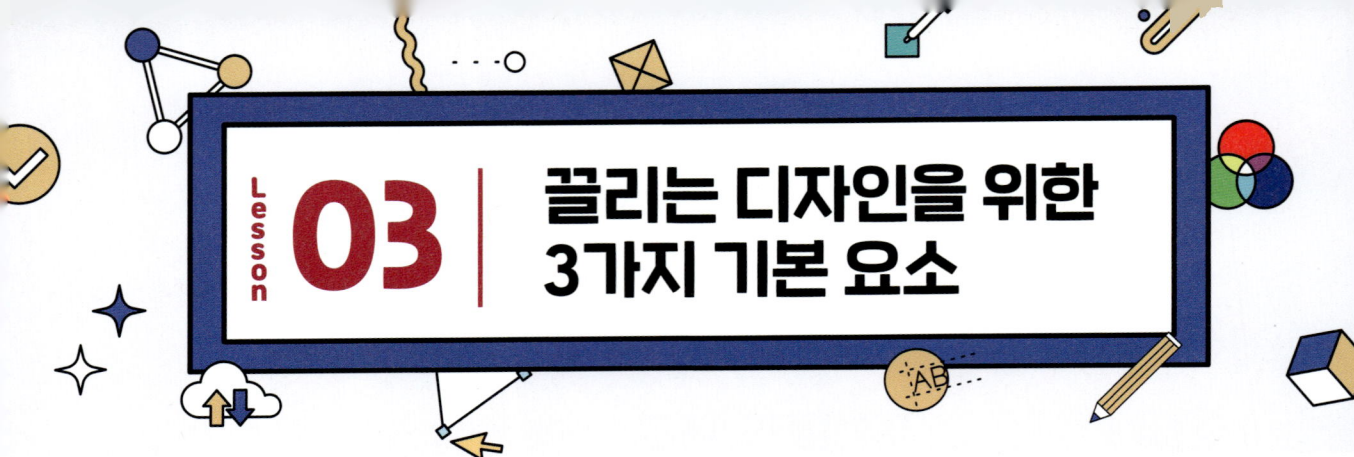

인상적인 SNS 콘텐츠를 디자인하기 위해서는 많은 부분을 고려해야 하지만, 가장 중요한 요소 3가지는 레이아웃, 폰트 그리고 컬러다. 이런 요소들이 서로 어우러져 이미지의 전체적인 분위기에 영향을 미친다.

디자인에는 정답이 없다. 하지만 좋아 보이는 것들에는 공통점이 있다. SNS 콘텐츠 디자인을 할 때뿐만 아니라 프레젠테이션이나 템플릿, 포스터 등 어떤 이미지를 만들더라도 적용되는 디자인의 기본적인 규칙이므로 하나씩 알아보자. 자신의 콘텐츠를 보는 이에게 명확하고 감각적으로 전달할 수 있도록 도울 것이다.

❶ 레이아웃

레이아웃은 디자인·광고·편집에서 문자·그림·기호·사진 등의 각 구성 요소를 제한된 공간 안에 효과적으로 배열하는 일 또는 그 기술이다. 섬네일이나 카드뉴스에 모든 정보를 다 담을 수 없으므로, 자신이 강조하고 싶은 부분과 보는 이가 궁금해 할 만한 내용을 효과적으로 정리해서 배열하는 것이 중요하다.

'안내선(가이드 선)'과 '그리드'는 레이아웃의 깔끔한 정리를 돕는 도구다. 캔바에서는 사진이나 그래픽, 텍스트 등 요소의 위치를 조정할 때 분홍색 실선이나 점선으로 보인다. 이를 활용해서 여백과 위치를 살피고 정렬을 맞추자.

캔바에서 그리드는 격자 형식의 요소이다. 사진을 넣거나 색을 채울 수 있어서 일정한 간격과 비율로 맞추는 것이 가능하다.

▶ 선택과 정렬
https://youtu.be/_Ry1MSMwdm4

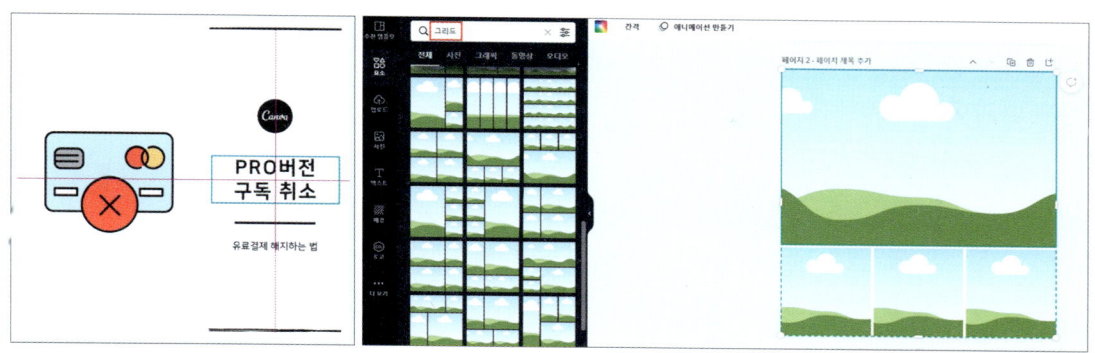

| 캔바의 안내선(가이드 선) | 캔바의 그리드 |

그리드를 사용한 레이아웃

이렇게 레이아웃을 잡는 이유는 보는 이로 하여금 내가 전하고자 하는 콘텐츠를 이해하기 쉽게, 편하게 볼 수 있게 하기 위해서다. 미적인 요소보다는 기능적인 역할에 더 가깝다. [챕터 1-2. 디자인을 하기 전에 이것부터 하세요!]에서 정리한 정보 중 무엇을 강조할 것인가? 어떻게 배치할 것인가? 어떤 흐름으로 보여 줄 것인가? 세 가지 질문에 대한 답을 떠올려 보자. 자연스럽게 강조할 내용은 물론, 부가적인 것들의 위치 또한 적절하게 배치하기 위해 고민하게 된다.

흐름에는 하나의 이미지 안에서의 흐름과 카드뉴스 형태에서 보여지는 첫 번째 장에서 마지막 장까지 전체적인 흐름이 있다. 본 챕터에서는 이미지 안의 흐름을 먼저 설명하고 전체적인 흐름은 [챕터 5-2. 메시지를 전하는 카드뉴스]에서 다룬다.

이랑주 저자의 <좋아 보이는 것들의 비밀>에서 "매장 레이아웃이 잘 되어 있다면 고객이 조금 더 오래 매장에 머물며 모든 상품을 하나씩 확인할 것이다. 이는 바로 매출 향상으로 이어진다."라고 설명한다. 이미지 안에서의 레이아웃도 마찬가지다. 정보의 텍스트와 사진이 보기 좋게 정리되어 있다면, 보는 이의 시선이 머물기 때문에 디자인한 목적과 의도에 부합하는 결과를 얻을 수 있을 것이다.

레이아웃을 잡을 때 알아야 할 디자인 규칙은 다음과 같다.

정렬 맞추기

당연하지만 의외로 지켜지지 않는 경우가 있다. 좌측 정렬, 우측 정렬, 중앙 정렬뿐만 아니라, 텍스트와 사진, 디자인 요소 간의 정렬 또한 관계를 파악하며 적절하게 맞춰야 한다. 보통 사람의 시선이 좌측에서 우측으로 흐르기 때문에 좌측 정렬이 익숙한 편이고, 사진과 텍스트가 하나의 덩어리로 보여질 때는 서로 간의 끝 선을 맞춰 주는 것이 보기에 좋다. 요소 간의 간격 또한 맞춰야 전체적으로 깔끔해 보인다.

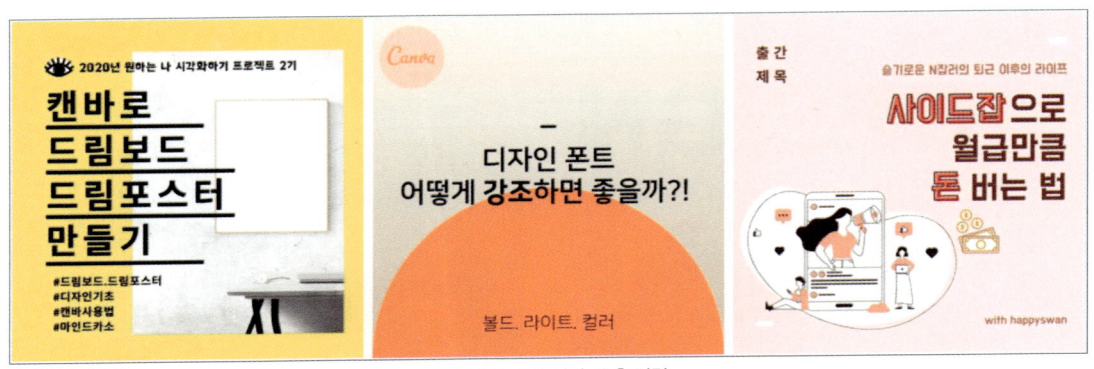

좌측 정렬, 중앙 정렬, 우측 정렬

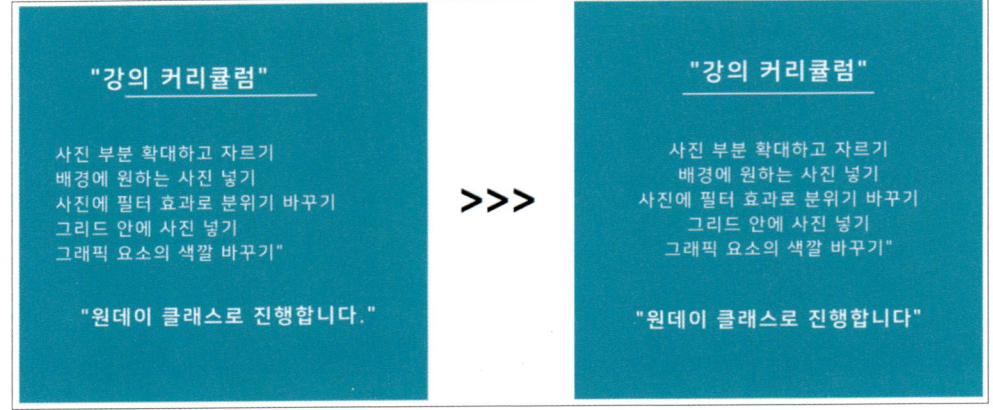

흐트러진 정렬 vs 잘 맞춘 중앙 정렬

요소 간의 정렬을 맞춘 예

여백 고려하기

디자인에서 여백은 상당히 중요하다. 여백을 고려하지 않으면 주제가 강조되지 못하고, 답답한 느낌을 주거나 주의가 흐트러져 산만하게 느껴진다. 여백을 충분히 확보하기 위해서는 정보의 양을 최대한 줄이고, 강조할 부분의 주변을 확실하게 비워야 한다. 전체적인 여백뿐만 아니라 요소들 간의 여백도 꼼꼼하게 챙기자.

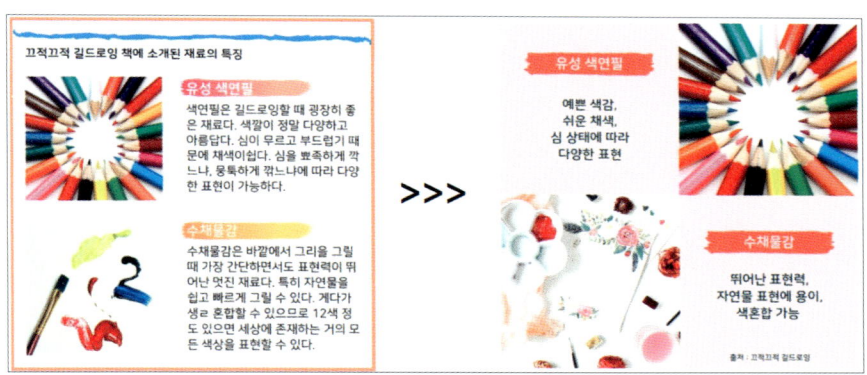

내용이 많은 예 vs 내용을 줄인 예

배경 사진과 디자인 요소가 복잡한 예 vs 강조할 것만 남긴 예

시선의 흐름 파악하기

이미지 안에서 무엇을 강조할 것인지 레이아웃을 잡을 때 대략 위치를 잡아본다. 보통 사람의 시선은 좌측 상단에서 우측 하단, 즉 Z자 형태로 흐른다. 좌측 상단에 시선이 가장 먼저 가고, 우측 상단에서 시선이 멈췄다가 다시 좌측 아래로 이동한 뒤, 마지막으로 우측 하단에서 멈춘다는 뜻이다.

좌측 상단은 시선이 가장 먼저 가는 곳이고 우측 상단은 시선을 머물게 하는 곳이므로 임팩트를 주고 싶다면 좌측 상단을 강조하고, 여운을 남기고 싶다면 우측 상단을 신경 써서 디자인하면 효과적이다. 이 흐름을 참고해서 호기심과 시선을 끌고, 보는 이를 설득하는 과정을 거쳐서 디자인하는 목적에 도달해 보자.

텍스트의 흐름 예

학원 전단지 이미지다. 시선이 머무는 우측 상단에는 질문형 제목으로 관심을 끌고, 자연스럽게 좌측 밑으로 시선이 이동하면서 질문에 대한 답으로 설득한다. 그 다음 수업시간 안내 후 학원 위치와 연락처로 연결한 것을 볼 수 있다.

대비로 강조하기

레이아웃뿐만 아니라 컬러나 디자인 요소 등을 강조하는 방법 중 가장 효과적인 것은 대비를 주는 것이다. 대비는 콘트라스트(Contrast)라고도 한다. 사진 또는 일러스트와 텍스트 영역을 나누어 강조하는 방법, 컬러로 지면을 나누어 강조하는 방법, 여백의 유무로 강조하는 방법, 텍스트 크기의 대비로 강조하는 방법 등 지면을 채우는 요소 간의 차이로 레이아웃을 강조하면 시선을 끌면서 내용을 전달하는 것도 수월해진다.

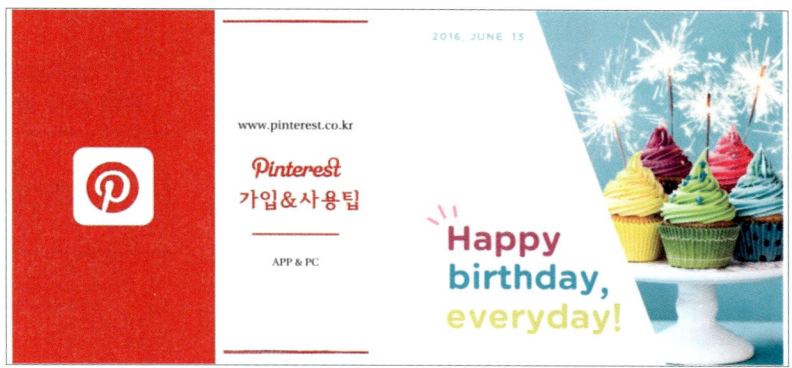

전체 바탕의 컬러 대비와 사진과 텍스트 대비로 강조한 예

선 활용하기

레이아웃에서 선을 활용하는 것도 좋은 방법이다. 선은 시선을 모아서 머물게 하거나 강조하고, 공간을 나누는 역할을 하기도 한다. 그래서 읽는 사람으로 하여금 내용을 보다 효과적으로 전할 수 있다. 또한 선의 모양과 굵기, 방향, 위치, 각도에 따라 새로운 느낌을 주기도 한다. 이렇게 선은 기능적인 역할뿐만 아니라 미적인 요소로도 활용할 수 있다.

선을 이용한 섬네일

특히 선은 두께와 모양, 각도에 따라 상당히 다른 분위기를 연출한다. 두꺼운 선은 힘이 느껴지고, 얇은 선은 섬세하게 느껴진다. 점선은 캐주얼하고 물결 등의 곡선은 부드러우며, 직선은 심플하다.

선의 모양과 굵기에 따라 다른 느낌

나의 콘텐츠와 어울리는 선을 적절하게 사용하면 효과적인 레이아웃뿐만 아니라 디자인적인 완성도 또한 높아진다.

세로 정렬도 고려해 보기

사람은 일반적으로 좌측에서 우측 방향으로 글을 읽어 왔기 때문에 텍스트 또한 가로로 길게 쓰는 경향이 있다. 하지만 내용이 길어지면 집중력이 흩어질 수도 있다. 좌에서 우의 흐름은 유지하되 세로로 내용을 나누면 내용이 한 눈에 파악되는 이미지가 되기도 한다.

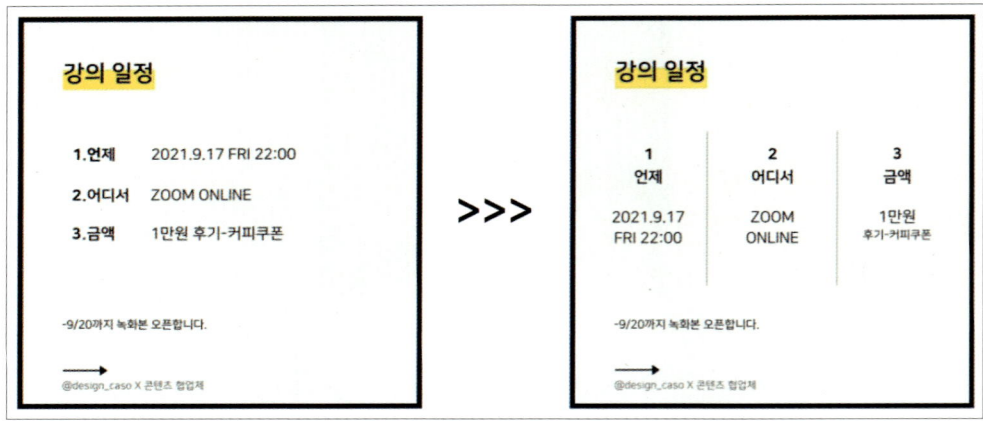

가로 정렬 VS 세로 정렬

② 서체

서체는 내용을 전달하는 글자로서의 역할만 하지 않는다. 목적이나 취향까지 담을 수 있다. 그만큼 분위기를 좌우하는 디자인 요소로 어떤 서체를 선택하느냐는 생각보다 더 중요하다. 다음은 캔바에서 제공하는 템플릿 중 서체만 바꿔 본 것으로 어떤 이미지가 할로윈과 잘 어울리는지 살펴보자.

할로윈 이미지에 폰트만 변경한 예

서체에는 크게 두 종류가 있다. 직선으로 이루어진 '고딕체' 계열과 글자 끝에 돌기가 있는 '명조체' 계열이다. 영문에서는 각각 '산세리프체'와 '세리프체'라고 한다.

좌측 고딕체 계열, 우측 명조체 계열

고딕체 계열은 직선으로 심플하면서 안정감이 느껴지고 가독성이 좋아서 정보성 섬네일이나 카드뉴스의 제목 등 강조할 부분에 쓰면 효과적이다. 명조체 계열은 글자 끝에 돌기가 있고 곡선이 가미되어 클래식하면서 우아하고 때로는 고급스러운 인상을 준다. 책 속 구절이나 감성 문구를 담은 이미지에 어울린다. 이 두 가지 서체의 차이를 기억하여 SNS 콘텐츠 디자인에 효과적으로 적용해 보자.

외형에서 오는 느낌을 토대로 서체를 선택하기

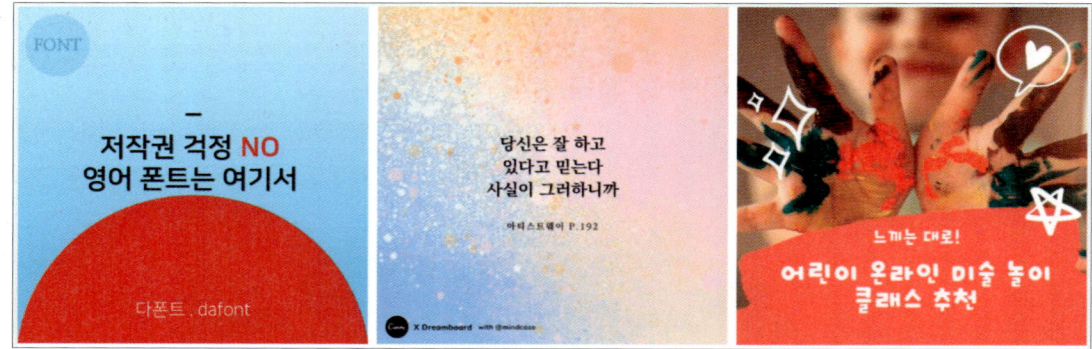

캔바의 다양한 서체 예시

캔바에서 가져온 서체를 보며 외형의 느낌을 표현해 보자. ❶번은 직선과 곡선이 어우러져 전반적으로 귀여운 느낌, ❷번은 손으로 쓴 듯한 친근한 느낌이 든다. ❸번은 부분 부분 끊어져 있어서 개성 있어 보이지만 불완전한 느낌이 들기도 하고, ❹번의 고딕체는 깔끔한 분위기가 풍긴다.

좌측부터 고딕체, 명조체, 개성 있는 서체

서체는 기능적으로 가독성이 좋아야 하는 것은 물론, 외형의 특징과 분위기가 자신의 콘텐츠와 어울리는 것을 선택해야 한다. 정보성 콘텐츠의 제목에는 고딕체, 감성적인 문구에는 명조체, 어린이 미술 관련 콘텐츠에는 조금 더 자유롭고 귀여운 느낌의 서체로 디자인했다. 콘텐츠 목적에 따라 서체가 달라져야 한다는 것을 기억하자.

지나치게 멋을 부린 서체는 지양하기

영국의 조각가이자 서체 디자이너인 에릭 길은 〈말도 안 되는 디자인 규칙들〉에서 "요즘은 많은 종류의 서체가 생겨났고, 다양한 서체만큼이나 멋없는 디자인들이 판을 친다."고 했다. 과하게 멋 부린 다양한 서체가 디자인에 좋은 영향을 주지 못하고 있다는 뜻이다.

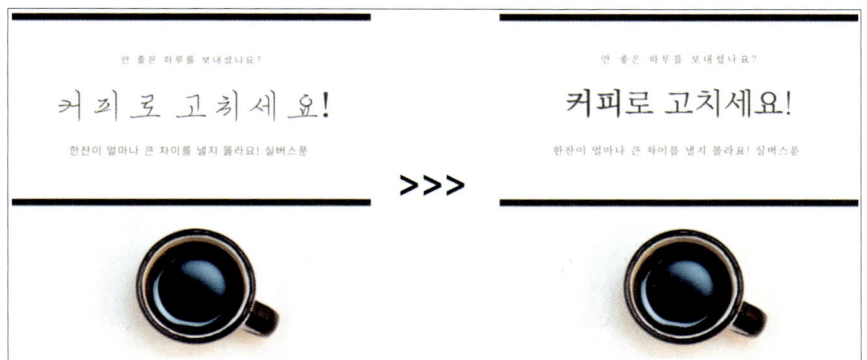

멋 부린 서체와 명조체를 활용한 예

콘텐츠를 이미지로 전달할 때 가장 중요한 것은 '내용이 얼마나 쉽고 편하게 읽히는가'다. 화려한 서체는 눈에 띌 수 있을지는 몰라도 때때로 읽기 불편한 경우가 있다. 정말 쓰고 싶은 독특한 폰트가 있다면, 포인트 정도로 쓸 것을 권한다.

너무 많은 서체를 사용하지 않기

디자이너이자 디자인 교육자인 티모시 사마라는 〈말도 안 되는 디자인 규칙들〉이라는 책에서 "한 가지 서체에 다양한 두께와 기울기만으로 충분하게 좋은 디자인을 만들 수 있다. 한 가지를 더하면 멋진 질감을 표현할 수 있지만 지나쳐서는 안 된다. 너무 많은 서체는 독자의 시선을 흐트러뜨려 혼란을 주거나 피로하게 만든다."고 했다.

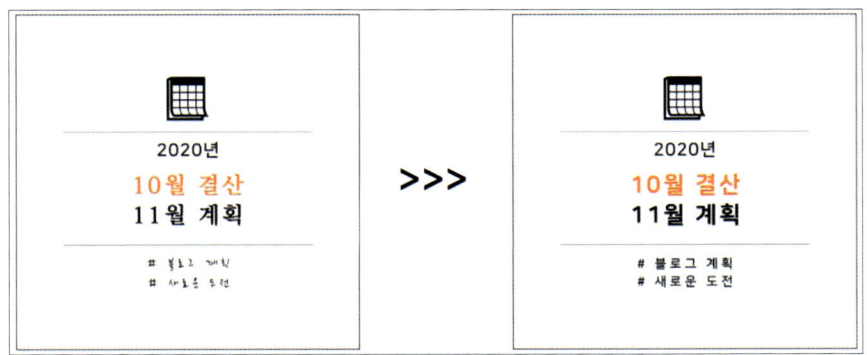

3가지 폰트를 사용한 예 vs 1가지 폰트를 사용한 예

디자인할 때 여러 서체를 쓰게 되면 오히려 강조할 부분이 눈에 띄지 않고 산만해 보인다. 서체를 2개, 최대 3가지로 정해서 디자인해야 전체적으로 통일감 있고 조화로운 이미지를 만들 수 있다는 것을 기억하자. 필자의 경우 섬네일은 크기가 작아서 보통 1개, 최대 2개의 서체를 쓴다.

한글에는 한글 서체, 영어에는 영문 서체 쓰기

다음은 한글에 영문 서체를 적용한 이미지다. 한글은 고딕체 계열인데 숫자는 바탕체 계열로 다른 느낌이 드는 이유는 한글에 영문 서체를 썼기 때문이다. 한 문장 안에서 서체 외형의 균형이 맞지 않아서 완성도가 떨어져 보인다.

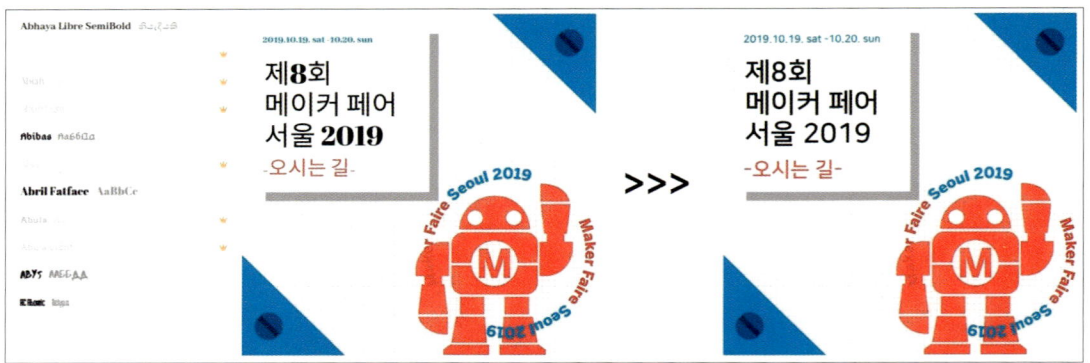

한글에 영문 서체를 적용한 예 VS 한글 서체를 맞게 사용한 예

텍스트를 강조할 수 있는 다양한 디자인 시도하기

무엇이든 과하면 부족한 것만 못하므로 내용을 강조할 목적으로 서체를 지나치게 많이 쓰거나 장식하지 않는다. 글자를 강조할 수 있는 방법은 많다. 기본적으로 글자의 크기와 굵기로 눈에 띄게 할 수 있다. 또한 컬러를 다르게 하거나 도형이나 그래픽 요소를 활용해서 혹은 각도의 변화로 강조할 수도 있으니, 다양한 서체를 사용하려고 하기보다는 상상력을 발휘하여 요소에 디자인적인 변화를 시도해 보자.

글자를 강조한 다양한 예

③ 컬러

영화 〈라라랜드〉의 포스터를 찾아보자. 보랏빛 배경 앞에서 노란색 원피스를 입은 여자 주인공이 남자 주인공과 춤을 춘다. 보색의 특성을 활용한 디자인으로 이미지를 또렷하고 선명하게 인지시킨다. 영화에서도 컬러를 눈여겨 보면, 초반 여자 주인공이 무명일 때는 우울한 감정을 상징하는 파란색 원피스를, 후반 성공한 여배우가 되었을 때는 열정을 상징하는 빨간색 원피스를 입고 있다. 주인공의 상황과 감정에 컬러를 연결하여 표현한 것이다.

응용색채심리학 분야의 세계적인 권위자 캐런 할러는 "색은 감정과 긴밀히 엮여 생각과 행동에 영향을 미친다."고 했다. 이미지를 만들 때 색을 잘 활용하면 더욱 효과적인 결과를 끌어낼 수 있으므로 색에 대한 이해가 필요하다. 컬러에 대한 규칙을 알아보자.

색의 의미를 이용하여 디자인 설득력 높이기

모든 색이 내포하는 의미에는 장점과 단점이 있다. 빨간색은 에너지가 넘치는 색이면서도 공격적인 느낌을 주기도 하고, 파란색은 신뢰를 뜻하기도 하지만 우울함을 표현하기도 한다. 이처럼 색은 어떤 맥락으로 사용하느냐에 따라 의미가 달라진다. 그러므로 디자인을 할 때, 자신의 콘텐츠와 연관성 있는 색의 의미를 담으면 더 설득력 있는 결과물을 만들 수 있다.

캐런 할러의 책 〈컬러의 힘〉을 참고하여 각각의 색이 내포하고 있는 대표적인 장단점을 정리했다. 색이 주는 느낌을 느껴 보고, 의미를 생각해서 디자인에 담아 보자.

컬러의 대표적인 의미

컬러 의미를 담아 디자인한 예시

첫 번째 이미지는 '폐업'이라는 실패 경험을 담은 콘텐츠였지만, 이모티콘을 활용하여 유쾌한 느낌을 담고 싶었다. 그래서 전체적인 색을 '재미, 열정'의 의미가 있는 주황색을 선택했다. 두 번째는 캔바를 사랑하는 이유라는 주제로 따뜻한 핑크 계열로 표현했다. 마지막은 여름 휴가 배송 일정을 안내하는 목적으로 만든 이미지로 여름과 어울리는 채도 높은 파란색과 녹색으로 배색해서 밝고 시원한 느낌을 담았다.

♥ TIP 광고나 판매에 많이 쓰는 색

빨간색, 주황색, 노란색은 기분이 밝아져서 행동 역시 가볍고 활동적이게 하여 구매 행위를 끌어낸다. 광고나 SALE 문구에 많이 쓰이는 색이다.

빨간색 사용 예시

사진을 활용할 때는 채도로 분위기 연출하기

채도는 색의 선명도다. 채도가 높으면 컬러가 또렷하게 인지되고 채도가 낮으면 색이 빠진 상태, 즉 무채색으로 표현된다.

저채도와 고채도

같은 사진이더라도 채도에 따라 분위기가 달라지는 것을 비교해 보자. 좌측의 채도가 낮은 흑백 사진은 차분하고 정적인 느낌이 드는 반면, 우측은 채도가 높은 사진으로 색이 선명하게 표현되어 경쾌하고 밝은 분위기를 느낄 수 있다. 이렇게 채도의 변화만 주었을 뿐인데 느낌이 완전히 달라진다. 콘텐츠의 콘셉트에 따라 채도를 활용해서 어울리는 분위기를 연출해 보자.

눈에 띄게 하려면 명도 차이를 확실히 주기

글자나 그래픽 요소와 바탕색의 배색에서 명도 차이가 크면 잘 보이고, 명도 차이가 작으면 가독성이 떨어진다.

글자와 바탕 배색의 명도 차이 예

가장 좌측의 이미지는 빨간 바탕색에 흰 글자로 명도 차이가 커서 내용을 확실하고 선명하게 전달한다. 중간의 이미지는 핑크색과 조금 더 연한 색의 배색으로 명도가 높고, 마지막 이미지는 어두운 자주색과 검은색 배색으로 둘 다 명도가 낮다. 명도가 높아서 밝은 배색이든 명도가 낮아서 어두운 배색이든 그 차이가 적으면 흐릿하거나 묻혀서 잘 보이지 않는다.

색의 밝은 정도, 즉 명도를 고려해서 배색해야 보기 편하고 기억에 남는 콘텐츠를 만들 수 있다는 것을 잊지 말자.

💟 TIP 명도란?

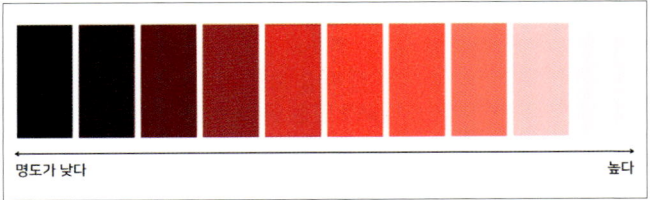

명도는 색의 밝은 정도로 명도가 높을수록 밝고, 명도가 낮을수록 어둡다. 색 중에서 명도가 가장 높은 건 흰색이고, 가장 낮은 건 검정색이다.

빨간색의 명도 변화

편안함을 주고 싶다면 유사색, 주목시키고 싶다면 보색 활용하기

'배색'이란 두 가지 이상의 색으로 조화로운 이미지를 위해 고려해야 하는 부분이다. '유사색'은 색상환에서 하나의 색 주변에 있는 색이다. 비슷한 사람끼리 있으면 편안한 느낌이 드는 것처럼 유사색으로 배색하면 안정적이면서 자연스러운 느낌이 든다. 크게 실패할 일이 없는 배색으로 편안한 느낌으로 디자인을 하고 싶다면 유사색을 활용해 보자.

유사색 활용 예시

보색 활용 예시

색상환에서 서로 마주보고 있는 색이 보색이다. 이랑주 저자의 〈좋아 보이는 것들의 비밀〉에서 "보색 관계의 색상은 서로 보완한다. 각자를 더 또렷하게 인지시키면서, 서로의 색을 방해하지 않는다."고 설명한다. 보색은 시선을 주목시키고 임팩트를 남긴다. 경쾌한 느낌으로 눈에 확 띄는 이미지를 만들 때 활용하면 효과적이다.

 **색상환이란?**

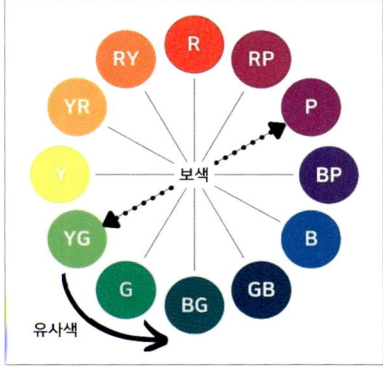

색상은 빨강이나 노랑 등 이름으로 구별되는 특성으로, 색상을 둥글게 배열한 도표를 색상환이라고 한다. 색상환에서 한 가지 색의 주변에 있는 색은 유사색, 서로 마주보고 있는 색은 보색이다.

색상환

컬러는 3가지로, 그 비율은 60:30:10으로 정하기

좋아 보이는 이미지나 공간을 살펴보면 컬러를 중구난방으로 쓰지 않는다. 철저한 계획하에 사용하는데, 이때 60:30:10의 비율로 배색하면 안정감과 강약이 느껴지는 이미지를 만들 수 있다. 바탕이 되는 기본 색상이 60%, 주제 색상을 보조하는 보조 색상이 30%, 시선을 사로잡는 주제 색상이 10%가 되도록 하는 것이다. 이러한 컬러 배색은 인테리어 디자인에서 주로 활용되는 법칙으로 70:25:5로 설명하기도 한다.

다음 예시와 같이 자신의 콘텐츠와 어울리는 배색을 계획하고 전체적인 비율을 고려해서 작업하면 훨씬 정돈된 이미지를 만들 수 있다.

60:30:10 비율로 배색한 예

사진 속 컬러 활용하기

섬네일이나 카드뉴스를 만들 때, 사진도 많이 활용하게 되는데 사진 속의 컬러를 포인트로 활용하면 안정적이면서 서로 어우러지는 분위기로 강조할 수 있다. 다음 예시를 보면 사진과 상관없는 파란색을 쓴 것보다 사진 속 오미자차의 붉은 색을 담은 우측 이미지가 조화롭게 강조된다는 것을 알 수 있다.

다른 색을 쓴 예와 사진 속의 색을 활용한 예

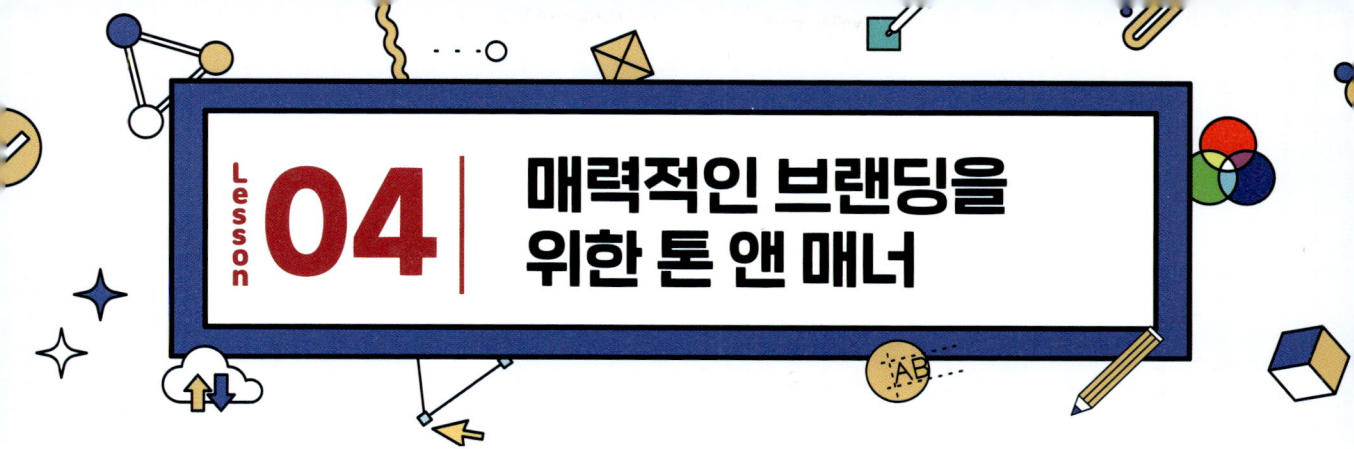

Lesson 04 매력적인 브랜딩을 위한 톤 앤 매너

개인이 SNS를 통해 마케팅하는 사례가 많아지면서 '퍼스널 브랜딩(Personal Branding)'이라는 단어가 많이 쓰이고 있다. 브랜딩이란 어떤 대상을 생각했을 때 떠오르는 이미지로 그 대상이 남들에게 어떻게 보여지기 원하는지를 만들어 가는 과정이라고 할 수 있다. 예를 들면, 프로포즈 주얼리 하면 '티파니', 커피 하면 '스타벅스'가 떠오르는 것과 같다. 개인은 물론, 제품과 서비스, 주거지나 도시, 국가도 브랜딩하는 시대다.

대상이 사람이면 퍼스널 브랜딩이라고 하는데, 브랜딩이 되기 위해서는 먼저 자신의 강점 또는 잘하는 분야가 무엇인지 알아야 한다. 또한 그것을 지속해 온 시간과 기록 그리고 결과물이 있어야 한다. 각각의 SNS 플랫폼 특성을 이해하고, 글, 이미지, 영상 등을 활용하여 그에 맞게 기록을 축적하는 과정이 필요하다. 그래야 다양한 형태로 자신을 온라인 세상에 드러낼 수 있고 내 콘텐츠에 관심이 있는 누군가와 연결된다. 브랜딩을 단순히 로고를 만들고, 대표 컬러를 정해서 밀고 나가는 것쯤으로 쉽게 생각하면 곤란한 이유이다.

매력적인 SNS 계정이나 브랜드를 살펴보면 통일된 분위기, 철학, 마인드 등 무형의 무언가가 느껴진다. 이것은 이번 챕터에서 설명하려는 톤 앤 매너(Tone & Manner)와 관련이 있다. 우지 토모코 저자의 책 <시각 마케팅으로 통하라>에서는 "톤 & 매너라는 건 기업, 상품, 서비스에 떠다니는 '분위기'와 '세계관'이다. 기업이라면 그 기업의 방향성을 시각적으로 이해시키기 위해 톤 & 매너를 사용할 필요가 있다. 자신(자사)을 외부에 어떻게 보여주고 싶은가, 또 보이고 싶은가를 표현하기 위한 도구인 것이다. '저희 회사는 이런 회사입니다.'라며 외부에 드러내기 위한 자기소개라고 생각하기 바란다."라고 설명한다.

앞서 끌리는 디자인을 위한 기본 요소 3가지 중 컬러에서 톤을 맞추는 것만으로도 조화롭고 안정적인 분위기의 이미지 연출이 가능한 반면, 톤이 맞지 않으면 산만한 느낌을 준다고 설명했던 것과도 일맥상통한다.

쉽게 설명하면 SNS 콘텐츠 디자인을 할 때, 톤 앤 매너를 지킨다는 것은 '나는 이런 것을 추구하는 사람입니다.'라고 자신만의 특성을 시각적인 어울림을 고려해서 드러내는 것이다. 글을 쓰는 문체, 포스팅에 담는 사진, 섬네일, 카드뉴스, 블로그 스킨, 자신의 프로필 사진까지도 통일성 있는 분위기, 즉 톤 앤 매너를 맞추려는 작업을 의식적으로 하다 보면 자신이 나아갈 방향성과 전하고 싶은 메시지를 자연스럽게 전달할 수 있게 된다. 그런 과정을 통해 사람들에게 인식되는 자신의 이미지가 또렷해지고 효과적인 브랜딩도 가능해지는 것이다.

SNS에서 톤 앤 매너를 유지하며 자신을 표현하는 것은 생각처럼 쉽지 않다. 시작 단계에 있는 사람들은 더욱 그렇다. 왜냐하면 톤 앤 매너는 고유한 분위기와 일관된 메시지를 전달하는 것인데, 초반에는 자신에 대한 탐색의 시간도 필요하고 방향성 자체가 변경될 확률도 높기 때문이다. 정한다고 해도 자연스럽게 표현될 때까지는 그것을 위한 절대적인 시간이 필요하다.

우지 도모코 저자의 〈디자인력〉에서 "디자인력을 익히는 첫걸음은 무엇보다 디자인을 의식하는 데에서 시작한다. 디자인이 나와 상관없다는 생각을 버리고, 우선 보고 느끼는 것에서 시작하는 것이다."라고 한 것과 같이, 톤 앤 매너를 의식하고 SNS를 하는 것과 그렇지 않은 것의 차이는 크다. 브랜딩과 디자인, 두 가지 관점에서 모두 그렇다. 섬네일이나 카드뉴스, 블로그 스킨 등 SNS에서 보여지는 이미지를 만들 때, 단순 홍보용이나 기능적인 측면만이 아니라 이러한 요소도 자신만의 색깔, 분위기를 드러내는 과정이라고 생각하며 디자인하기 바란다.

톤 앤 매너를 의식한 디자인

좌측 이미지는 많은 질문과 생각 끝에 필자의 퍼스널 컬러 팔레트를 정하고, 이를 바탕으로 섬네일을 디자인한 것이다. 각각 다른 디자인이 아니라 결정한 배색에 도형과 그라데이션을 활용해서 전체적인 어우러짐을 의식해서 작업했다.

우측 이미지는 필자의 인스타그램 계정이다. 하이라이트 커버와 피드 이미지 역시 블로그와 비슷한 톤 앤 무드를 염두에 두고 표현하고자 했다.

Lesson 05 | 디자인 감각을 향상시키는 노하우

감각 있고 매력적인 사람들의 SNS 계정은 인상에 깊이 남는다. 프로필 사진, 피드에 올린 사진, 섬네일 이미지, 전체적인 색감, 작은 이모티콘조차도 그들이 선택하는 것은 왜인지 모르게 남달라 보인다. 이유를 딱 집어서 설명할 수는 없지만 좋아 보이는 센스, 디자인적인 감각은 어떻게 만들 수 있을까?

① 많이 보고 느끼고 묻기

먼저 좋아 보이는 것에 대한 인풋(Input)이 많아야 한다. 즉, 지식이든 경험이든 많이 습득해야 감각이 향상된다. 좋은 이미지에는 누군가가 만든 디자인도 있지만, 아름다운 풍경이나 공간, 물건 등 내 마음을 즐겁게 해주는 것도 해당된다. 그래서 기획자나 디자이너 등 새로운 것을 구상하는 사람들은 커피를 마시더라도 감각적인 카페를 방문하고, 시즌마다 국내외의 다양한 곳으로 시장조사를 다닌다. 단순히 디자인만 보러 가는 것이 아니고, 그 곳만의 분위기, 건물, 풍경, 매장, 생활 모습 등 우리가 늘 보던 것과 다른 새로운 이미지를 담기 위해서이다.

필자의 경우 핀터레스트와 같은 이미지 기반의 플랫폼을 적극적으로 활용해서 좋은 이미지를 찾거나 카카오톡에서 받은 광고나 인스타그램의 홍보 피드, 전시회 템플릿, 뮤직 비디오의 배경 등 느낌이 있는 것은 모두 관심 있게 본다. 그림 전시나 잡지는 물론, 일상에서 접하는 꽃과 자연, 아이의 말과 행동 등 인상적인 순간순간을 느끼고 반응하려고 노력한다. 온라인만 검색하지 말고, 심미안을 갖고 일상의 아름다움도 발견해 보자. 그러한 순간들이 자신 안에 축적되고 감성이 풍부해질수록 디자인 작업에 긍정적인 영향을 미칠 것이다.

미즈노 마나부 저자의 〈센스의 재발견〉에서 "센스는 지식의 축적으로 기를 수 있는데, '느끼는 힘'이 강하지 않으면 지식은 웬만해서는 축적할 수 없다."고 했다. 좋아 보이는 것, 아름다운 것을 많이 보고, 거기서 그치는 것이 아니라 어떤 느낌을 갖는 것 또한 중요하다. 우리는 무언가를 보자마자 예쁘다고 생각되면 바로 자극이 느껴진다. '어?' 하는 순간을 금방 지나치지 말고, 한참 바라보고 그 느낌에 조금 더 머물러 보자. 1분이어도 충분하다.

인스타그램을 보다가 좋아 보이는 광고 피드가 있다면, 그 이미지에서 사용한 컬러, 폰트, 요소 간의 배치나 정렬, 사진 등 하나하나를 느끼면서 보는 것이다. 그리고 물어보자. 이것이 왜 내 눈에 예쁘게 보이는지를.

물으면 분명 나만의 이유가 있다. 컬러일 수도 있고, 서체나 문구일 수도 있다. 봉준호 감독이 한 강의에서 "내가 좋아했던 것들을 왜 좋아했는지, 내가 싫어했던 장면은 왜 싫어했는지, 반복해서 보고 싶은 영화가 몇 개씩은 있는데 그 이유가 무엇인지 스스로 파헤쳐 보면 자신이 하고 싶은 것을 발견할 수 있다."라고 했다. 자신의 디자인 스타일을 찾고 감각을 키우기 위해서는 한 단계가 더 깊이 들어가는 질문 'WHY?'가 필요하다. 인상적이고 좋다고 느껴지는 무언가를 보았을 때, 거기서 그치는 것이 아니라 '나는 이것이 왜 좋을까?'를 생각해 보자. 배색이 좋은지, 사진의 분위기가 좋은지, 수많은 이유 중에서 나만의 이유를 찾아보자. 자신만의 답이 쌓일수록 디자인적 감각과 센스도 향상될 것이다.

♥ TIP 디자인 레퍼런스 참고 사이트

■ Pinterest(핀터레스트) www.pinterest.co.kr

핀터레스트 사이트

일러스트, 그래픽 디자인뿐만 아니라 제품, 사진, 인테리어 등 다양한 분야의 레퍼런스를 제공하는 이미지 기반의 사이트로, [챕터 4-5. 디자인 아이디어를 얻고 싶을 땐, Pinterest]에서 자세히 설명한다.

■ Behance(비핸스) www.behance.net

비핸스 사이트

Adobe(어도비)에서 운영하는 사이트로, 전 세계 디자이너 및 아티스트의 포트폴리오를 볼 수 있어서 트렌드를 파악하기 좋다. 자신의 포트폴리오를 업로드할 수 있고 스마트폰 APP도 있으므로 틈틈이 활용해 보자.

■ Dribble(드리블) https://dribbble.com/

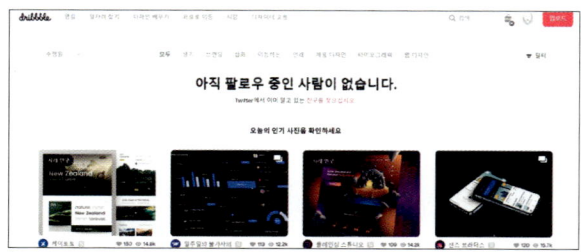

드리블 사이트

디자이너 채용 및 워크숍 등을 진행하는 커뮤니티 색이 있는 사이트로, 포트폴리오의 퀄리티가 높은 것이 특징이다.

② 모방과 다작

오스틴 클레온의 <보여줘라, 아티스트처럼>에서 윌리엄 랠프 잉이란 사람은 "독창성이란? 들키지 않는 표절이다."라고 했다고 한다. 하늘 아래 새로운 것은 없다지만, 대놓고 들키지 않게 표절하는 거라니, 인상적이다.

피카소 같은 대가도 다른 화가들의 그림에서 좋은 부분을 차용하기로 유명했다고 한다. 그래서 그가 전시회에 온다고 하면, 화가들이 그림을 모두 거꾸로 걸어 놓았다는 일화도 있다. 완전 백지에서 새로운 무언가를 창조하는 것은 불가능에 가깝다. 모든 것은 서로 영향을 주고 받는다. 많이 보고, 느끼고, 왜 좋은지를 물으며 수집한 자료 중에서 유난히 좋아 보이는 것은 모방하며 내 것으로 소화하고 흡수시키는 과정이 필요하다.

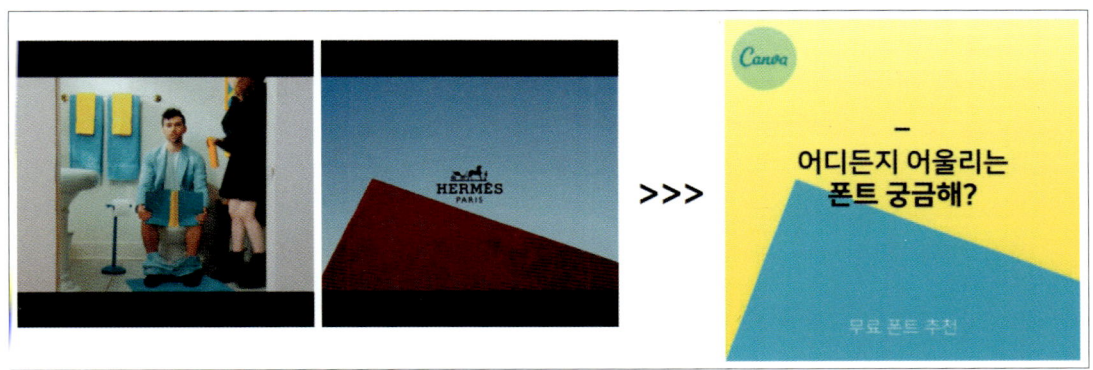

컬러와 구도를 섬네일에 적용한 예시

좋아 보이는 것을 나의 디자인에 어떻게 적용할 수 있을까? 언젠가 세계적인 팝스타 맥스(MAX)의 'Love Me Less' 뮤직비디오를 보다가 화면마다 보여지는 색감이 독특하고 예쁘다는 생각이 들었다. 특히 하늘색과 노란색은 생각해 보지 못했던 배색이라서 인상적이었다. '왜 좋아?'라고 물었을 때 '밝은 느낌이 좋았고, 주목을 끄는 데 효과적으로 느껴졌다.'고 생각되어 이 배색을 기억해 두었다가 섬네일을 만들 때 적용했다.

도형의 형태 또한 에르메스의 광고 영상의 섬네일을 모방했다. 사진과 같이 사선이 주는 느낌에 시선이 머물렀다. '왜 좋지?'라고 질문을 던져 보니 '도형을 정면으로만 사용했을 때는 안정감이 들지만 각도의 변화를 주어 화면을 구성하니까 도형의 표정이 신선하다.'는 답이 떠올랐다. 새롭게 느껴진 부분을 이미지에 담아서 표현해 보고 싶었다. 이런 식으로 좋아 보이는 한 부분을 내가 만들려는 이미지에 적절하게 적용해 보는 것이다. 다만, 주의할 점이 있다. 바로 건넛집의 디자인이 좋아 보인다고 그대로 가져다 쓰면 '카피'라는 문제가 발생한다. 들키지 않아야 하는데, 너무 가까이의 것을 똑같이 작업하면 쉽게 들키게 되는 것이다. 그냥 좋다는 이유로 그대로 가져다 쓰는 것은 연습 과정에서는 큰 문제가 없겠지만, 습관이 될 수 있으므로 연습할 때부터 좋아 보이는 것을 많이 보고, 느끼고, 어떤 부분이 왜 좋아 보이는지에 대한 자신만의 생각을 디자인에 하나씩 접목해 보자. 내 생각을 담으려고 하면 아무리 똑같이 표현하려고 해도 결국 살아오면서 체득한 자신만의 취향이 반영되기 마련이다.

한 가지 더 기억해야 할 것은 '다작'이다. 이미지를 많이 만들어 봐야 한다. 머릿속에만 있는 것이 아니라 직접 꺼내서 눈에 보이도록 표현해 봐야 알게 되는 것들이 있다. 어쩌다가 하루에 10개의 이미지를 만드는 것보다 매일 1개씩 꾸준히 지속적으로 작업해 보는 것이 감각을 습득하는 데 더욱 도움이 된다. 다양하게 적용하고 만들어 봐야 나만의 활용법이나 아이디어가 떠오른다. 그렇게 나만의 이미지가 만들어지고, 디자인 감각도 향상될 것이다.

③ 전체적으로 보는 눈과 피드백

작업한 이미지는 꼭 온라인에 올려 본다. 이미지를 한 장만 보았을 때와 섬네일로 올렸을 때의 느낌은 확실히 다르다. 전체적으로 보는 눈을 키워야 SNS의 톤 앤 매너를 맞추는 감각도 함께 향상시킬 수 있다. '색감이 좀 안 맞는 것 같다, 텍스트의 양이 많은 것 같다, 배색이 아쉽다.' 등 직접 만든 이미지를 관심 있게 보면 어떤 생각이나 느낌이 떠오른다. 잘된 점일 수도 있고, 아쉬운 점일 수도 있다. 일단 SNS에 공개하는 것 자체만으로 셀프 피드백이 된다. 이는 다음 이미지를 만들 때 자연스럽게 반영되므로 중요한 과정이다. 스스로 피드백하는 과정에서 과거에 작업한 이미지를 다시 보았을 때, 별로라고 느끼는 건 긍정적인 신호이다. 디자인 실력이 과거에 비해 향상되었다는 뜻이기 때문이다. 또한 SNS에 올림으로써 다른 사람들의 의견을 받을 수 있다. 좋은 섬네일이나 카드뉴스에는 반응이 있기 마련이다. 반응이 없다면 '왜 없을까?'를 생각해 보자.

캔바의 다양한 템플릿을 살펴보면서 나의 콘텐츠에 활용하면 괜찮을 것을 선택한다. 그것을 기반으로 필요한 사진과 텍스트, 컬러를 넣고, 자신의 이미지로 다시 만든다. 백지에서 시작하려면 막막하겠지만 캔바의 템플릿이 이러한 부분을 해소해 줄 것이다.

필자의 블로그 섬네일

 **꼭 기억해야 할 디자인 센스 10가지**

1	디자인 기획	자신의 일에 대한 의도와 목적을 명확하게 정리하기
2	레이아웃	전체적인 여백은 물론 부분적으로도 고려하기
3		텍스트와 디자인 요소 간의 정렬 맞추기
4		내용과 시선의 흐름 파악하기
5	서체	서체는 외형이 주는 분위기와 느낌으로 선택하기
6		너무 많은 서체 사용하지 않기(최대 3개까지)
7		지나치게 화려한 폰트 지양하기
8	컬러	자신의 콘텐츠와 어울리는 컬러 분위기를 상상하기
9		3가지 정도 컬러를 계획하고, 60(기본색):30(보조색):10(주제색) 비율 고려하기
10		눈에 띄려면 확실한 명도(밝고 어두움) 차이 적용하기

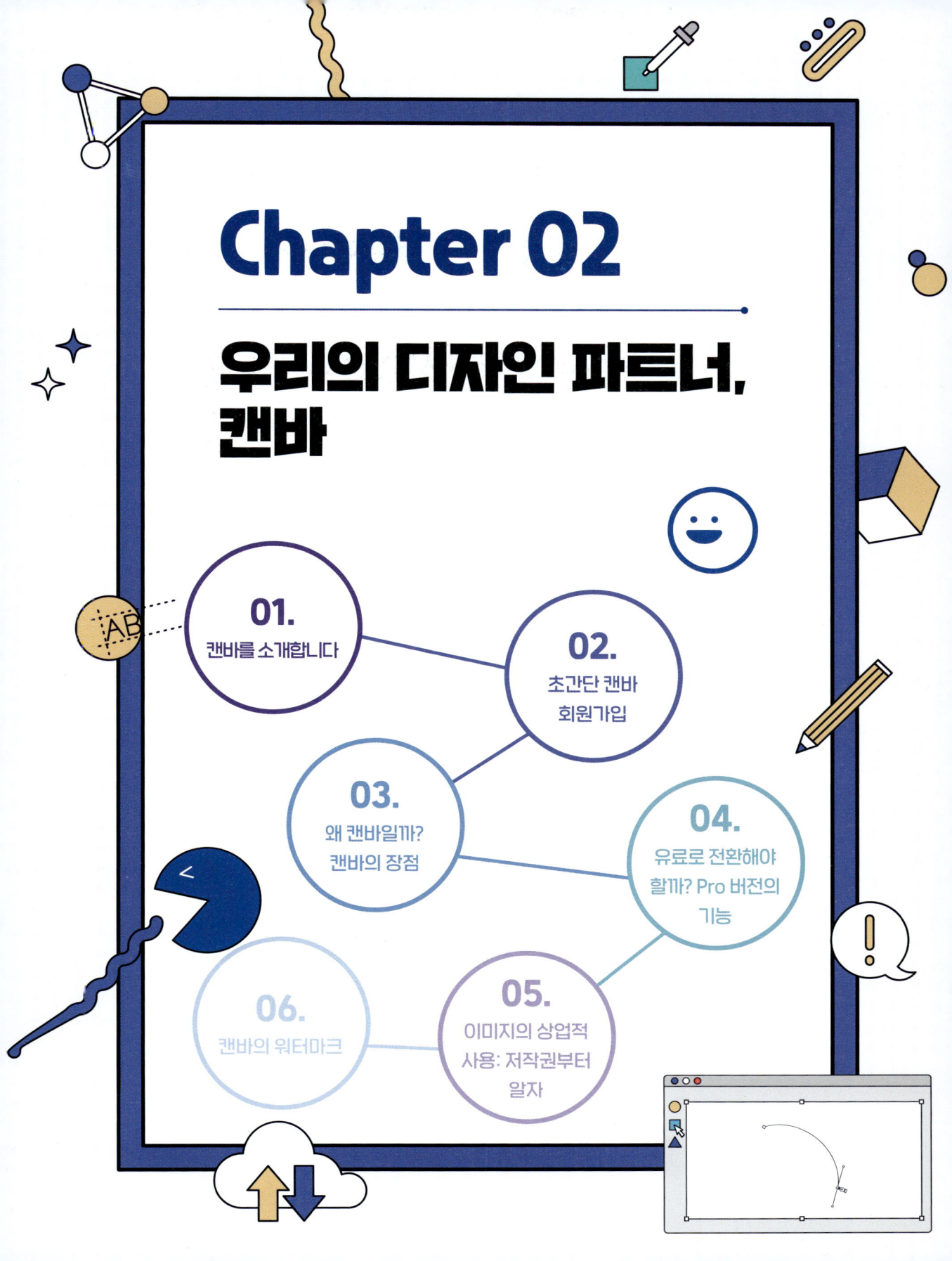

Lesson 01 | 캔바를 소개합니다

SNS에 쏟아지는 무수한 콘텐츠 중 어떤 것을 선택하고 어떤 것에 시선이 머물까? 유튜브나 블로그에서 정보를 찾을 때 혹은 인스타에서 피드 볼 때를 상상해 보자. 대부분 섬네일 이미지가 클릭을 하느냐 마느냐를 결정한다. 의식하든 못하든 우리는 일상에서 시각 이미지에 상당한 영향을 받고 있다는 뜻이다. 섬네일, 카드뉴스, 포스터, 온라인 배너, 이벤트 홍보 이미지, 상품 상세페이지 등 실제로 많은 영역에서 이미지로 커뮤니케이션하고 있다.

요즘은 개인이 SNS를 통해 자신을 홍보하고, 제품과 서비스를 판매한다. 팔기 위해서는 누군가의 선택을 받아야 하는데, 이때 가장 빠르게 반응을 유도하고 영향을 미치는 것이 '시각적인 영역'이다. SNS를 활용하는 이상 모든 사람이 디자인을 해야 하는 시대가 되었다는 의미이기도 하다.

10년 전쯤 디자이너로 회사를 다닐 때만 해도 이미지 하나를 만들기 위해서 포토샵이나 일러스트레이터 등 그래픽 전문 프로그램을 다룰 줄 알아야 했다. 그렇지 않으면 비용을 들여 외주를 주거나 다른 방법을 찾았다. 이제는 시대가 달라졌다. 온라인에서 편집과 디자인을 할 수 있는 국내외 다양한 사이트가 활성화되어 누구나 어렵지 않게 이미지 작업을 할 수 있게 된 것이다.

캔바 로고와 사이트 주소

캔바는 호주 회사에서 만든 온라인 기반의 디자인 편집 플랫폼이다. 활용할 수 있는 기능과 디자인 요소에 따라 무료와 유료 버전으로 나뉜다. 유튜브나 블로그 등 SNS 섬네일과 포스터, 프레젠테이션 같은 다양한 종류의 템플릿과 디자인 소스(이미지, 폰트, 일러스트 등)를 제공하기 때문에 그래픽 전문 프로그램인 포토샵이나 일러스트가 없어도 누구나 이미지 디자인 작업을 할 수 있다.

간단한 방법으로 캔바에 회원가입할 수 있으니, 다음을 참고하자.

01 캔바는 크롬(Chrome)에 최적화되어 있다. PC에 크롬을 설치한다.

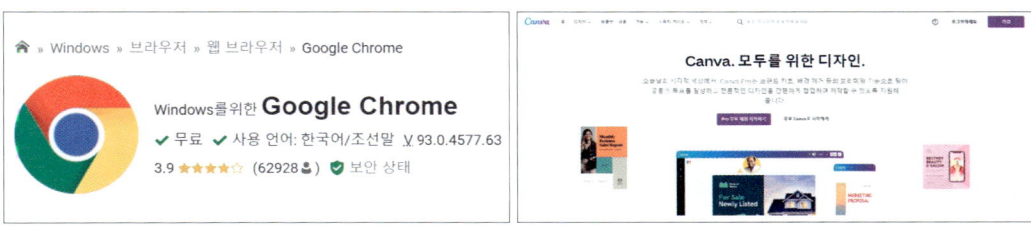

크롬 설치 필수   캔바 우측 상단의 가입

02 주소창에 캔바 주소(https://www.canva.com/)를 입력 후, 캔바 메인 페이지의 우측 상단의 '가입'을 클릭한다.

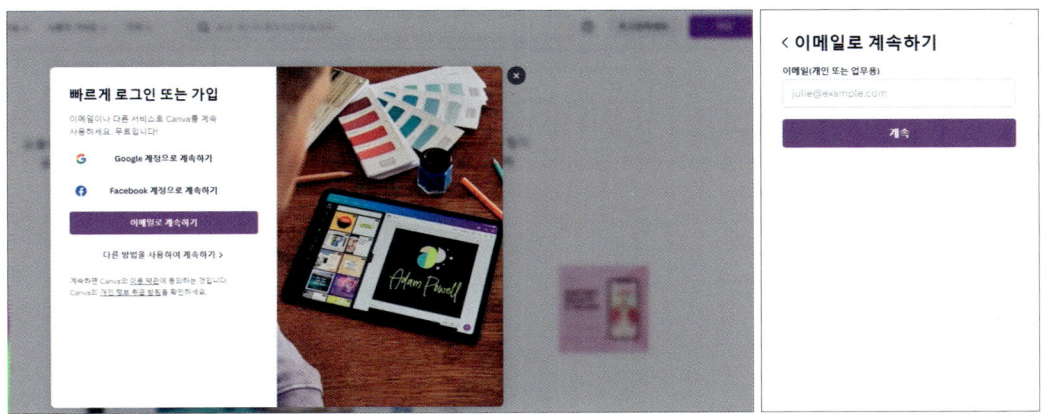

빠르게 로그인 또는 가입   '이메일로 계속하기'를 클릭했을 때

03 구글이나 페이스북 계정이 있으면 바로 연동되어 가입할 수 있고, 없다면 사용하는 이메일 계정으로 가입한다.

필자의 경우 블로그를 시작하면서 캔바와 국내 기반의 디자인 플랫폼인 망고보드, 두 사이트의 무료 버전을 최대한 활용하여 섬네일을 만들어 보다가 캔바에 정착하게 되었다. 그때 느꼈던 캔바의 장점을 5가지로 정리해 보았다.

① 직관적인 인터페이스

사이트 구성이 간결하다. 이미지를 제작하는 데 유용한 기본적인 기능만 담고 있다. 그래픽 전문 프로그램인 포토샵이나 일러스트처럼 기능이 복잡하지 않아서 처음 접해도 막막하게 느껴지거나 부담스럽지 않다. 또한 직관적인 아이콘으로 해당 요소의 기능을 쉽게 알아차릴 수 있다.

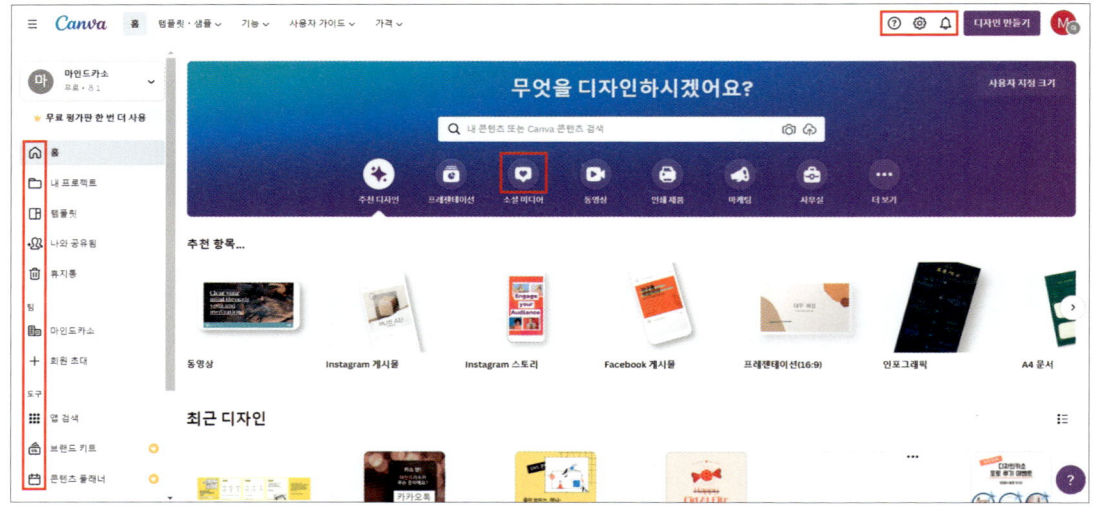

직관적인 아이콘으로 이해하고 습득하기 쉬운 기능

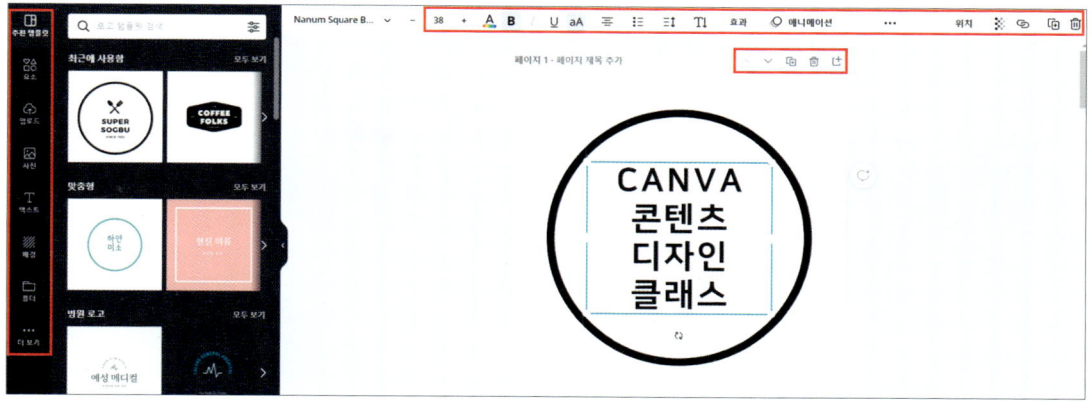

기본적이면서 유용한 기능

② 감각적인 템플릿 디자인

미리캔버스나 망고보드 등 우리나라 기반의 디자인 편집 플랫폼과 캔바를 비교해 보면 분위기가 다른 것을 느낄 수 있다. 다른 곳은 국내 정서에 익숙한 디자인이 대부분인 반면 캔바는 일러스트 활용이 풍부한 편이고 색감이나 디자인이 감각적인 것이 특징이다.

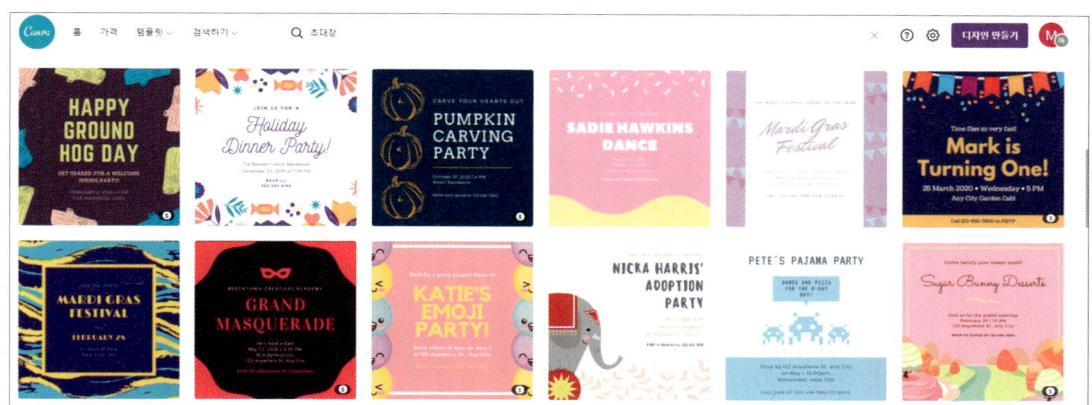

캔바의 템플릿

망고보드 템플릿   미리캔버스 템플릿

또한 캔바는 SNS뿐만 아니라 달력이나 워크시트, 마인드맵, 생일 카드, 사진 콜라주 등 일상생활에서 활용할 수 있는 템플릿도 다양하게 제공하고 있어서 활용도의 폭이 넓다.

캔바의 다양한 템플릿 종류

③ 무료 버전에서도 남지 않는 워터마크

워터마크란 출처나 저작권 정보를 식별할 수 있도록 이미지에 고유한 표시를 하는 것이다. 이것이 남게 되면 깔끔한 이미지를 기대하기 어렵고, 결과물의 전체적인 완성도가 떨어진다. 캔바의 가장 큰 장점은 무료 버전에서도 작업을 마친 후 이미지를 다운로드하면 워터마크가 남지 않는다는 것이다.

캔바 워터마크   망고보드 워터마크

④ 무료 버전에서도 제한 없는 디자인 제작 개수

캔바는 무료 버전으로 작업 가능한 개수의 제한이 없다. SNS를 하다 보면 섬네일을 포함해서 생각보다 꽤 많은 이미지를 만들어야 하기에, 무제한으로 디자인 작업이 가능하다는 것은 상당히 매력적인 부분이다.

작업 파일의 사본 만들기

캔바 메인 페이지 우측의 '내 프로젝트'에서 작업한 이미지 섬네일의 우측 상단 점 3개 아이콘을 클릭하면 '사본 만들기' 기능으로 파일 복사가 가능하다. 나만의 템플릿 디자인을 정해서, 사진과 텍스트만 변경하여 이미지를 만들면, 시간 절약은 물론 작업의 효율성까지 높일 수 있다.

⑤ 앱 지원

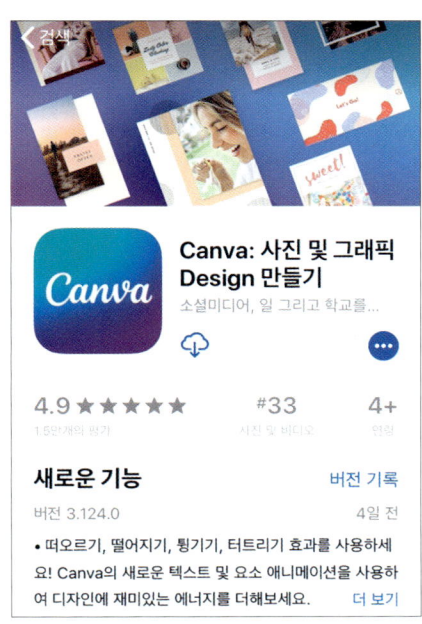

캔바 앱

캔바는 홈페이지뿐만 아니라 앱도 지원하고 있어서 언제든지 필요한 이미지를 빠르고 쉽게 만들 수 있다. 다만 휴대폰으로 작업을 하기에는 터치감이나 조작의 섬세함이 떨어지므로, 앱에서는 기존 템플릿에서 텍스트나 사진만 변경하는 간단한 작업만 하고, 프레젠테이션 등 꼼꼼함을 요구하는 디자인은 PC에서 작업하는 것을 추천한다.

캔바를 시작하는 단계라면 무료 버전을 최대한 활용해 본 뒤 자신의 이미지 제작 빈도와 효율성을 고려해서 유료 전환 여부를 결정하는 것이 합리적이다.

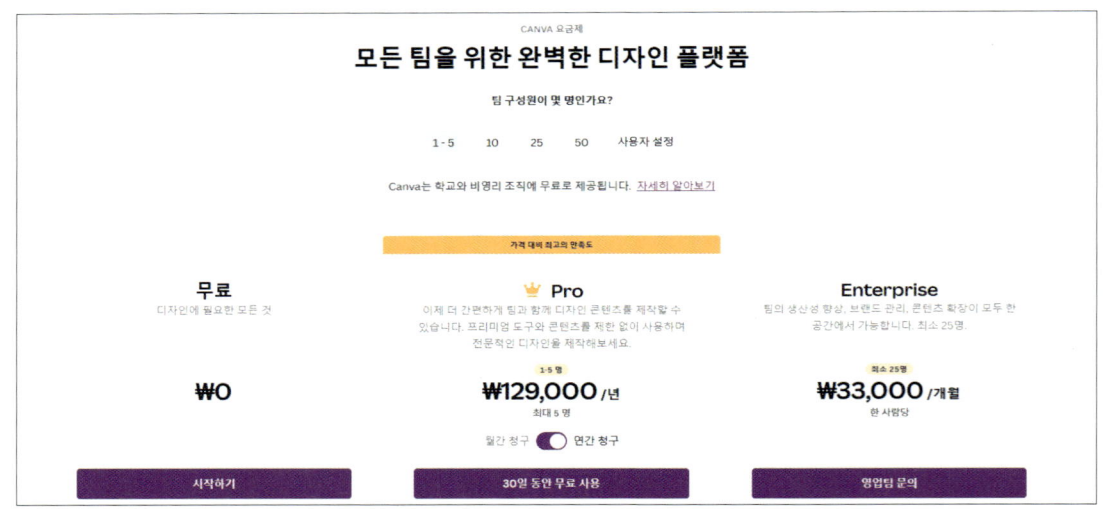

Pro 버전 금액

Pro 버전은 월 단위로 결제했을 때는 $12.95(약 14,000원), 연간 결제는 $119.99(약 129,000원)이다. 아주 큰 부담이 되는 금액은 아니지만 이제 막 SNS를 시작했다면, 섬네일이나 간단한 이미지 작업 정도만 할 텐데 이 단계에서는 무료 버전도 충분하다. 또한 유료인 Pro 버전을 30일간 무료로 사용할 수 있는 서비스를 제공하고 있으니 최대한 활용해 보고 유료로 전환할지 결정하는 것을 추천한다.

💗 TIP 캔바를 경제적으로 사용하는 법

1. 한번의 요금 결제로 해당 기간 동안 최대 5명까지 팀 작업이 가능하다.

  의견이 맞는 사람들끼리 금액을 나누어서 한 명이 결제한 뒤 팀으로 사용하면 조금 더 경제적으로 캔바를 이용할 수 있다.

2. 교육용 캔바는 초.중.고 교사와 학생 모두에게 무료로 제공한다.

Pro 버전에서 제공하는 기능은 물론 학생과 교사를 초대해 과제를 공유하고, 관리할 수 있는 전용 수업 공간까지 제공한다. https://www.canva.com/edu-signup/에서 학교나 교육부, Google 인증 이메일 도메인을 사용해서 가입하거나 교원 자격증으로 자신이 교사임을 인증해야 하고, 학생은 교사의 초대를 받아야 교육용 캔바를 사용할 수 있다.

3. 비영리 조직 역시 Pro 버전에서 제공되는 모든 프리미엄 기능을 무료로 사용할 수 있다.

https://www.canva.com/nfp-signup에서 신청서를 작성한 뒤, Canva의 심사를 거쳐 사용 가능 여부를 메일로 받게 된다. 자세한 것은 캔바 메인 페이지의 '가격' 부분을 살펴보자.

캔바 가격 확인

Pro 버전에서는 다음과 같은 기능을 제공한다.

① 무제한 사용 가능한 프리미엄 사진·동영상·요소·서체·템플릿

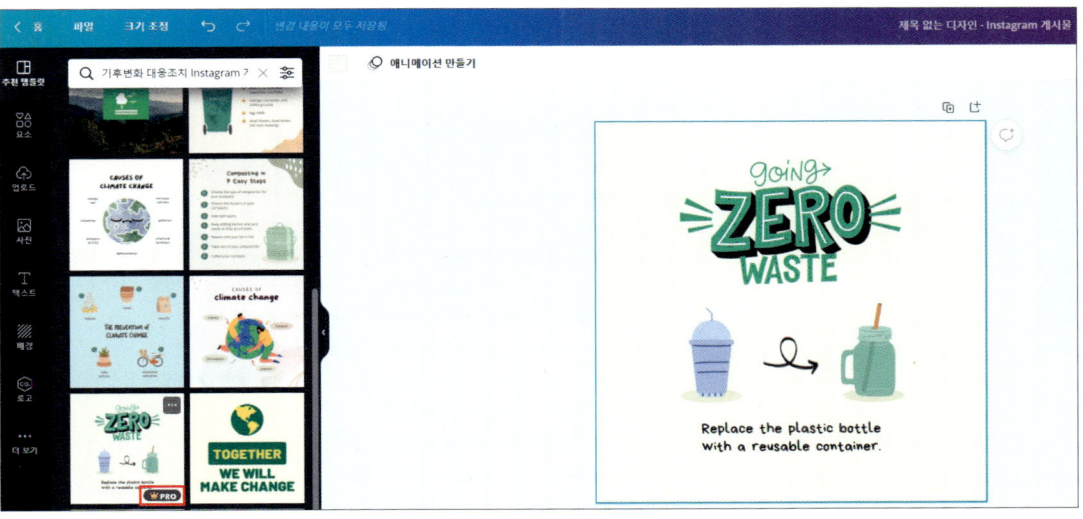

Pro 버전에서는 왕관 마크가 있는 요소 무제한 사용 가능

Chapter 02. 우리의 디자인 파트너, 캔바

일부 디자인 요소와 사진, 폰트, 템플릿 등에는 '👑노란색 왕관'이 붙어 있는데, Pro 버전에서 사용할 수 있다는 뜻이다. 현재 캔바에서는 이런 디자인 요소들을 대략 1억 개 이상 제공하고 있고, 새로운 디자인도 지속적으로 업데이트되고 있다.

② 자동 크기 조정 기능

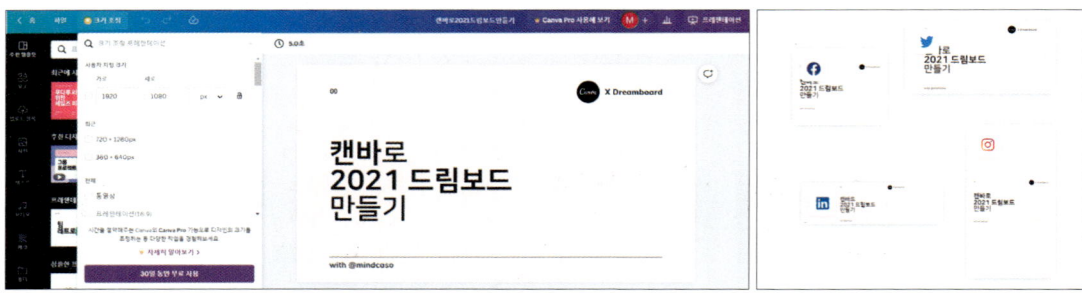

이미지 크기 조정　　　　　　　　　　　SNS별 적합한 이미지 비율

자동 크기 조정 기능은 작업한 이미지 파일을 다른 크기로 바꿀 수 있는 것을 의미한다. 예를 들면, 처음에 프레젠테이션 사이즈로 디자인했는데, 인스타그램에 올릴 정사각형 이미지로 수정해야 한다면 자동 크기 조정 기능으로 손쉽게 변경 가능하다. 참고로, 무료 버전에서는 처음 디자인을 시작할 때 크기 설정은 가능하지만, 자동 크기 조정 기능은 지원되지 않는다.

③ 배경 제거 기능

캔바의 '배경 제거' 기능　　　　　　　　　배경이 제거된 비행기 이미지

작업을 하다 보면 때에 따라 사진의 배경이 없어야 보기 좋은 디자인을 만들 수 있다. Pro 버전은 한번의 클릭으로 배경을 제거해 주는 편리한 기능을 지원한다.

'배경 제거'를 하지 않은 배경을 제거한 예

캔바 무료 버전을 사용 중이라면, 리무브(https://www.remove.bg/ko)에서 배경을 제거한 뒤 캔바에 업로드하는 방식으로 대체 가능하다. [챕터 4-2. 사진의 배경을 지우고 싶을 땐, Remove]를 참고하자.

④ SVG 다운로드 기능

SVG 다운로드

SVG(Scalable Vector Graphics)는 벡터 그래픽 확장자이다. 확대해도 해상도가 깨지지 않아서 깔끔한 이미지로 표현 가능하며, 용량이 작은 것이 특징이다. 애니메이션, 로고, 웹 디자인에 적합하다.

⑤ 브랜드 키트와 글꼴 업로드

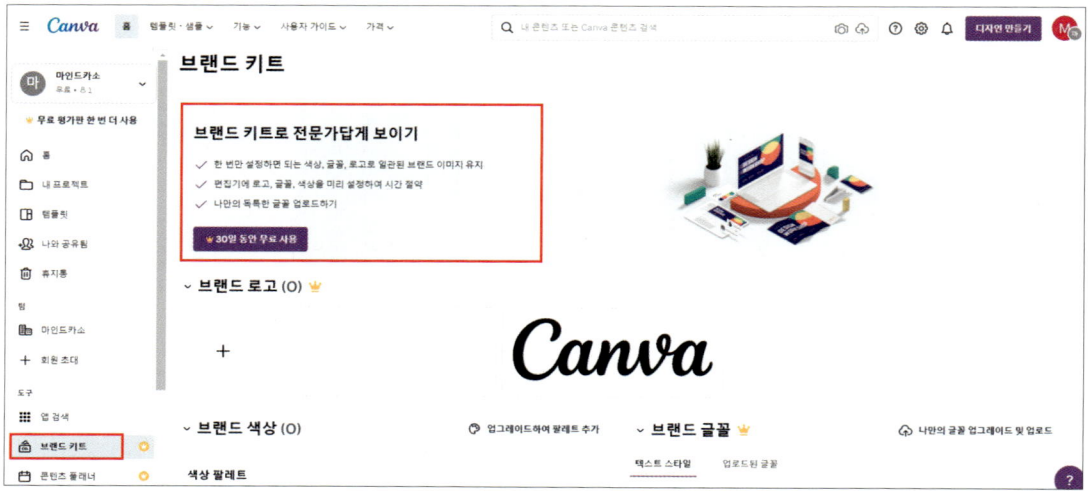

브랜드 키트

브랜드 키트는 사용하는 서체와 로고, 컬러 팔레트를 설정해서 일관성 있는 디자인을 할 수 있도록 돕는 기능이다. 내가 사용하는 서체가 있다면 Pro 버전에 직접 업로드하여 쓸 수 있다.

⑥ 콘텐츠 플래너

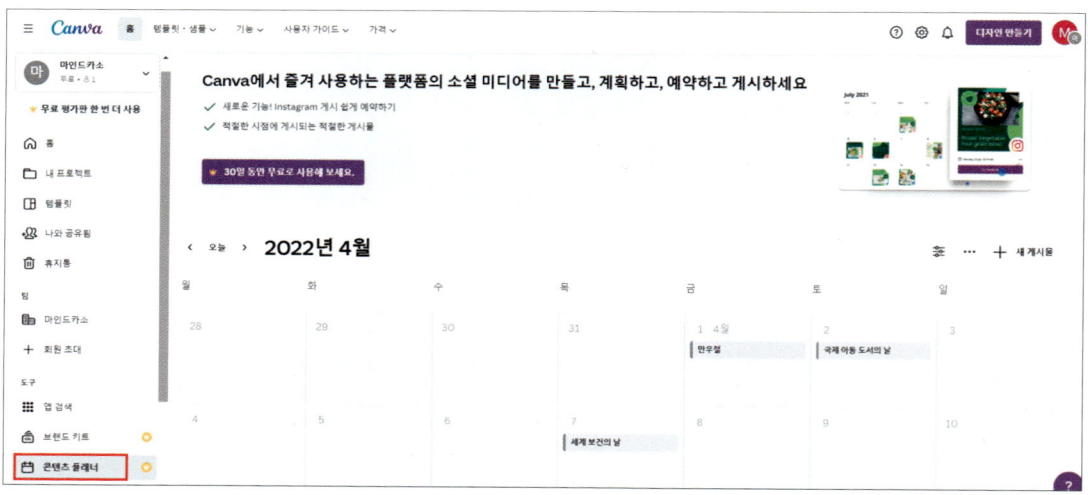

콘텐츠 플래너

캔바와 연동되는 SNS 채널 인스타그램, 페이스북, 트위터, 핀터레스트 중 자주 사용하는 플랫폼에 캔바에서 만든 이미지를 원하는 날짜에 예약해서 게시할 수 있다.

Lesson 05 | 이미지의 상업적 사용: 저작권부터 알자

Pro 버전에서 활성화되는 서체로 브랜드 로고를 만들고, 그래픽 요소나 사진 등을 활용해서 상업적인 이미지를 만들어서 사용하는 것은 전혀 문제가 되지 않는 걸까?

서체 회사에 상업적 사용에 관해 문의해 본 결과, '캔바에서 활성화되는 서체로 브랜드 로고나 유튜브 사용 등 상업적으로 이용해도 무방하다'는 답변을 받았다. 그리고 캔바에서 제공하는 디자인 소스, 글꼴, 사진을 사용하여 만든 이미지를 상업적으로 사용할 수 있는지 문의했고 '라이선스 제한 범위 내에서 상업적, 비상업적 용도로 디자인 제작이 가능하다'는 답변과 그 허용 범위를 확인할 수 있는 라이선스 정책 링크를 받았다.

> Yes, Canva allows you to create designs for commercial use within the limits of your media license. Please check the permitted use of the following licenses.
>
> • Free Elements - Free Media License https://www.canva.com/policies/free-media/
> • Premium Elements(Stock) - One Design Use License https://www.canva.com/policies/onedesign/

캔바의 라이선스 정책에서 중요한 부분을 요약하자면 다음과 같다.

1. 이미지나 음악, 비디오 소스를 확인했을 때 콘텐츠가 제공되는 회사가 따로 있는 경우, 그쪽의 정책에 따른다. 그 외에는 위의 링크에서 설명하는 라이선스가 적용된다.

사진 출처 확인하는 법

앞의 이미지와 같이 사진을 선택하고 상단 메뉴 바의 안내를 뜻하는 ⓘ를 클릭하면 관련 정보를 확인할 수 있다. 이 사진은 Pexels에서 제공하는 사진으로 이 사이트의 라이선스에 따른다는 뜻이다.

2. 사진, 음악 및 비디오 파일은 수정할 수 있지만, 식별 가능한 사람의 경우 부적절하고 불쾌하며 공격적인 방식으로 표현해서는 안된다.

3. 캔바에서 제공하는 원본대로, 즉 작업을 거치지 않고 판매하는 것은 불가하다.

4. 디자인 요소 1개만 다운로드해서 다른 곳에서 쓰는 것은 불가하다. 즉, 둘 이상의 요소를 사용해야 한다.

5. 캔바에서 로고나 상표, 디자인 마크 등을 만들 수는 있지만 독점권을 주장할 수는 없다.

6. 무료 요소가 포함된 캔바 디자인의 허용된 사용 범위는 다음과 같다.

> ① 인쇄물, 제품 포장, 프리젠테이션, 영화 및 비디오 프리젠테이션, 광고, 카탈로그, 브로셔, 연하장 및/또는 판촉 및/또는 재판매용 엽서를 포함한 초대장, 광고 및 판촉 프로젝트(복제 수량 제한 없음)
> ② 학교 또는 대학 프로젝트;
> ③ 소셜 미디어 게시물 또는 프로필 이미지
> ④ 개인용 컴퓨터 또는 모바일 장치의 장식 배경;
> ⑤ 책 및 책 표지, 잡지, 신문, 사설, 뉴스레터 및 비디오, 방송 및 무제한 인쇄물의 연극 프레젠테이션과 같은 엔터테인먼트 응용 프로그램;
> ⑥ 웹 페이지, 블로그, 전자책 및 비디오를 포함한 온라인 또는 전자 출판물;
> ⑦ 개인 또는 판촉 목적, 재판매, 라이선스 또는 기타 배포를 위한 인쇄물, 포스터(예: 하드카피) 및 기타 복제물
> ⑧ 둘 이상의 위치에 스톡 미디어를 설치 및 사용하거나 귀하가 고용하거나 서비스를 수행하는 다른 사용자만 사용할 수 있도록 네트워크 서버 또는 웹 서버에 스톡 미디어 사본을 게시하는 행위
> ⑨ Canva가 서면으로 승인한 기타 용도.

캔바 제공 무료 라이선스 링크 번역본 캡처

7. 유료 요소가 포함된(Pro 버전) 캔바 디자인의 허용된 사용 범위는 다음과 같다.

> ① 인쇄물, 제품 포장, 프리젠테이션, 영화 및 비디오 프리젠테이션, 광고, 카탈로그, 브로셔, 연하장 및 엽서를 포함한 초대장, 광고 및 판촉 프로젝트;
> ② 학교 또는 대학 프로젝트;
> ③ 소셜 미디어 게시물 또는 프로필 이미지/동영상
> ④ 개인용 컴퓨터 또는 모바일 장치의 장식 배경;
> ⑤ Canva 전용 디자인 템플릿
> ⑥ 책 및 책 표지, 잡지, 신문, 사설, 뉴스레터, 비디오, 방송 및 연극 프레젠테이션과 같은 엔터테인먼트 애플리케이션**
> ⑦ 웹 페이지, 블로그, 전자책 및 비디오를 포함한 온라인 또는 전자 출판물, 편집되지 않은 경우 스톡 미디어 파일당 최대 총 480,000픽셀(예: 600px x 800px)로 제한됨
> ⑧ 귀하의 디자인이 포함된 항목의 판매를 포함하여 상업적, 개인적 또는 판촉 목적을 위한 인쇄물, 포스터(예: 하드카피) 및 기타 복제물. 의심의 여지를 없애기 위해 어떤 상황에서도 Pro Stock Media를 단독으로 재판매, 라이선스 또는 기타 배포하는 것은 허용되지 않습니다.
> ⑨ Canva가 서면으로 승인한 기타 용도.

캔바 제공 유료 라이선스 링크 번역본 캡처

8. 어떤 상황에서도 Pro 버전 디자인 요소를 단독으로 재판매, 라이선스 또는 기타 배포하는 것은 허용하지 않는다.

9. 교육용 캔바 사용자는 인증을 거쳐 Pro 버전을 무료로 이용할 수 있는데, 이 경우 라이선스에서 설명하는 상업적 사용이 허용되지 않는다. 즉, 비상업적 목적으로만 가능하다.

10. Pro 버전 음악은 온라인 광고(예: YouTube 비디오 내 프리, 미드 및 포스트 롤 광고)에는 사용할 수 있지만, 유료 채널(예: TV/영화/ 라디오/팟캐스트/빌보드)에서는 사용을 제한한다.

11. 비디오에서 Pro 버전 음악 사용에 대해 제한하고 있다. Pro 버전 음악은 TV/SVOD, 라디오/팟캐스트, 장편 영화, 비네트/테마송, 소프트웨어 응용 프로그램 또는 비디오 게임에서 사용할 수 없다.

캔바에서 SNS 콘텐츠(카드뉴스, 섬네일, 상세페이지 등) 이미지만 제작한다면 크게 문제가 될 것은 없다. 하지만 혹시라도 염려가 되는 부분이 있다면 캔바에서 제시하는 라이선스 링크를 확인해 보거나 캔바에 직접 문의하여 답변을 받는 것이 가장 정확하다.

라이선스 관련해서 캔바에 문의 메일을 보내는 방법은 다음과 같다.

01 캔바 메인 페이지에서 우측 상단의 자신의 아이디 부분으로 들어가서 '고객센터'를 클릭한다. 또는 메인 페이지 좌측 하단의 '도움말'을 클릭해서 맨 아래의 '고객센터 방문'으로 간다.

메인 페이지 우측 상단의 아이디 부분에서 들어가는 법   좌측 하단의 '도움말'로 이동

02 스크롤을 내려서 '가장 많이 찾는 도움말' 중 '콘텐츠 라이선스, 저작권 및 상업적 목적으로 Canva 사용'을 클릭한다.

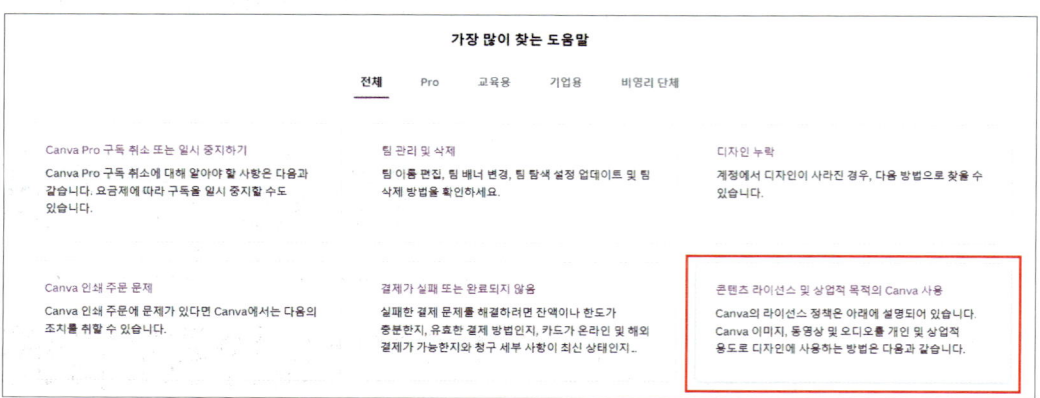

콘텐츠 라이선스, 저작권 및 상업적 목적으로 Canva 사용

03 페이지 하단 주황색 상자 안의 'Canva 지원 팀에 문의'를 클릭한다.

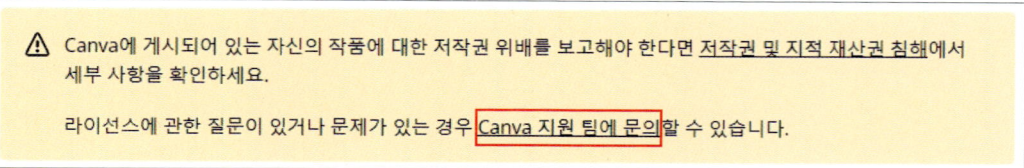

Canva 지원 팀에 문의

04 '옵션 선택'에서 질문과 연관 있는 항목을 선택한 후, 설명을 쓰고 '제출'을 클릭해서 보내면 캔바에 가입했던 메일로 답문이 온다.

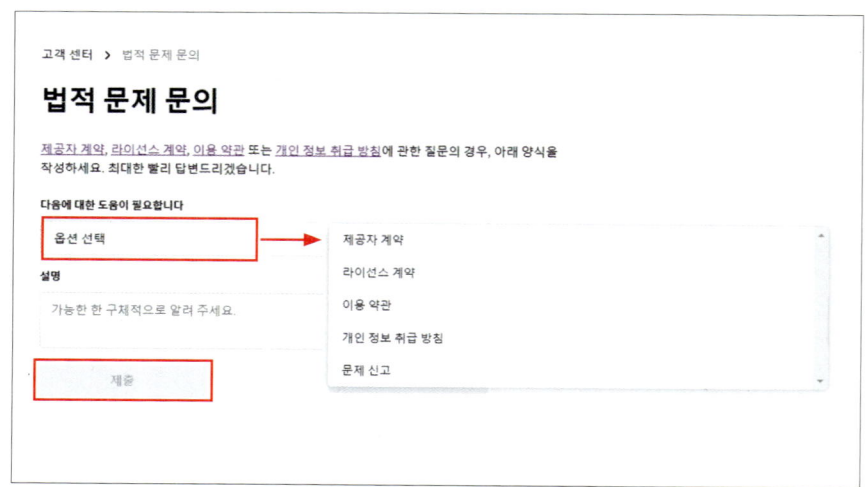

옵션 선택에서 해당 사항을 선택하고 내용 기재

05 영어에 자신이 없다면 네이버 번역 사이트인 파파고(https://papago.naver.com/)에서 내용을 번역한 뒤 복사해서 보내면 된다.

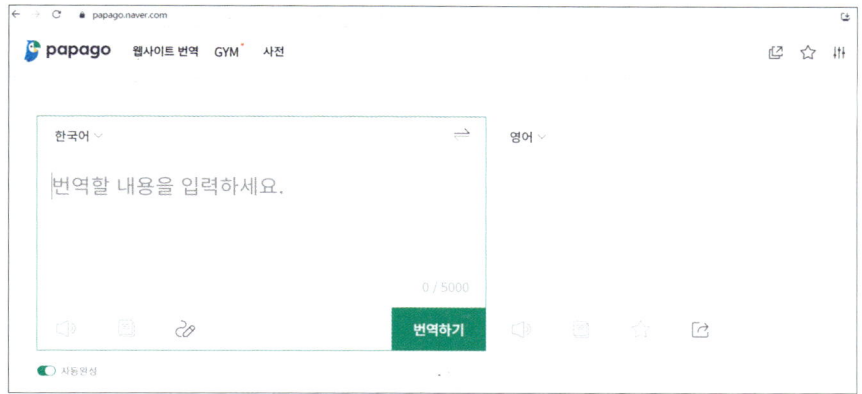

네이버 번역 사이트 파파고

♥ TIP 그래픽 요소의 라이선스를 간편하게 확인하는 법

디자인 요소를 선택하고 상단 메뉴 바의 안내를 뜻하는 ⓘ를 클릭하면, 요약된 라이선스를 살펴볼 수 있다.

요소의 라이선스 확인하는 법   간편 라이선스 이용약관 내용

Lesson 06 | 캔바의 워터마크

워터마크는 텍스트, 이미지, 비디오, 오디오 등의 원본 데이터에 본래 소유주만이 아는 마크(Mark)를 사람의 육안이나 귀로는 구별할 수 없게 삽입하는 기술이다. 워터마크는 저작권과 관련이 있으므로 알고 있는 것이 좋다.

캔바 워터마크   유료 그래픽 요소마다 부과된 금액

캔바에서 Pro 버전의 요소를 작업 페이지에 불러오면 격자 무늬의 워터마크가 나타난다. 그리고 작업 후 다운로드할 때 유료 요소별 금액을 보여준다. 꼭 필요한 요소라면 Pro 버전과 금액을 비교하고 선택하자. 캔바에서 작업 빈도가 높다면, 장기적으로 봤을 때 Pro 버전을 쓰는 것이 경제적일 것이다.

유료 요소를 결제하지 않은 경우, 이미지는 다운로드되지 않는다. 그래서 SNS를 하다 보면 간혹 사진이나 이미지에 캔바의 격자 무늬 워터마크가 있는 상태를 캡처해서 쓰는 경우를 볼 수 있다. 이럴 경우 디자인 완성도가 떨어져 보일 뿐만 아니라 저작권을 전혀 신경 쓰지 않는 사람으로 보이므로, 저작권이 자유로운 이미지를 사용하거나 Pro 버전으로 업그레이드해서 사용할 것을 권장한다.

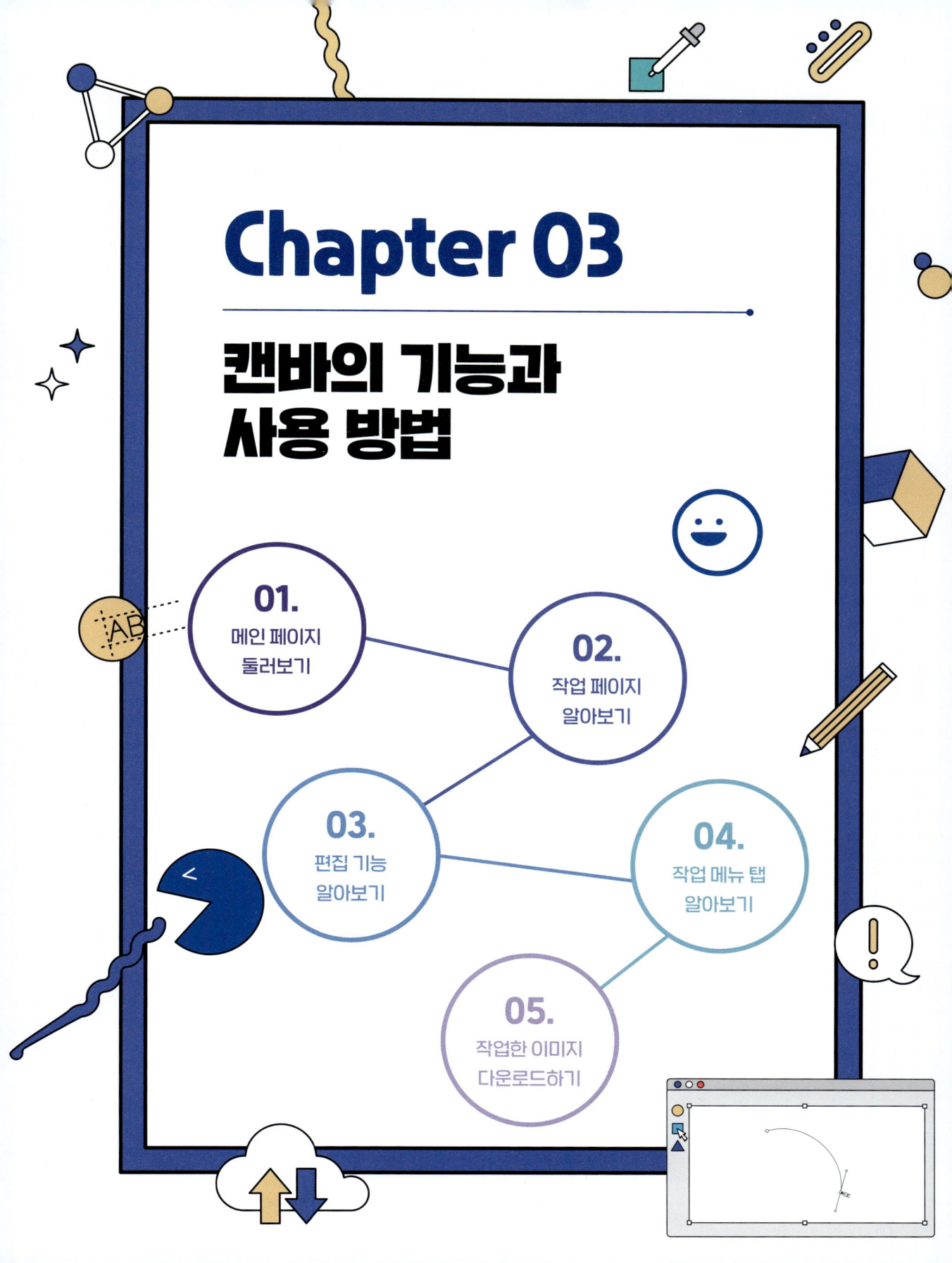

캔바 메인 페이지의 상단과 좌측 메뉴 기능을 하나씩 살펴보자.

① 상단 메뉴

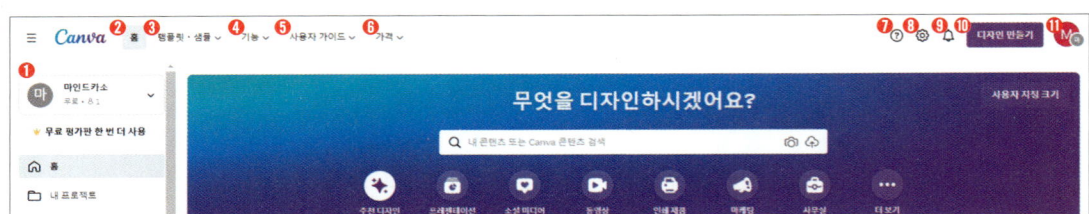

캔바 메인 홈 화면 중 상단 메뉴

❶ 팀 전환을 할 수 있다.

❷ **홈**: 캔바 메인 페이지로 연결된다.

❸ **템플릿 · 샘플**: 캔바에서 제공하는 다양한 템플릿을 주제와 종류별로 볼 수 있고, 컬러 혹은 키워드로 검색할 수도 있다.

❹ **기능**: 캔바에서 제공하는 기능들을 분류해서 보여주고, 각 기능에 대한 소개 및 사용법을 설명한다.

❺ **사용자 가이드**: Canva의 기본적인 사용법에서부터 활용법은 물론, 캔바 사용자에 대한 이야기, 디자인에 대한 팁과 아이디어를 얻는 방법 등 실질적인 정보를 제공한다.

❻ **가격**: 요금제와 제공하는 기능을 소개한다. 유료인 Pro 버전 30일 무료 체험도 이곳에서 신청 가능하다.

❼ **도움말**: 고객 센터. 캔바를 사용하면서 궁금증이나 발생되는 문제를 해결하는 데 도움 받을 수 있다.

❽ **계정 설정**: 자신의 계정 설정을 할 수 있는 곳이다.

❾ **알림**: 팀과 디자인에 관해 업데이트가 되었을 때 알려준다.

❿ **디자인 만들기**: 작업 페이지를 여는 곳으로 [챕터 3-2. 작업 페이지 알아보기]의 [1. 작업 페이지 사이즈 설정]에서 자세히 설명한다.

⓫ **계정**: 계정 설정과 고객센터 연결이 가능하고, 팀 전환과 로그아웃을 할 수 있다.

② 좌측 메뉴

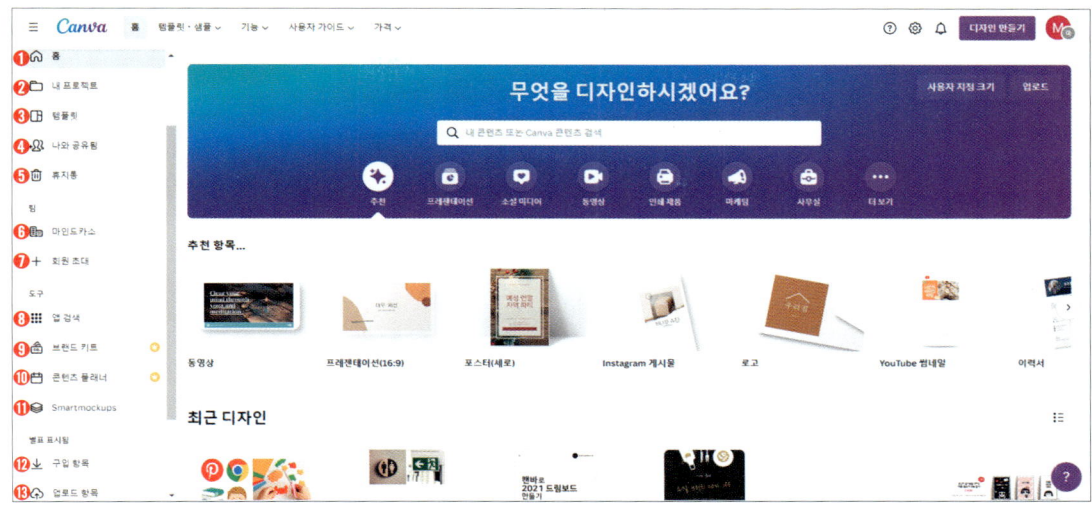

캔바 메인 홈 화면 중 좌측 메뉴

❶ **홈**: 캔바 메인 페이지로 연결된다.

❷ **내 프로젝트**: 캔바에서 직접 작업한 모든 파일들이 저장되어 있는 곳이다.

❸ **템플릿**: 메인 페이지의 상단 [템플릿·샘플]과 같은 기능이다.

❹ **나와 공유됨**: 다른 사람과 링크로 공유된 작업 파일이 저장되는 곳이다.

❺ **휴지통**: 캔바에서 작업했던 디자인이나 업로드한 이미지를 삭제하면 휴지통에 버려진다.

❻ **닉네임**: 자신의 계정을 팀으로 전환했을 때 관리하는 곳이다.

❼ **회원 초대**: 초대 링크를 복사해서 이메일로 다른 사람에게 초대장을 보낼 수 있다.

❽ **앱 검색**: 캔바와 연동되는 앱을 검색할 수 있다.

❾ **브랜드 키트**: Pro 버전에서 지원하는 기능이다. 브랜드나 자신만의 로고, 컬러 팔레트와 서체 등 일관성 있는 디자인을 유지할 수 있도록 돕는다. 자주 사용하는 서체를 업로드할 수 있다.

❿ **콘텐츠 플래너**: Pro 버전에서 지원하는 기능으로 원하는 날짜를 예약해서 작업한 이미지를 SNS에 게시할 수 있다.

⓫ **Smartmockups**: 자신이 디자인한 이미지를 실물 사진에 얹어 사실적인 느낌을 미리 볼 수 있다.

⓬ **구입 항목**: 캔바에서 구매한 디자인 소스들이 모여 있는 곳이다.

⓭ **업로드 항목**: 내 컴퓨터에 있는 사진을 캔바에 불러와서 작업할 수 있다. 업로드한 사진들은 모두 이곳에서 관리할 수 있다.

❶ **홈**, ❷ **내 프로젝트**, ❺ **휴지통**에 대해 더 살펴보자.

❶ 홈

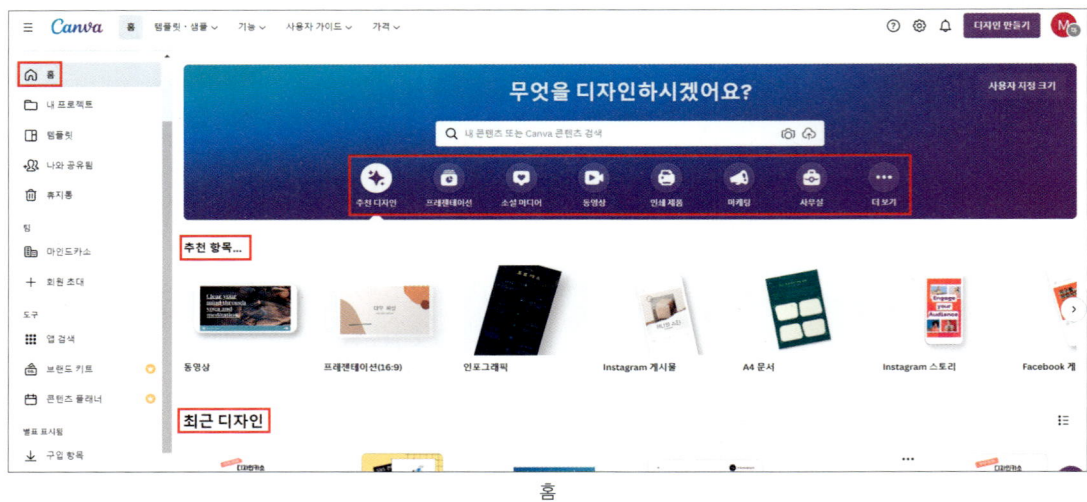

홈

홈에서는 맞춤형, 프레젠테이션, 소셜 미디어 등 관련 아이콘을 클릭해서 주제별로 제공하는 다양한 템플릿을 보고 선택할 수 있다. 메인 페이지의 상단 '템플릿·샘플'과 같은 기능이다. 여기서 하나를 클릭하면 새로운 작업 페이지 창이 열린다. 최근 디자인에는 자신이 작업한 순서대로 파일이 나열되어 있다.

❷ 내 프로젝트

내 프로젝트   파일명 변경하기

'내 프로젝트'는 자신이 작업했던 모든 디자인 파일과 업로드한 이미지와 동영상, 폴더 등을 관리할 수 있는 곳이다. 작업한 디자인 우측 상단의 점 3개를 클릭하면 파일의 제목과 추가 기능이 뜬다. '사본 만들기'로 파일 그대로의 복사본을 만들 수 있고, 폴더 이동 또는 다운로드, 공유, 삭제가 가능하다. 또한 파일의 제목 위에 커서를 올리면 보이는 연필 모양의 아이콘을 클릭해서 파일명을 변경할 수 있다.

❺ **휴지통**

휴지통 폴더

삭제한 디자인 파일은 휴지통에서 30일 이내에 복원할 수 있고, 이 기간이 지나면 영구적으로 복원이 불가능하다는 것을 기억하자. 휴지통에 들어가서 파일 우측 상단의 점 3개 아이콘을 클릭해서 완전히 삭제하거나 복원할 수 있다.

① 작업 페이지 사이즈 설정

메인 페이지에서 작업 페이지로 들어가는 방법은 세 가지가 있다. 하나씩 알아보자.

방법1. 템플릿

01 메인 페이지의 '추천 항목', 좌측 메뉴의 '템플릿' 또는 상단의 '템플릿·샘플'에서 작업하려는 주제 중 하나를 클릭한다. 여기서는 'Instagram 게시물'을 선택해 보겠다.

템플릿 선택하기

02 인스타그램에 적합한 사이즈의 작업 페이지가 새 창으로 뜬다.

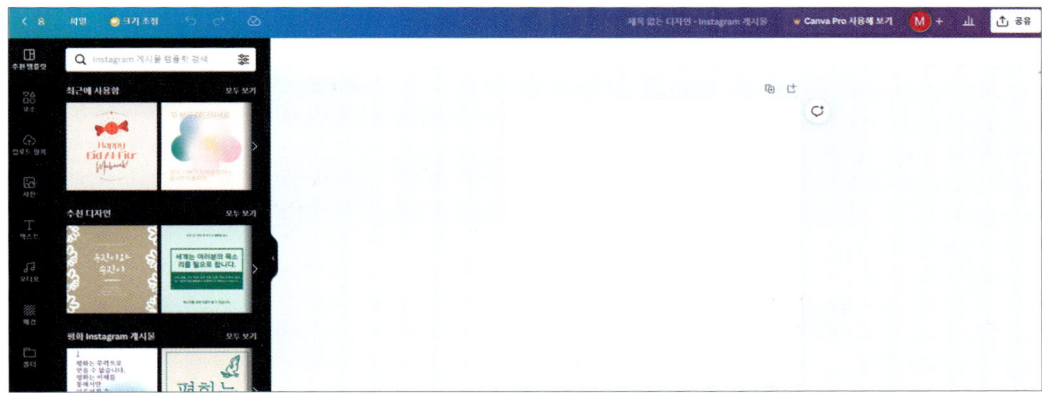

인스타그램 작업 페이지

방법2. 디자인 만들기

메인 페이지 우측 상단의 '디자인 만들기'로 직접 사이즈를 설정하는 방법도 있다.

템플릿 선택하기

❶ **추천**: '방법1. 템플릿'에서 선택하기와 같은 방법으로 사이즈에 맞는 작업 페이지가 나타난다.

❷ **사용자 지정 크기**: 자신이 직접 가로와 세로 사이즈를 설정할 수 있다.

❸ **사진 편집**: 갖고 있는 사진을 불러와서 그 사이즈에 맞는 작업 페이지를 열 수 있다.

❹ **파일 가져오기**: PDF 파일 등을 캔바에 불러와서 편집할 수 있다.

방법3. 사용자 지정 크기

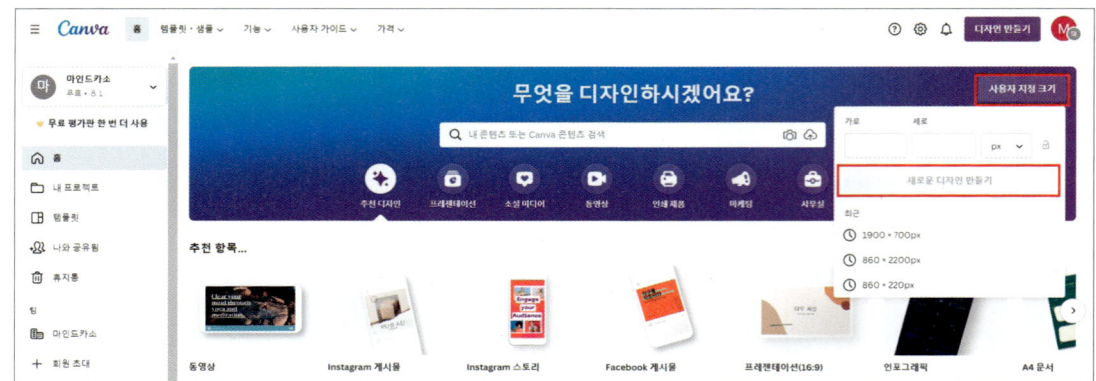

사용자 지정 크기

디자인하려는 이미지의 가로, 세로 사이즈를 입력하고 활성화된 '새 디자인 만들기'를 클릭하면 작업 페이지가 새 창에서 열린다.

네이버 블로그 스킨이나 카페 상단, 스마트 스토어 제품 상세페이지 등 캔바에서 지원하지 않는 이미지를 만들 때 활용하면 유용하다. 자신이 디자인하려는 이미지가 캔바에서 제공하는 템플릿이라면 관련된 것을 선택하고, 그렇지 않다면 사용자 지정 크기 설정으로 작업 페이지를 열면 된다. 상황에 맞게 선택하자.

♥ TIP   px(픽셀)과 in(인치)

px(픽셀)은 화면의 화상을 구성하는 단위이고 in(인치)는 길이 단위다. 참고로 인쇄가 아닌 웹용 이미지(해상도 72DPI)를 기준으로 환산하려면 1mm=2.835px로 계산하면 되지만, 출력용이라면 해상도에 따라 달라진다.

사용자지정 크기 단위

💙 TIP 템플릿 사이즈 알아보는 법

템플릿 위에 마우스 커서를 올리면 사이즈를 확인할 수 있다. 보통 서류 관련 템플릿은 A4 사이즈로 제공하고 있다.

템플릿 사이즈

② 상단 파란색 메뉴 바 기능

메인 페이지에서 'Instagram 게시물'로 들어간다.

Instagram 게시물

Chapter 03. 캔바의 기능과 사용 방법   64

본격적으로 작업할 수 있는 페이지가 뜬다. 이곳의 기능들을 가볍게 알아보자.

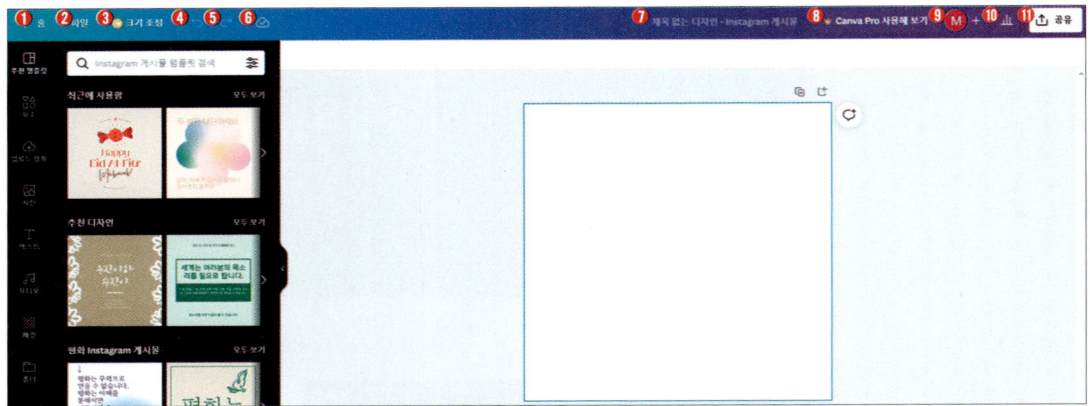

Instagram 게시물 작업 페이지의 상단 파란색 파일 메뉴 바

❶ **홈**: 메인 페이지로 연결된다.

❷ **파일**: 작업하는 파일의 크기, 제목 등 정보를 확인할 수 있는 곳이다.

❸ **크기 조정**: Pro 버전에서 지원하는 기능으로, 작업하고 있는 파일 그 자체의 디자인을 유지하면서 다른 사이즈로 바로 변경할 수 있다.

❹ **왼쪽 방향 화살표**: 작업한 것을 실행 취소한다. (Ctrl+Z)

❺ **오른쪽 방향 화살표**: 취소한 것을 다시 실행한다. (Ctrl+Shift+Z)

❻ **저장 확인**: 변경된 내용이 모두 저장되었는지를 확인 할 수 있다.

❼ **제목 없는 디자인 - Instagram 게시물**: 작업 파일명, 즉 제목을 변경할 수 있는 곳으로 제목 관리를 잘해 두면 캔바에서 내가 디자인한 파일을 검색해서 찾을 때 편리하다.

❽ **Canva Pro 사용해 보기**: Pro 버전을 체험할 수 있는 버튼으로 무료 버전일 때 활성화된다.

❾ **M+**: 링크를 복사해서 디자인을 공유하면 다른 사람도 편집할 수 있다.

❿ **그래프**: 얼마나 많은 사람들이 자신의 디자인을 보고, 공유하고, 이용했는지 조회수 및 소셜 미디어 조회수 등 디자인 인사이트 및 분석을 볼 수 있다.

⓫ **공유**: 다운로드를 포함하여 파일 및 SNS 공유와 인쇄 기능 등을 담고 있다. 작업을 완료한 뒤, 작업물을 다운로드하는 방법은 [**챕터 3-5. 작업한 이미지 다운로드하기**]에서 자세히 다룬다.

❷ **파일**, ❸ **크기 조정**에 대해서 자세히 알아보자.

❷ 파일

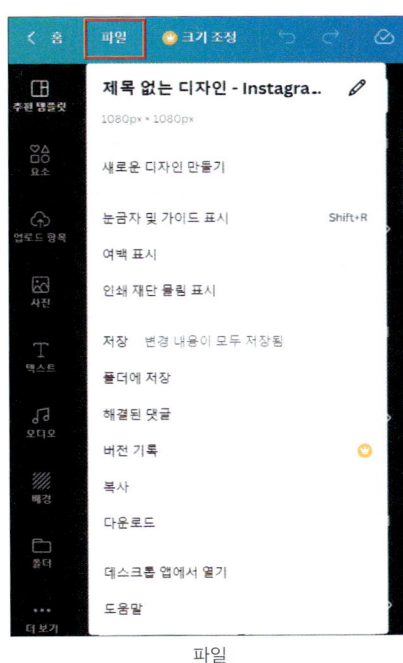

파일

연필 모양에서 텍스트 수정으로 파일의 제목을 저장할 수 있고, 파일의 크기를 알 수 있다(인스타그램의 사이즈는 가로, 세로가 1080px*1080px이다).

새 디자인 만들기에서 새로운 작업 페이지를 열 수 있으며, 눈금자와 가이드, 여백 표시가 가능하고 인쇄 시 재단 물림 표시도 설정할 수 있다. 이것을 선택하면 디자인 가장자리에 테두리가 표시되고, 이 선은 고정되어 조정은 불가하다. 잘려도 상관 없는 요소를 배치하거나, 반대로 중요한 내용은 안전하게 이 선 안쪽으로 배치하여 '인쇄 재단 물림 표시'에 디자인 요소가 애매하게 닿지 않도록 하자.

저장 설정이 있지만, 캔바는 기본적으로 자동 저장 기능을 지원한다.

파일 전체의 복사와 다운로드도 이곳에서 가능하다. 파란색 메뉴 바의 우측에 있는 '다운로드'와 같은 기능이다.

❸ 크기 조정

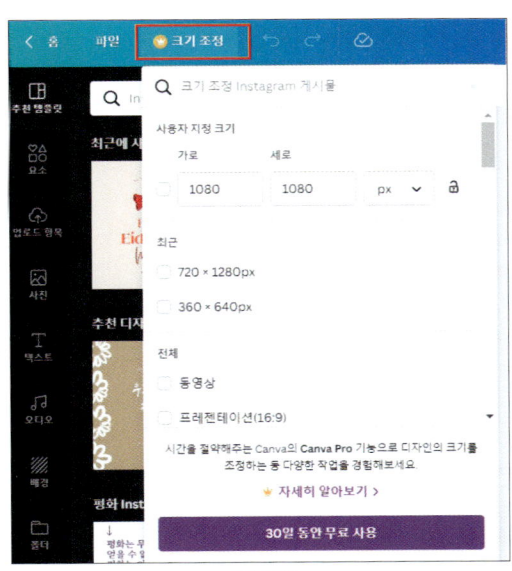

크기 조정

Pro 버전에서 지원하는 기능으로 작업하고 있는 파일 그 자체의 디자인을 유지하면서 다른 사이즈로 바로 변경할 수 있다.

예를 들어, 인스타그램 사이즈로 작업한 디자인을 프레젠테이션 크기로 변경하고 싶다면, 프레젠테이션을 선택하고 하단의 복사 및 크기 조정을 클릭하면 된다. 디자인은 그대로이면서 사이즈만 변경된 작업 페이지 창이 새로 열리고, 크기 조정만 클릭하면 원본에서 바로 변경된다는 것을 참고하자.

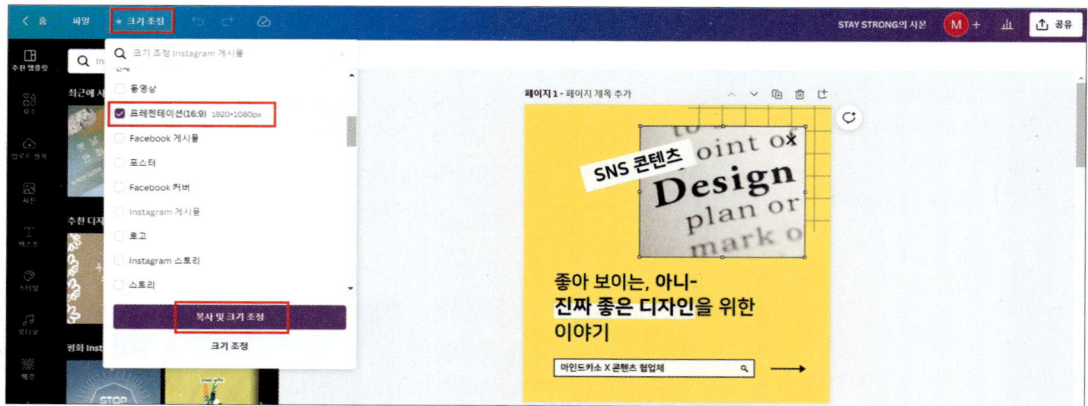

Pro 버전 크기 조정

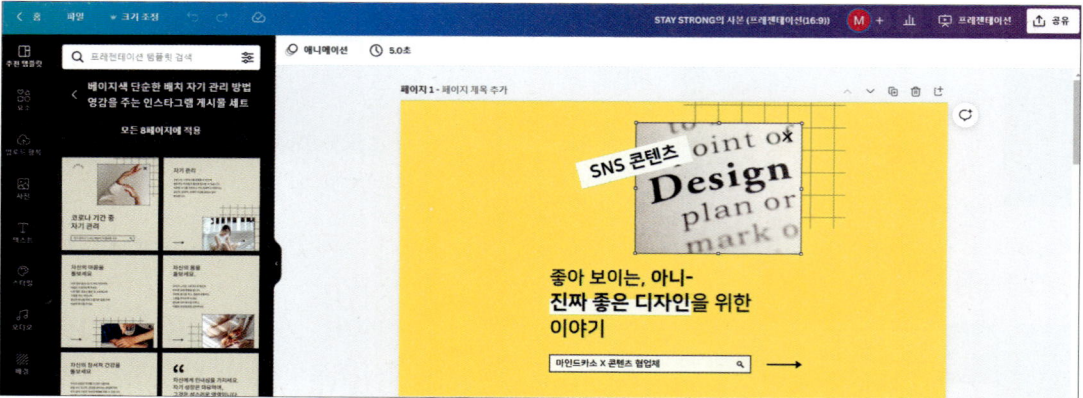

프레젠테이션 사이즈로 조정된 이미지

> **TIP** '이 디자인 공유'와 '보기 전용 링크'의 차이

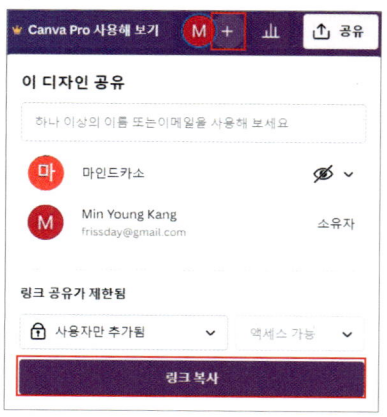

파란 메뉴 바의 '+'로 들어가서 '링크 복사'를 클릭하고 공유하면 상대방도 같은 디자인 파일을 직접 편집할 수 있다.

디자인 링크 복사

파란 메뉴 바의 '공유'로 들어가서 '보기 전용 링크'를 클릭하고 공유하면 상대방이 디자인 편집은 할 수 없고, 볼 수만 있다.

디자인 링크 공유

③ 작업 페이지 기능

좌측의 추천 템플릿에서 하나를 선택해서 작업 페이지로 불러온 뒤, 제공하는 기능을 하나씩 알아보자.

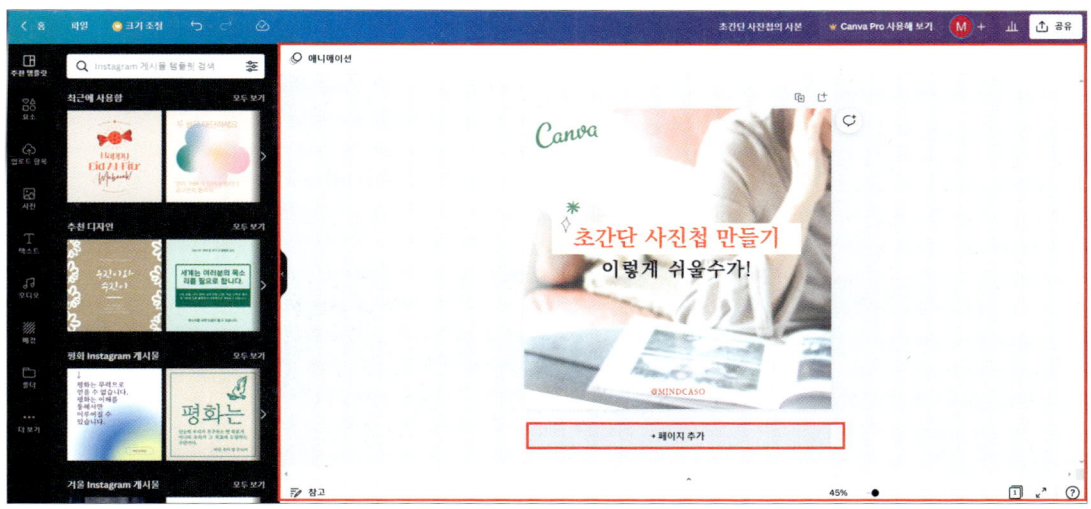

작업 페이지

먼저 하단의 '+ 페이지 추가'는 말 그대로 페이지를 추가하는 기능이다. 페이지가 늘어나면 더 많은 기능이 활성화되므로 추가 후 상단을 먼저 설명하고 우측 하단까지 하나씩 설명하겠다.

Chapter 03. 캔바의 기능과 사용 방법 **68**

작업 페이지 설명

❶ **애니메이션**: 페이지에 있는 요소들의 움직임을 설정할 수 있는 기능이다.

❷ **페이지1-페이지 제목 추가**: 페이지마다 제목을 지정할 수 있다. 이미지를 다운로드할 때 제목이 파일명으로 설정된다.

❸ **위로 이동**: 작업 페이지의 위치를 위로 올린다.

❹ **아래로 이동**: 작업 페이지의 위치를 아래로 내린다.

❺ **페이지 복제**: 작업 페이지를 복사한다.

❻ **페이지 삭제**: 작업 페이지를 삭제한다.

❼ **페이지 추가**: 새로운 작업 페이지를 추가한다.

❽ **댓글 달기**: 작업에 관한 댓글을 추가하거나 다른 사람을 언급할 수 있다.

❾ **참고**: 파일을 프레젠테이션 모드로 했을 때, 메모가 발표자 보기에 표시된다.

❿ **화면 비율**: 화면에 보이는 작업 이미지 크기를 슬라이드로 확대 또는 축소할 수 있다.

⓫ **그리드 뷰**: 여러 장의 작업 페이지를 한 눈에 보여주는 기능이다.

⓬ **전체화면으로 보기**: 작업 페이지를 모니터 전체화면 프레젠테이션으로 볼 수 있다.

⓭ **도움말**: 캔바에 관련된 궁금한 점을 도움말로 검색하고 알아볼 수 있다.

❶ **애니메이션**, ❾ **그리드 뷰**에 대해 조금 더 살펴보자.

❶ 애니메이션

애니메이션

'애니메이션'을 클릭하면 좌측에 보이는 '페이지 애니메이션'에서 글씨나 사진, 그래픽 등 디자인 요소들이 움직이는 스타일을 선택할 수 있다. 시계 모양에서 0.1~30초까지 시간 설정이 가능하고, 상단 파란색 메뉴 바의 우측 플레이에서 작업물을 다운로드하기 전 미리 보기할 수 있다.

▶ 애니메이션 만들기
https://youtu.be/2HFBjp9-Wtg

❾ 그리드 뷰

그리드 뷰

그리드 뷰는 위와 같이 카드뉴스나 프레젠테이션 등 여러 장의 작업 이미지 흐름을 전체적으로 파악할 때 유용하다.

① 꼭 알아야 할 기본 기능

작업 페이지에 불러온 일러스트와 같은 디자인 요소, 사진, 텍스트, 동영상, 배경 이미지 등을 선택했을 때 보여지는 편집 기능을 하나씩 알아보자.

기본 편집 기능

캔바 가이드 선

❶ **파란색 선**: 선택된 요소라는 뜻이다.

❷ **모서리**: 이곳을 드래그하면 크기를 확대/축소할 수 있다.

❸ **변**: 텍스트나 선의 변은 가로 길이를 조절하고, 사진은 비율대로 크기가 조정된다.

❹ **회전**: 원하는 방향으로 회전시킬 수 있다.

❺ **이동 툴**: 선이나 텍스트에는 기본으로 이동 툴이 보이고, 사진이나 디자인 요소 등은 크기가 작을 때 이동 툴이 보인다. 이곳을 잡고 위치를 바꿔줄 수 있다.

❻ **핑크색 선**: 안내선 혹은 가이드 선이라고 한다. 핑크색 실선은 페이지의 중앙에 위치했다는 뜻이고, 점선은 요소들 간의 정렬이 맞았다는 뜻이다.

② 작업 페이지 편집 기능

좌측 템플릿 중 디자인 하나를 선택해서 작업 페이지에 불러온다.

작업 페이지 편집 기능

❶ **색상 칩**: 그래픽 요소의 컬러를 변경할 수 있다.

❷ **이미지 편집**: 그래픽이나 이미지에 다양한 효과를 줄 수 있다.

❸ **자르기**: 사진이나 디자인 요소의 보여지는 부분을 자르는 기능으로 모서리를 잡고 자를 부분을 조정하면 된다.

❹ **뒤집기**: 선택한 요소의 방향을 수직 혹은 수평으로 뒤집을 수 있다.

❺ **ⓘ**: 요소에 대한 정보가 담겨 있다.

❻ **애니메이션**: 페이지에 있는 요소들의 움직임을 설정할 수 있는 기능이다.

❼ **그룹 해제**: 그룹으로 묶인 요소들이 풀리면서 하나하나 선택할 수 있다. 반대로, 요소들을 하나하나 선택해서 '그룹화'할 수도 있다. Shift를 누르면서 요소를 추가하거나 드래그로 여러 개를 한번에 선택할 수 있고, 요소를 선택하고 다시 Shift를 누르면 해제된다.

❽ **위치**: 디자인 요소가 여러 개 있을 때 활성화되며, 그것들 간의 위치를 변경하거나 정렬을 맞출 수 있다.

❾ **스타일**: 사진에 적용된 필터나 요소의 컬러, 텍스트의 글꼴 등을 선택한 뒤 스타일 아이콘을 클릭한다. 그 다음 다른 사진, 혹은 요소, 텍스트를 클릭하면 동일한 효과를 입힐 수 있다.

❿ **투명도**: 텍스트, 사진, 디자인 요소, 배경, 스티커, 동영상 모두 투명도를 설정할 수 있다.

⓫ **링크**: 텍스트나 요소에 링크를 걸 수 있다. PDF 파일에서 클릭하면 연결된다.

⓬ **자물쇠**: 요소를 선택해서 자물쇠로 잠그면 움직이거나 선택되지 않는다. 배경 이미지 등에 활용하면 작업이 수월

해진다.

⓭ **복제**: 선택한 요소를 복사하는 기능으로 선택한 요소를 복사, 붙여넣기하는 것과 같다.

⓮ **휴지통**: 선택한 요소를 삭제하는 기능이다.

⓯ **파란색 선과 점선**: 선택된 요소라는 뜻이고, 파란색 점선은 그룹으로 묶여 있는 요소들이다. 우측 예시 이미지에서 앞치마, 나이프와 포크, 접시는 하나의 그룹으로 묶여 있다. 요소들이 많을 때, 관련 있는 것들끼리 그룹을 정해 주면 한번에 위치를 이동하거나 정렬을 맞출 때 편리하다.

❶ 색상 칩과 ❺ ①에 대해 알아보자.

❶ 색상 칩

색상 칩 　　　　　　　　　　　　　　　　문서 색상

돋보기 검색창은 컬러 값을 입력해서 색을 찾을 수 있다. #이 붙은 것은 헥스 컬러 값으로 컬러 배색 사이트에서 참고할 색의 값을 복사해서 붙여 넣는 곳이다.

 ▶ 컬러 바꾸는 법
https://youtu.be/zJSF8MsW6Zo

문서 색상은 작업 페이지에서 사용된 컬러 팔레트로 + 컬러칩에서 다른 컬러를 선택하거나 헥스 컬러값을 알 수 있다. 스포이트 아이콘으로 원하는 부분을 콕 찍어도 헥스 컬러값을 알 수 있다.

사진 색상은 작업 페이지에 사진을 불러왔다면, 캔바가 사진 속의 대표 컬러 5가지를 추출해서 보여준다. 기본 색상은 기본적으로 제공하는 팔레트이다.

❺ ⓘ

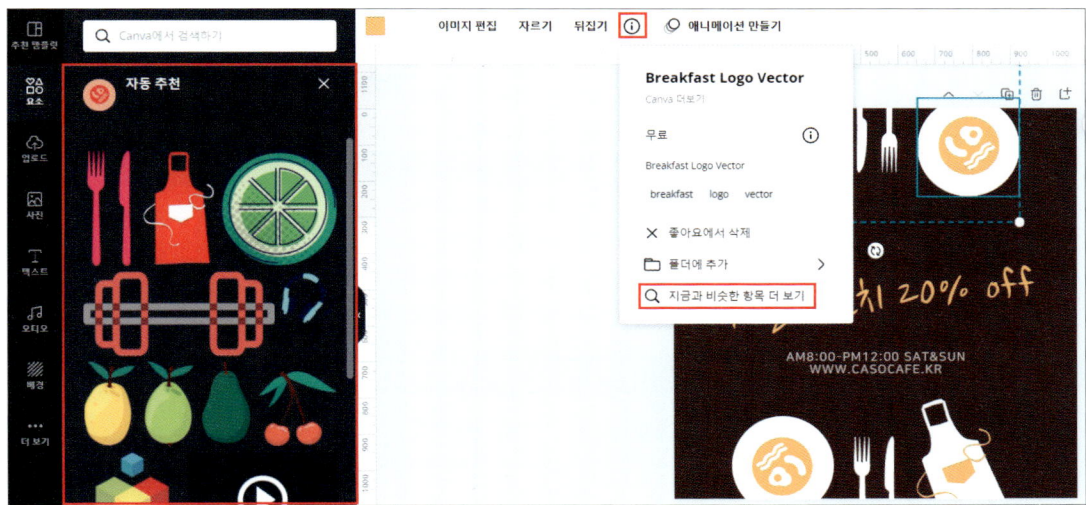

ⓘ 정보

음식 그래픽 일러스트를 선택하고 정보를 보았을 때, 그래픽의 이름과 관련된 키워드, 금액 등에 대한 정보가 담겨 있다. '지금과 비슷한 항목 더 보기'를 클릭하면 비슷한 그래픽을 제안한다.

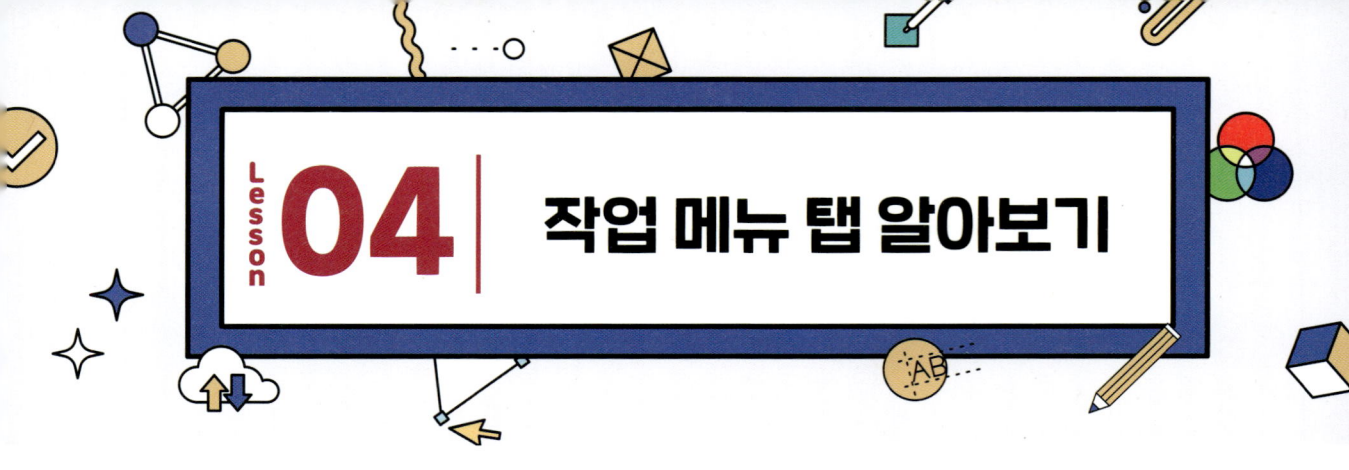

① [추천 템플릿]: 캔바 디자이너가 만든 템플릿 활용하기

작업 페이지의 좌측 '추천 템플릿' 메뉴에 대해 알아보자. 캔바에서 제공하는 템플릿을 자신의 디자인에 어떻게 응용하면 좋을지 생각하며 살펴본다.

추천 템플릿

템플릿이란?

템플릿은 누군가 이미 만들어 놓은 디자인으로, 캔바에서는 주제와 기능 그리고 디자인별로 다양한 템플릿을 제공한다. 자신이 만드는 콘텐츠의 목적에 맞게 사진과 텍스트만 수정해서 나만의 이미지를 제작할 수 있다. 템플릿 수정과 활용은 제한 없이 얼마든지 가능하다. 트렌드에 맞게 템플릿의 종류와 디자인이 지속적으로 업데이트되니, 수시로 들여다보자. 마음에 드는 템플릿에 담긴 텍스트나 그래픽의 배치와 배색 등 꼼꼼하게 살펴본다면, 그 자체로 디자인 공부가 되고 감각 향상에도 도움이 될 것이다.

좋아 보이는 템플릿을 활용해서 만든 섬네일을 SNS에 꾸준히 올리고, 전체적인 느낌을 피드백하다 보면, 어떤 디자인이 나의 콘텐츠와 더 잘 어울리고 효과적인지 방향성이 보이기 시작한다. 물론 시간이 걸리는 작업이긴 하지만, 앞에서 설명한 톤 앤 매너를 고려한 SNS를 운영하고 싶다면 필요한 과정이다. 그렇게 대표 템플릿 디자인 몇 가지를 결정하고 활용한다면 작업의 생산성과 효율성 또한 향상된다.

템플릿 활용하기

'추천 템플릿'에서는 음식, 뉴스, 운동 등 주제별로 디자인을 제안하고, '모두 보기'를 클릭하면 더 많은 템플릿을 볼 수 있다. 그중 하나를 클릭하면 우측 작업 페이지에 그대로 옮겨진다. 참고로 템플릿에 왕관 표시가 있는 것은 Pro 버전에서 활용할 수 있는 디자인이다.

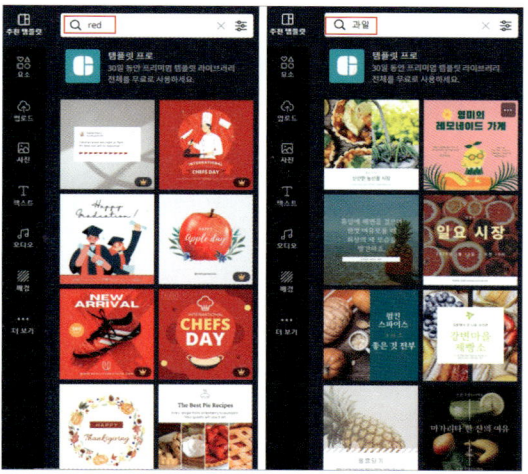

추천 템플릿의 키워드 검색 1 　　추천 템플릿의 키워드 검색 2

템플릿의 검색창에 키워드를 한글이나 영문으로 검색하면, 그것에 맞는 디자인만 모아서 보여준다.

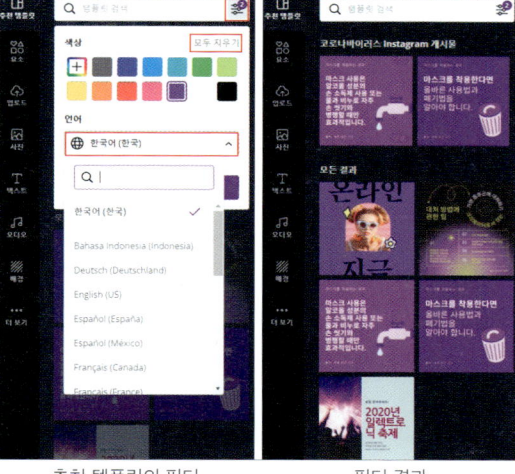

추천 템플릿의 필터 　　필터 결과

검색창의 필터에서 색상과 언어를 선택해서 관련 템플릿만 모아 볼 수도 있다. 필터 적용을 취소하려면 '모두 지우기'를 클릭하면 된다.

추천 템플릿의 필터   필터 적용한 이미지

추천 템플릿의 우측 상단의 점 3개 아이콘을 클릭하면 하단에 '스타일만 적용'으로 그 템플릿에 사용된 컬러 팔레트와 서체를 다른 이미지에 적용해 볼 수 있다. 단, 무료 버전에서는 무료 템플릿의 스타일만 적용 가능하다.

추천 템플릿의 셔플   셔플의 다른 결과

컬러 팔레트 위에 커서를 올려두었을 때 보이는 '셔플'을 클릭하면, 컬러 팔레트의 색을 새롭게 조합하여 적용한 이미지를 보여 준다.

템플릿 응용해 보기

01 내가 만들려는 콘텐츠와 같거나 비슷한 주제의 템플릿을 살펴본다.

추천 템플릿-1　　　　　　　　　　　　　제작 이미지-1

예시 이미지는 좌측의 템플릿을 선택해서 2021년 목표를 담은 섬네일을 만든 것이다. 이렇게 유사한 주제의 템플릿을 응용하면 초보자도 쉽게 섬네일을 만들 수 있다. '여성의 날'이라는 주제가 똑같지는 않지만 운동이라는 콘텐츠가 같아서 사진과 텍스트만 변경했는데도 안정감 있는 이미지를 만들 수 있었다. 내가 사용할 사진을 템플릿에 넣었을 때 어떻게 보일지 상상하면서 선택한다.

02 관련 주제의 템플릿 중에서 마땅한 것이 없으면, '느낌' 위주로 다른 주제의 템플릿도 살펴본다.

추천 템플릿-2　　　　　　　　　　　　　제작 이미지-2

추천 템플릿 주제 Father's day 중 좌측 디자인을 활용해서 아이 태권도 학원과 관련된 섬네일을 만들었다. 좌측 디자인의 노란색 밝은 느낌이 어린이 콘텐츠와 어울린다는 생각이 들었고, 트로피 대신 태권도하는 아이 그래픽을 얹으면 좋겠다고 판단했다. 만들려는 콘텐츠와 연관성 있는 그래픽과 텍스트를 변경해서 섬네일 이미지를 완성했다.

03 템플릿을 고르기 어렵다면 디자인 요소 중 레이아웃 하나만 염두에 두고 선택한다.

좌 추천 템플릿-3 / 우 제작 이미지-3

'내가 쓰려는 이미지와 내용이 템플릿 디자인의 레이아웃과 어울리는가?' 이 질문을 떠올리며 살펴본다.

마음 아픈 러시아 우크라이나 침공 관련 템플릿이지만, 주제와 내용, 폰트, 컬러는 배제하고 필자가 사용하려는 이미지와 템플릿의 레이아웃만 생각하며 선택해서 섬네일을 만들었다.

즉, 템플릿을 선택할 때 가장 먼저 고려되어야 할 것은 사진과 텍스트의 위치를 결정하는 레이아웃이다. 레이아웃은 건축으로 치면 뼈대를 잡는 역할과 비슷하다. 컬러나 폰트, 그래픽 등 디자인 요소는 그 이후에 생각해도 충분하니, 먼저 레이아웃 하나만 기억한다면 템플릿을 선택하기가 조금 더 수월해질 것이다.

② [요소]: 디자인 관련 모든 그래픽 이미지 활용하기

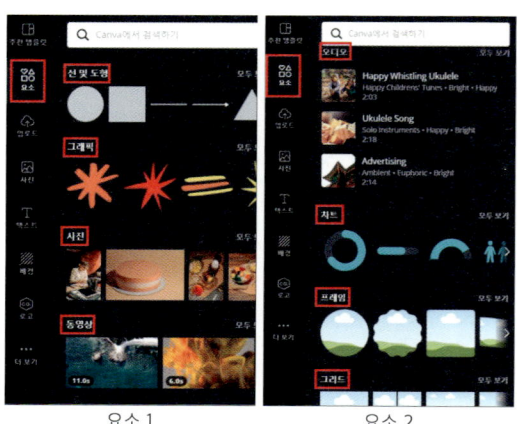

요소 1   요소 2

'요소'는 캔바에서 제공하는 디자인 관련 소스가 모여 있는 폴더라고 생각하면 된다. 선과 도형, 프레임, 그래픽, 차트 등 다양한 종류가 있으니 자신의 콘텐츠에 적절한 요소를 활용해 보자.

선 및 도형

점선, 실선, 화살표 등 다양한 선과 기본 도형에서 응용된 도형까지 여러 가지 종류의 선과 도형이 모여 있는 폴더이다.

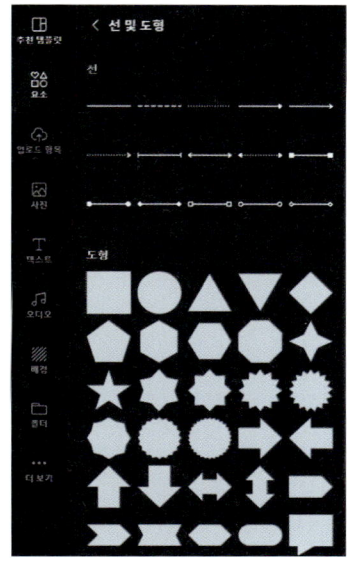

선택한 선은 상단 '색상'에서 컬러를 변경할 수 있고, '선 스타일'에서는 선의 두께와 모양에 변화를 줄 수 있다. 선의 끝 부분 역시 다양한 디자인이 있어서 선택 가능하다.

선 및 도형

선 스타일

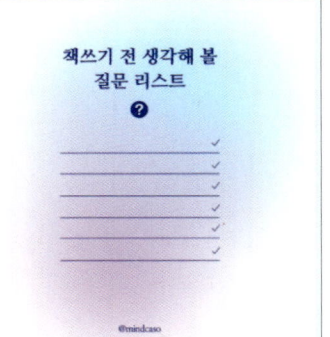

선 및 도형을 활용한 섬네일

선과 도형은 SNS 콘텐츠 이미지를 만들 때 기본이 되는 요소이므로 다양하게 응용해 볼 것을 권한다.

그래픽

그래픽은 일러스트, 즉 그림과 관련된 요소들의 모음이다. SNS 콘텐츠 이미지를 만들 때 적절하게 활용하면 텍스트로 설명하지 않아도 콘텐츠와 어울리는 분위기를 연출하고 내용을 효과적으로 전달할 수 있다.

그래픽을 활용할 때, 보통 검색창에 필요한 키워드를 검색해서 이미지를 찾는다. 유료(Pro 버전 또는 개별 구매 가능)와 무료가 있다.

그래픽

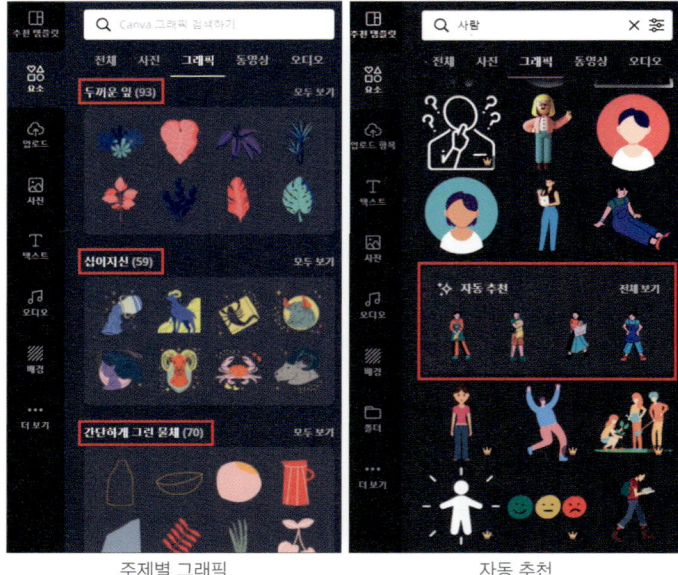

주제별 그래픽   자동 추천

그래픽 탭을 살펴보면 두꺼운 잎 / 십이지신 / 간단하게 그린 물체 등 한 주제의 그림들이 그룹으로 묶여 있다. 주제가 같고 스타일이나 느낌이 비슷한 그래픽을 모아 두었다.

요소를 선택하면 자동 추천으로 비슷한 분위기의 그래픽을 제안해 준다. 전체적인 흐름이 있는 카드뉴스를 만들 때, 주제별 그래픽이나 자동 추천을 활용하면 일관성 있고 완성도 있는 디자인을 할 수 있다.

1 그래픽의 종류

일러스트   비트맵

그래픽의 종류에는 크게 일러스트와 비트맵이 있다. 일러스트는 선택했을 때 컬러칩이 활성화되어 원하는 색으로 변경이 가능하고, 비트맵은 컬러 변경이 불가능하다.

2 스티커

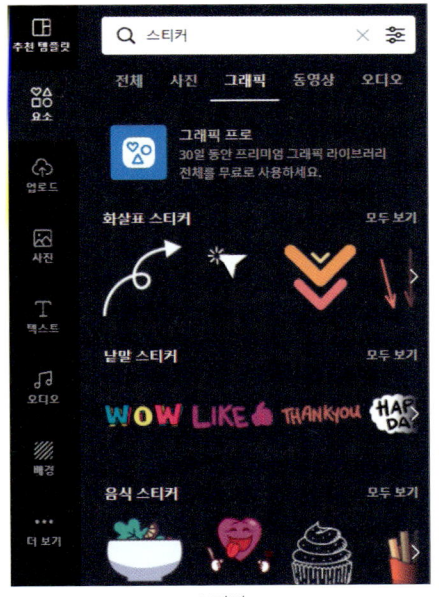

스티커

3 그라데이션

그라데이션

그래픽의 스티커는 움직이는 일러스트이다. 일반 이미지로 다운로드하면 움직이는 기능이 비활성화되므로 동영상인 mp4나 움직이는 일러스트 gif로 다운로드해야 한다. 그라데이션은 컬러의 단계적 차이를 표현한 그래픽이다. 색감이 자연스럽고 부드럽게 표현되어서 감성적인 분위기를 연출하는 데 효과적이다.

그래픽 요소를 활용한 섬네일 예시

사진

[챕터 3-4. 작업 메뉴 탭 알아보기]의 '디자인 맥락에 맞는 사진 찾고 표현하기'에서 자세히 다룬다.

동영상

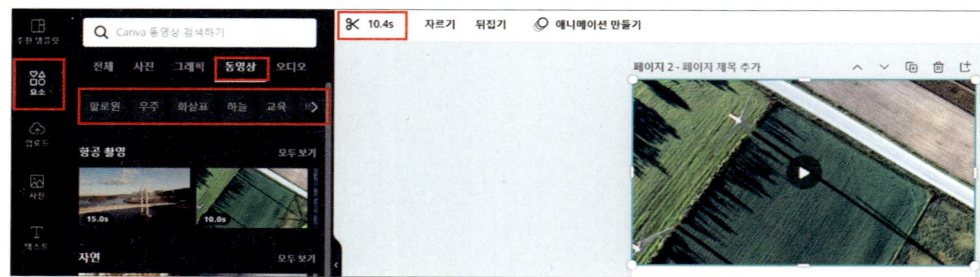

요소의 동영상

캔바에서 간단한 동영상 편집도 가능하다. 자연, 비즈니스, 해변 등 주제별 영상을 제공한다. 영상을 하나 선택하고 상단 가위 아이콘을 클릭하여 영상의 길이를 조정해 보자.

동영상 편집: 길이 조정

양쪽 끝 보라색 부분에 마우스를 올려 놓으면 화살표가 뜬다. 좌우로 움직이면서 길이를 조정한 뒤, 완료를 누르면 된다. 총 영상 길이는 파란색 메뉴 바에서 확인할 수 있다.

 **동영상 템플릿 활용하기**

메인 페이지의 추천 > 동영상에 들어가서 캔바에서 제공하는 다양한 템플릿을 활용하자.

동영상 템플릿

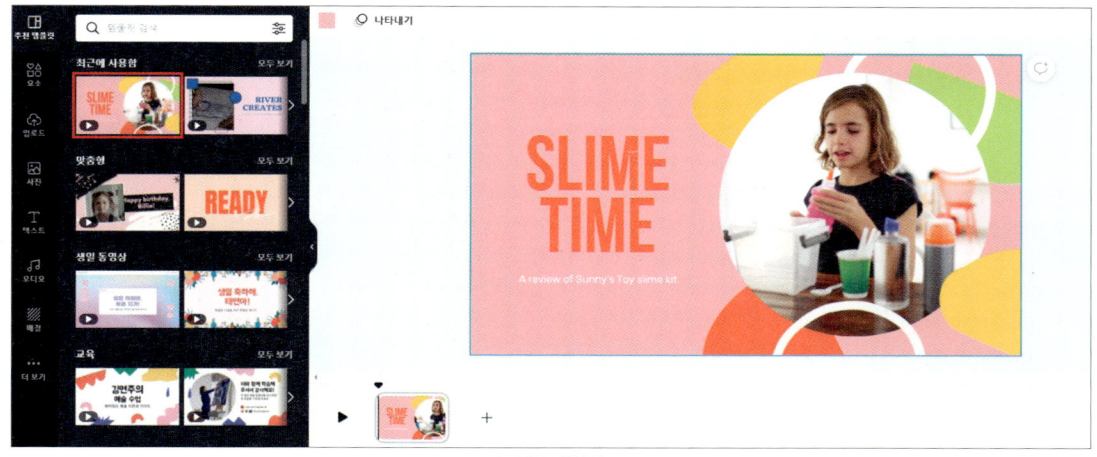

동영상 템플릿

오디오

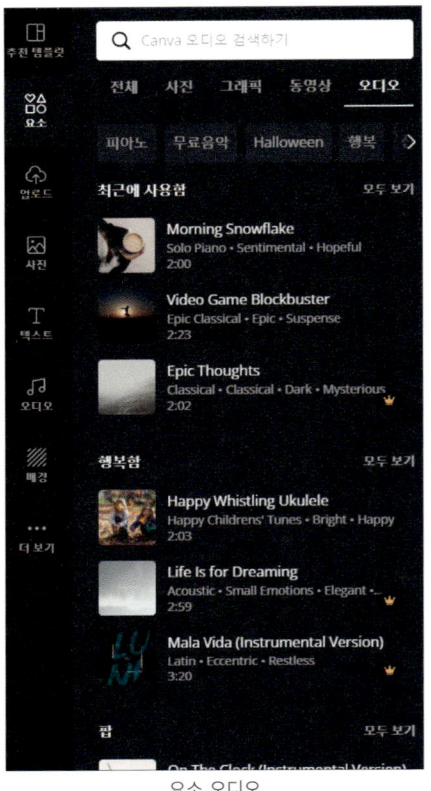

동영상이나 이미지에 음악을 삽입할 수 있다. 역시 무료와 유료 음악이 있으며, 음악은 상업적 사용의 제한이 있으므로 [챕터 2-5. 이미지의 상업적 사용: 저작권부터 알자]를 다시 한번 읽으면서 꼼꼼하게 체크해 보고 사용할 것을 권한다.

음악을 선택하면 작업 페이지 하단에 창이 나타난다. 이것을 선택했을 때 상단의 활성화 부분에서 좌우로 이동해서 원하는 음악 구간을 정할 수 있다. 음악을 삭제하고 싶으면 화면 상단 우측의 휴지통을 클릭하면 된다.

요소_오디오

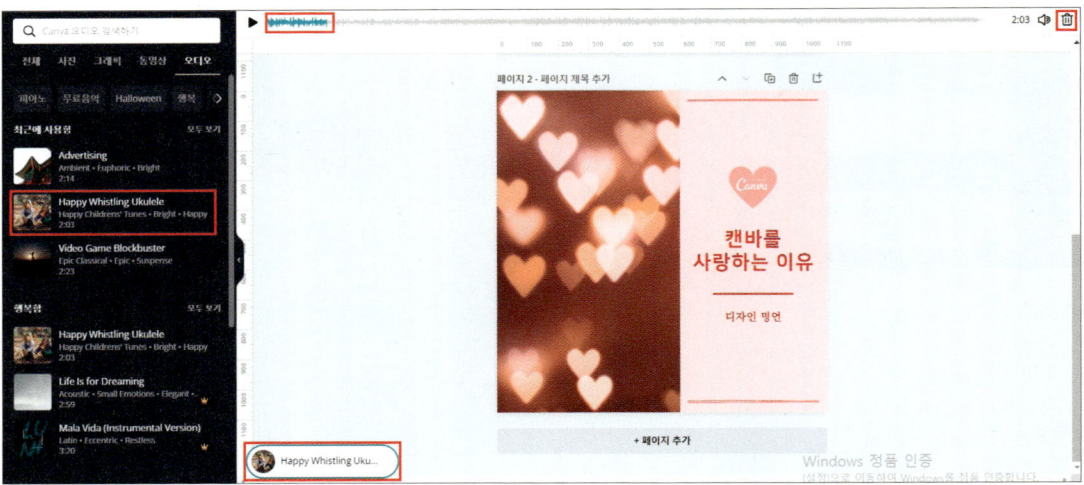

오디오 편집

차트

프레젠테이션이나 카드뉴스에 효과적으로 활용할 수 있는 다양한 그래프와 차트를 제공한다.

차트의 형태를 하나 선택하고, 좌측의 편집 창에서 수치와 항목을 기재하여 그래프를 만들 수 있다. 상단의 차트 종류의 화살표를 클릭하면 막대, 선, 파이, 차트 등의 디자인 선택이 가능하고, 컬러칩에서 컬러를 변경할 수 있다.

요소_차트   차트의 종류

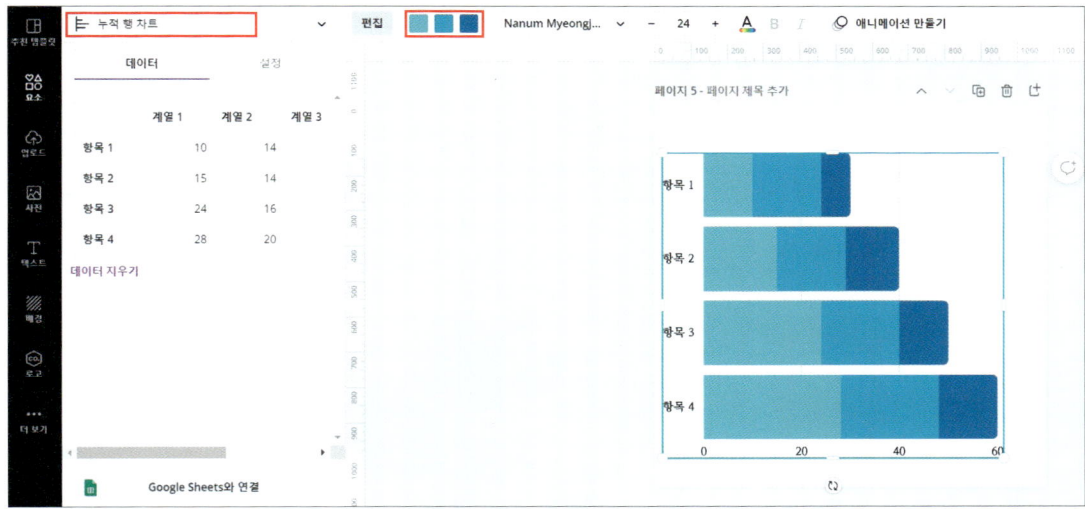

차트의 편집

프레임

프레임은 액자라고 이해하면 된다. 프레임 모양 안에 사진을 넣을 수 있는 기능으로 SNS 콘텐츠 이미지를 만들 때 유용하다. 기본 도형은 물론, 휴대폰, 모니터, 우표, 액자 프레임에서 알파벳까지 다양하다.

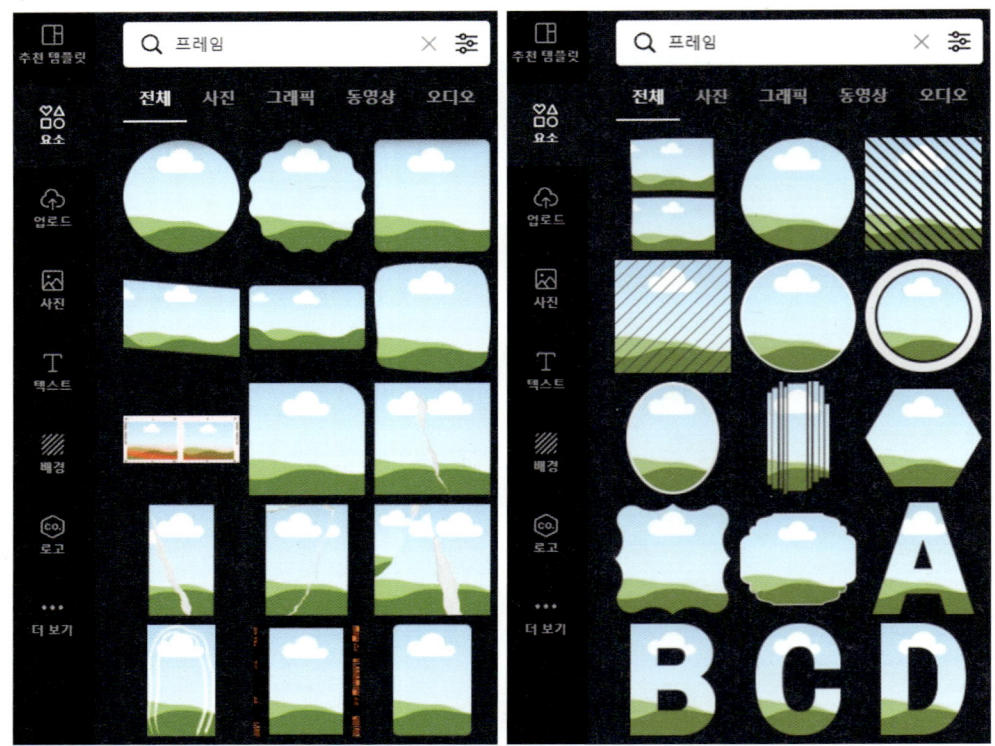

프레임의 다양한 디자인

프레임에 담은 사진과 색

사용할 사진이나 동영상을 드래그 앤 드롭으로 프레임 안으로 쏙 집어넣으면 된다. 상단의 활성화되는 컬러 칩에서 컬러를 넣을 수도 있고, 사진이라면 이미지 편집에서 필터 효과나 조정으로 변화를 줄 수 있으며 동영상 역시 프레임에 담는 것이 가능하다.

프레임 안의 이미지 구도 조정하기

프레임에 넣은 사진이나 영상을 더블 클릭해서 위치를 조정하거나 원하는 구도를 연출할 수 있다.

▶ 프레임과 그리드에서 사진 구도 잡는 법
https://youtu.be/y6MQmKFAfjc

프레임 활용 섬네일

그리드

그리드는 사진을 보기 좋게 배치하거나 레이아웃을 잡을 때 활용한다. SNS 콘텐츠 디자인을 할 때 유용한 기능이다.

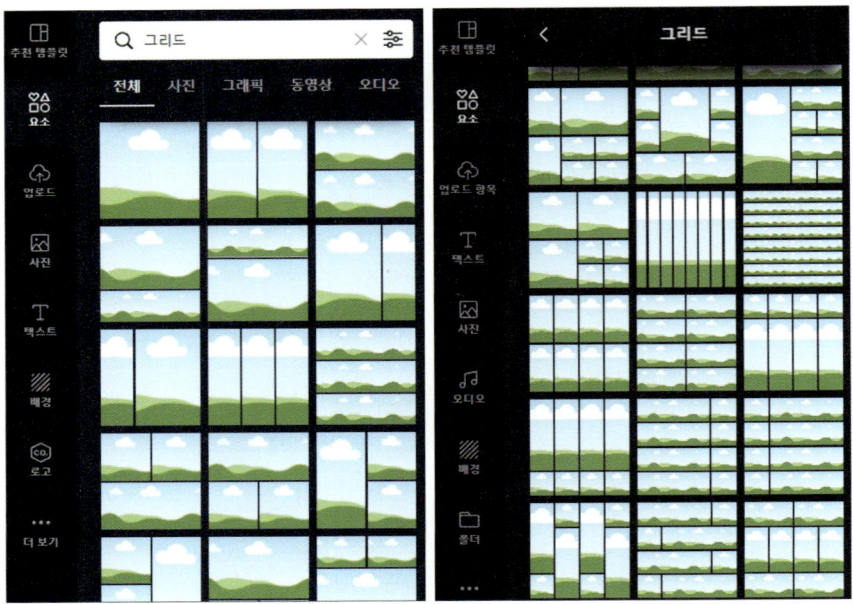

요소_그리드

그리드 또한 프레임과 마찬가지로 사진이나 동영상을 선택한 뒤 드래그 앤 드롭으로 칸 안에 쏙 넣으면 된다. 좌측 상단에 활성화되는 컬러칩에서 컬러 변경도 가능하다. 그리드 간격에서 칸 사이의 간격을 넓게 혹은 좁게 조정할 수 있다.

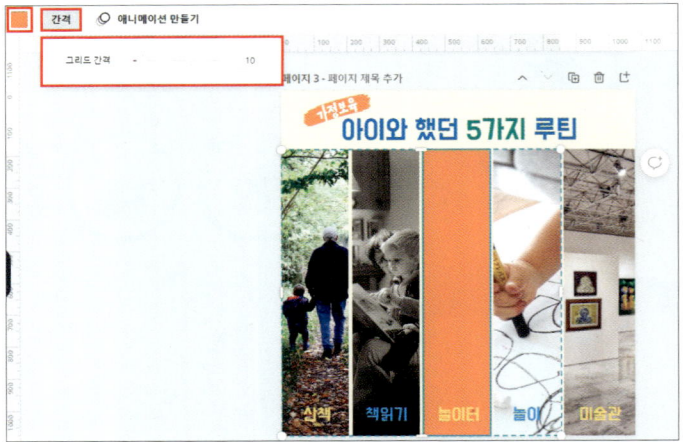

그리드에 담은 사진과 색, 간격 조정

사진이라면 이미지 편집에서 필터 효과나 조정으로 변화를 줄 수 있다. 또한 프레임과 마찬가지로 그리드 안에 들어간 사진을 더블 클릭해서 원하는 구도로 위치 조정이 가능하다.

프레임 활용 섬네일

그리드 활용 섬네일

 **마음에 드는 요소 저장(별표 표시)하기**

캔바에서는 마음에 들거나 자주 사용하는 요소 또는 사진을 별도의 폴더에 저장할 수 있다. 우측 상단의 점 3개 아이콘을 누르고 '별표 표시'의 별표에 체크하면 '별표 표시됨' 폴더에 저장되어 쉽게 찾을 수 있다.

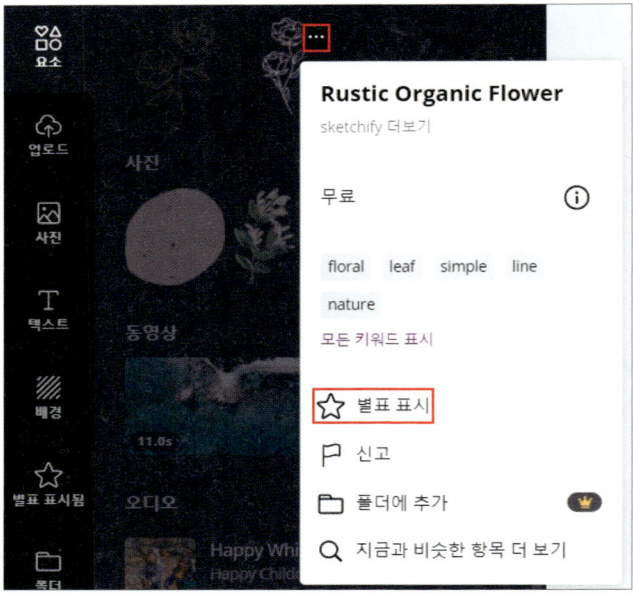

별표 표시하는 법

저장된 요소는 좌측 메뉴 바 하단의 '더 보기' – '폴더' 안의 '별표 표시됨'에서 확인할 수 있다.

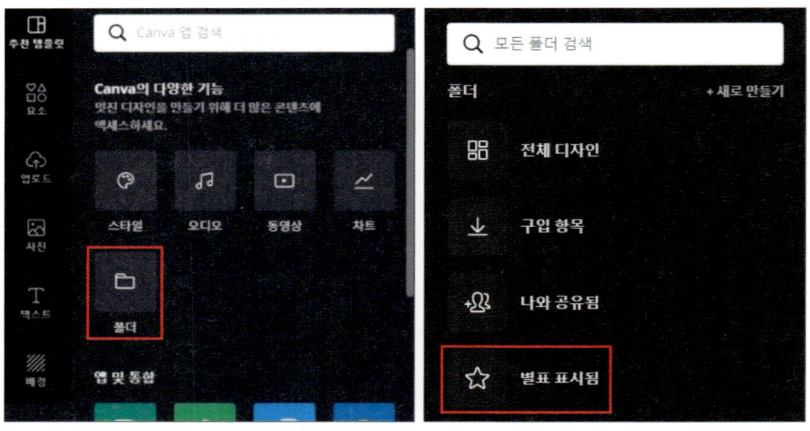

'별표 표시됨' 폴더

③ [업로드 항목]: 내 컴퓨터 이미지 캔바로 가져오기

'업로드 항목'은 자신의 파일이나 이미지를 캔바로 가지고 오는 기능으로 디자인 작업에 필수이다. 이미지와 동영상, 오디오로 나뉘어 보관된다.

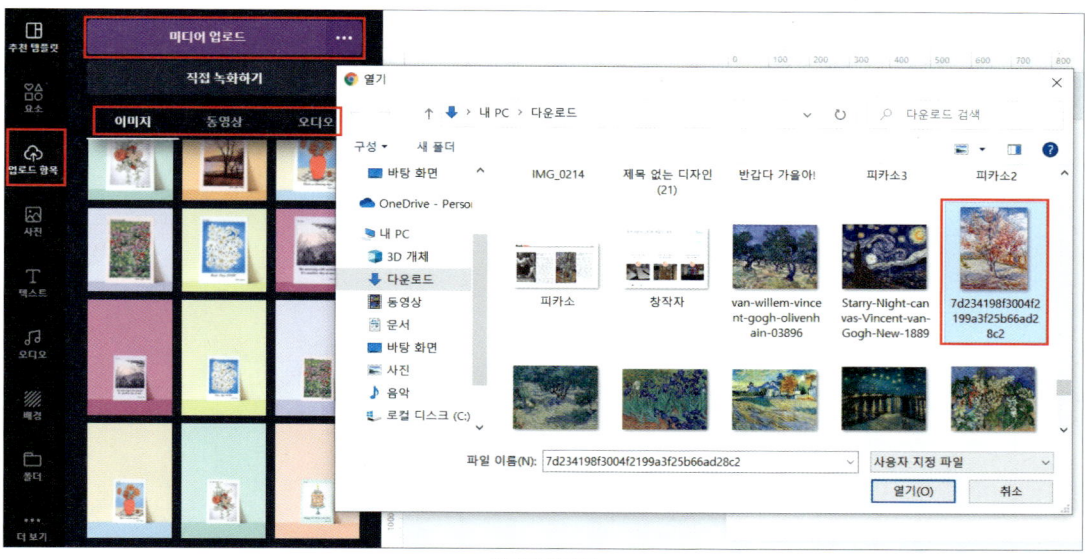

미디어 업로드

업로드 이미지 폴더 이동 및 삭제하기

업로드된 사진의 좌측 상단의 작은 네모에 체크해서 사진을 한꺼번에 삭제하거나 폴더를 이동시킬 수 있다.

업로드된 사진의 우측 상단의 점 3개를 클릭해서 삭제 또는 원본 다운로드할 수 있다. 다운로드는 캔바에 업로드했던 이미지를 다시 내 컴퓨터에 저장하는 기능이다.

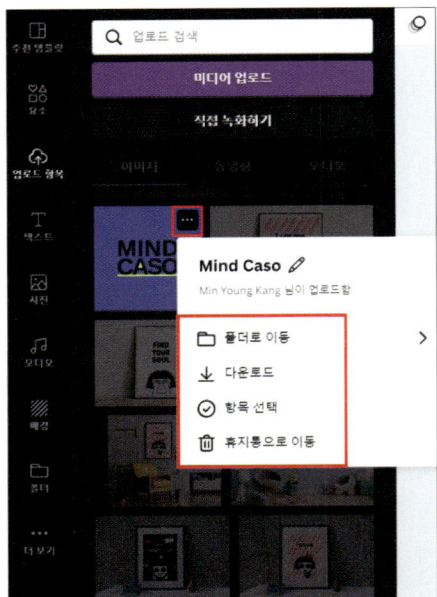

업로드 이미지 원본 다운로드

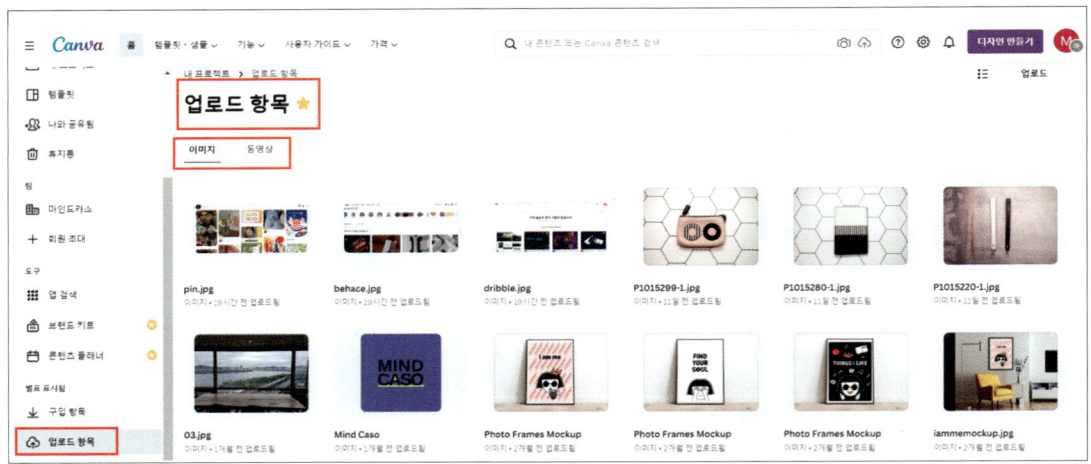

메인 페이지의 업로드 항목

메인 페이지 우측의 '업로드 항목' 폴더와 같은 기능으로 이미지와 동영상, 오디오로 나뉘어서 보관된다.

④ [사진]: 디자인 맥락에 맞는 사진 선택하기

사진

사진은 시선을 주목시키고 내용을 더 이해하기 쉽게 전달하는 효과가 있다. 같은 주제의 사진이라도 분위기와 구도, 색감 등에 따라서 느낌이 천차만별이다. 사진의 선명도나 퀄리티는 물론, 콘텐츠와 어울리는 적절한 사진을 선택하는 것 또한 좋은 디자인을 만들기 위해서 신경써야 할 부분이다.

캔바는 다양한 사진을 제공하므로 '사진' 메뉴에서 키워드 검색하여 이미지를 적극 활용해 보자. 그래픽 요소와 마찬가지로 유료와 무료가 있고, 픽셀스(Pexels)와 픽사베이(Pixaba) 사이트의 사진도 같이 제공하고 있어서 유용하다.

💟 TIP 좌측 메뉴 바에 항목을 추가 및 삭제하는 법

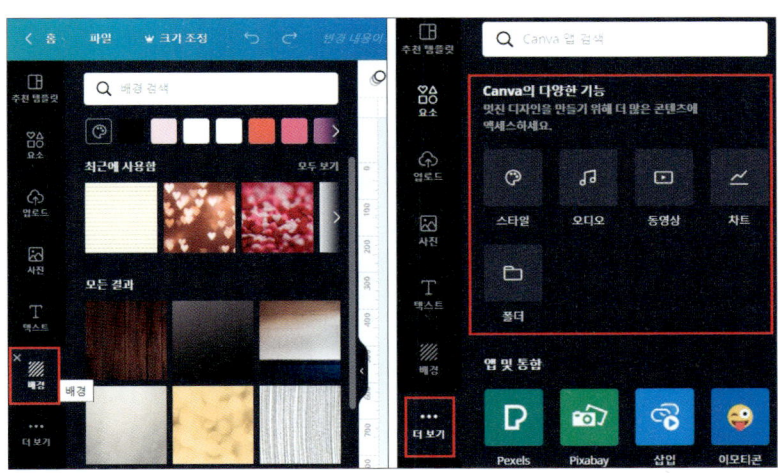

항목 삭제 / 더 보기에서 항목 추가

[추천 템플릿], [요소], [업로드], [텍스트], [⋯더 보기] 이 5가지는 좌측 메뉴 바에 고정된 항목이다. 그 외에는 커서를 올렸을 때, 좌측 상단의 작은 엑스표가 있어서 삭제할 수 있다. 맨 아래의 [⋯더 보기] 폴더로 들어갔을 때, 상단의 'Canva의 다양한 기능'에 있는 항목을 선택하면 메뉴 바에 폴더가 생성된다. 좌측 메뉴 바의 항목이 책의 설명 이미지와 다르다면 하단의 [⋯더 보기] 폴더를 확인하자.

사진 검색하기

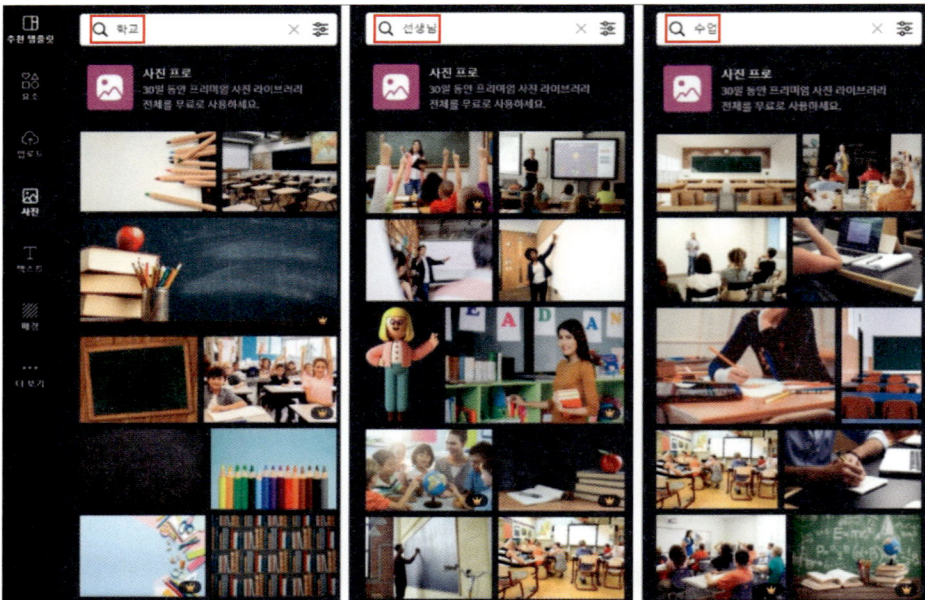

다양한 키워드로 사진 검색하기

검색하는 키워드에 따라 다른 이미지들이 제안되므로, 한 가지 키워드로만 검색할 것이 아니라, 연상되는 키워드로 다양하게 찾아보자. 예를 들면, 학교에 관한 사진을 찾는다면 학교뿐만 아니라 선생님, 학생, 강의, 수업 등 연관 키워드도 검색해 보는 것이다. 디자인하는 목적과 용도에 적합한 사진을 선택할 수 있는 폭이 더 넓어진다.

마우스 커서를 사진 위에 얹었을 때, 하단에 '무료'라고 표시되는 사진은 무료 버전에서도 워터마크 없이 사용할 수 있고, 왕관 표시가 있는 사진은 Pro 버전에서만 워터마크 없이 사용할 수 있다.

참고로 이렇게 콘텐츠와 관련된 키워드를 파생시켜 검색하는 방법은 사진 뿐만 아니라 요소의 그래픽을 찾을 때도 응용할 수 있다. 비슷하지만 다른, 다양한 요소 검색이 가능해진다.

사진의 종류, JPG와 PNG 알아보기

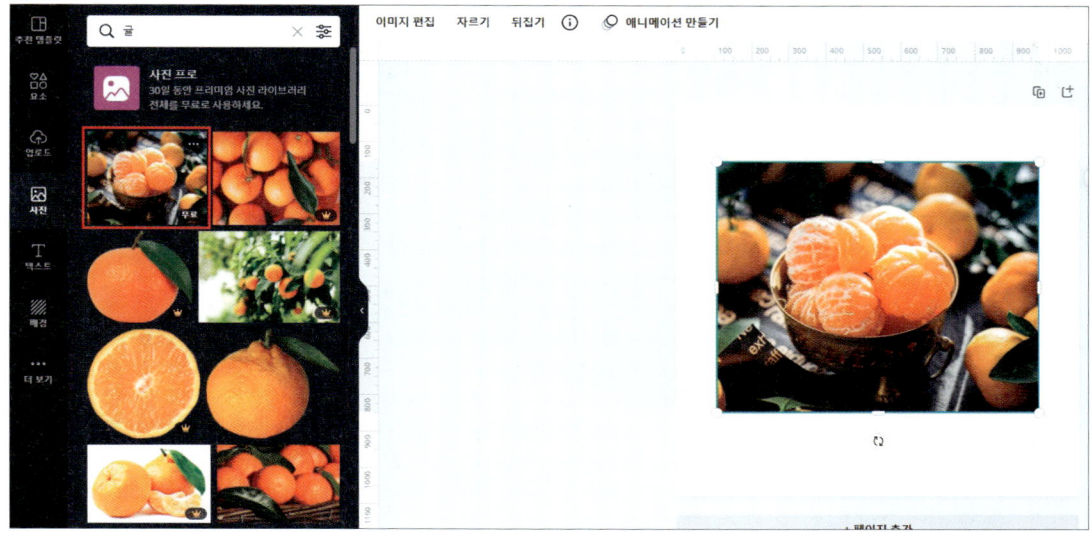

JPG

귤을 검색하고 무료 사진 중 하나를 선택했다. JPG는 사진을 포함하여 웹상에서 폭넓게 사용되는 이미지 포맷 형식이다. 용량이 적어 저장 공간을 절약해 주고 업로드 속도가 빠르다는 장점이 있다.

PNG

위의 귤 사진은 PNG 파일이다. PNG는 Portable Network Graphics의 약자로 JPG보다 용량은 크지만, 문자나 디테일한 그림에 효과적인 이미지 포맷이다. PNG 파일은 배경이 투명한 것이 특징으로 이미지 위에 다른 사진을 깔끔하게 얹고 싶을 때 활용하면 효과적이다. 섬네일 작업할 때 유용하게 쓰이니 기억해 두자.

이미지 편집 알아보기

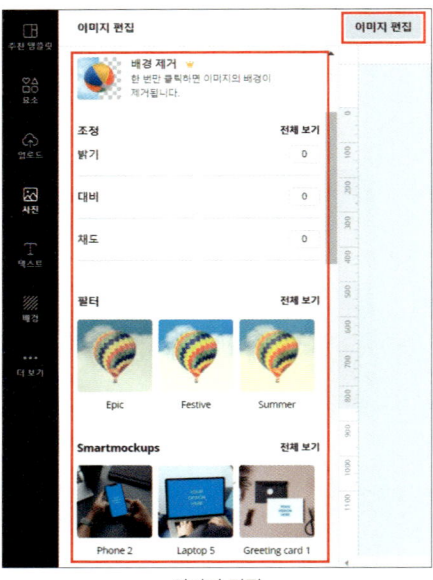

이미지 편집

사진을 선택하고 좌측 상단의 '이미지 편집'으로 들어가 보자. 사진의 배경을 투명하게 하는 '배경 제거' 기능은 Pro 버전에서만 활성화된다. 일반 사진의 배경을 제거하는 방법은 [챕터 4-2. 사진의 배경을 지우고 싶을 땐, Remove]에서 자세히 설명한다.

사진의 밝기나 대비, 채도 등 보정하거나 필터 기능으로 색다른 분위기를 연출할 수도 있고, 목업 이미지를 만드는 등 다양한 변화를 줄 수 있다. 사진에 효과를 직접 적용해 보면서 표현하고자 하는 콘텐츠 또는 디자인 콘셉트와 어울리는 것을 선택하자.

💟 TIP 이미지 편집 > 조정 > 흐리기 활용하기

흐리기는 수치를 높여서 전체적으로 흐릿하게 하거나, 수치를 낮춰서 선명하게 조정할 수 있는 기능이다.

흐리기 조정

카드뉴스나 섬네일의 배경 이미지로 활용할 때, 흐리기를 적용하면 뒤로 물러나는 듯한 분위기가 연출된다. 배경 분위기는 살리면서 가독성은 높일 수 있다.

배경 사진에 흐리기 효과 적용 안 한 것 　　　　　　배경 사진에 흐리기 효과 적용한 것

 **컬러 사진을 흑백 사진으로 바꾸는 법 2가지**

1. 채도 조정

콘텐츠에 따라 컬러보다는 흑백의 차분한 분위기가 주제를 전달하는 데 도움이 되기도 하므로 적절하게 활용해보자. 사진을 선택하고 이미지 편집의 조정 중 '채도'를 -100까지 낮추면 컬러 사진을 흑백으로 바꿀 수 있다.

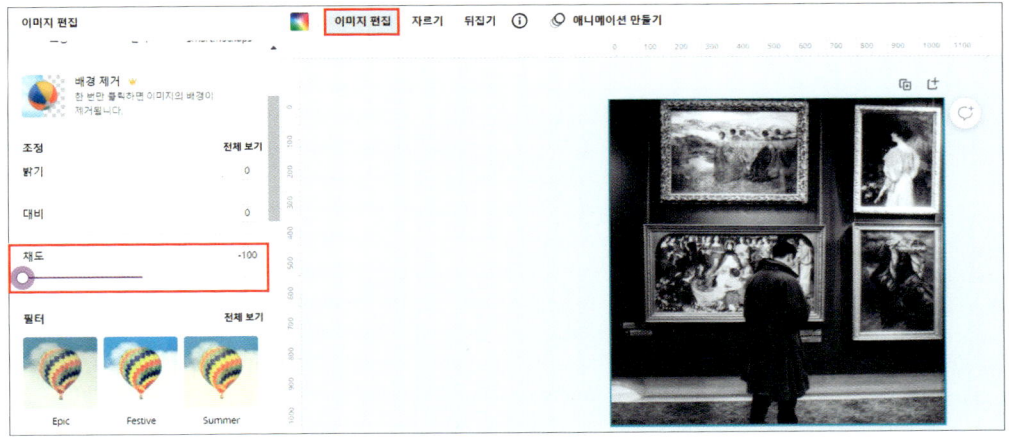

흐리기 조정

2. 필터 적용

필터에서 가장 아래에 있는 'Greyscale' 또는 'Street'로 흑백 사진 변경이 가능하다. 채도를 조정해서 만든 흑백 이미지와 필터를 적용해서 만든 흑백 이미지는 같은 사진이더라도 대비나 명도가 다르다. 2가지 방법 모두 적용해 보고 내 사진에 더 어울리는 쪽을 선택하자.

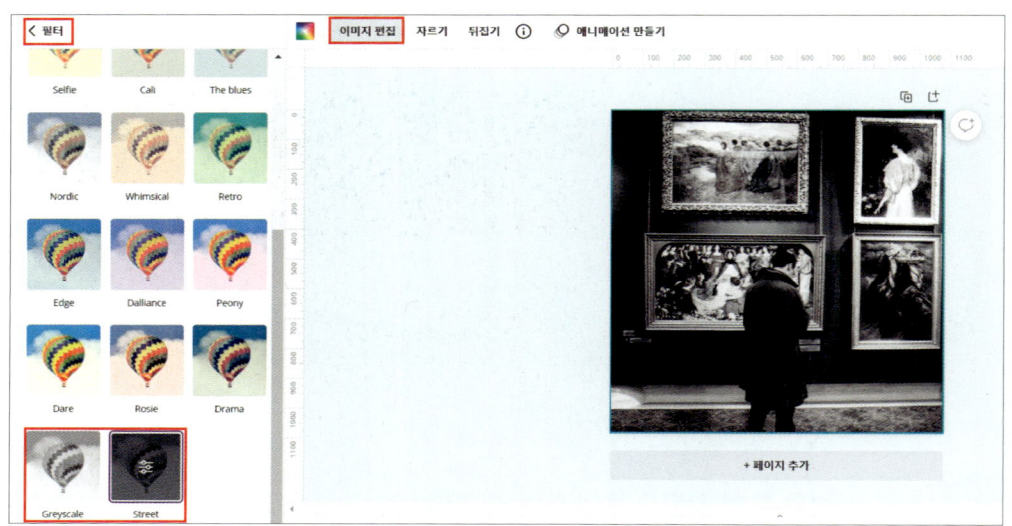

필터 활용

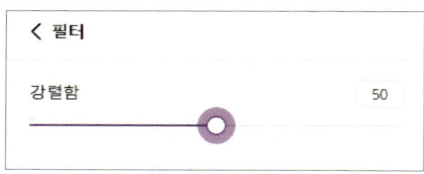

필터를 더블 클릭하면 효과가 적용되는 정도를 설정할 수 있다.

필터 더블 클릭

💟 TIP Smartmockups 활용하기

목업(mockup)이란 실제 제품을 만들기 전에 실물 크기의 모형을 의미한다. Smartmockups는 자신이 디자인한 이미지를 얹어서 실물처럼 미리 볼 수 있다. 전체 보기에 더 다양한 목업 종류가 있다.

포스터 사진을 Smartmockups의 Frame4에 적용했더니, 액자에 담긴 포스터 목업 사진을 만들 수 있었다.

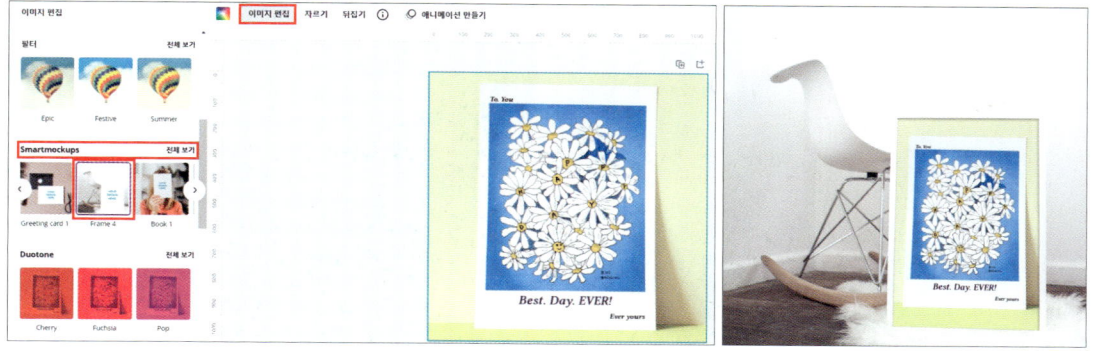

Smartmockups   Frame4를 적용한 사진

⑤ [텍스트]: 텍스트로 시선 사로잡기

텍스트

텍스트를 넣을 때는 '제목 추가'를 클릭해서 변경한다. 검색창에 서체명 검색은 물론 '필기체' 등 서체 스타일 검색도 가능하다. 글꼴 조합으로 불러왔을 때는 텍스트가 그룹으로 묶여 있으므로 그룹 해제 후 내용을 입력하면 된다.

텍스트는 단순히 글만을 의미하지는 않는다. 내용 전달은 물론, 제목의 텍스트는 시선을 주목시키는 역할을 하기도 한다. 캔바에서 제공하는 텍스트 기능들을 하나씩 알아보고 효과적으로 활용해 보자.

텍스트 기능

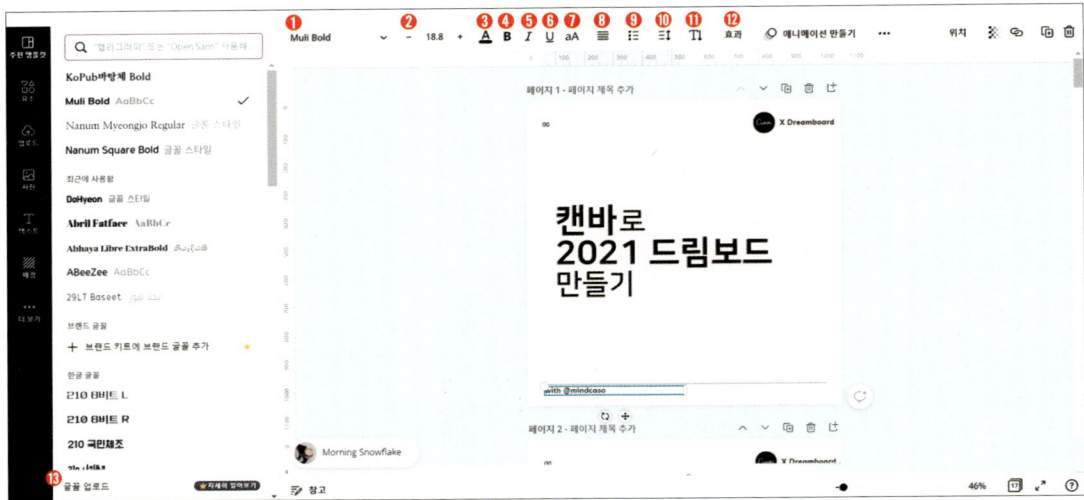

텍스트 기능

❶ **서체:** 서체의 종류를 선택한다.

❷ **크기:** 텍스트의 크기를 설정한다.

❸ **컬러:** 텍스트의 컬러를 변경한다.

❹ **굵기:** 텍스트를 두껍게 하는 기능으로 서체에 따라 활성화되기도 하고, 비활성화되기도 한다.

❺ **기울이기:** 텍스트를 기울이는 기능으로 서체에 따라 활성화되기도 하고, 비활성화되기도 한다.

❻ **밑줄:** 텍스트에 밑줄을 적용하는 기능이다.

❼ **대소문자:** 영문의 경우 텍스트 전체를 소문자 혹은 대문자로 변경한다.

❽ **정렬:** 좌우 맞춤, 좌측 정렬, 우측 정렬, 중앙 정렬 등 텍스트의 정렬을 변경한다.

❾ **목록:** 점 또는 숫자로 목록을 정리한다.

❿ **간격:** 텍스트와 줄 간격을 조절하고, 텍스트 상자 고정 스타일을 선택한다.

⓫ **세로 텍스트:** 텍스트를 세로로 변경한다.

⓬ **효과:** 텍스트에 다양한 효과를 적용한다.

⓭ **글꼴 업로드:** 자신이 갖고 있는 서체를 업로드할 수 있는 기능으로 Pro 버전에서만 지원한다.

❿ **간격,** ⓬**효과**에 대해 조금 더 알아보자.

⑩ 간격

간격

글자와 글자 사이 간격은 자간, 줄과 줄 사이 간격은 행간이다. 행간과 자간이 너무 좁으면 답답해 보이고 너무 넓으면 심심해 보이므로 조절해 준다.

텍스트 상자 고정은 변경하는 기준이다. 상단 고정은 텍스트 상자의 위쪽이 고정되어 아랫부분이 변경된다. 가운데 고정은 가운데를 중심으로 위아래로 변경되며, 하단 고정은 텍스트 상자의 아래쪽이 고정되어 윗부분이 변경된다.

행간과 자간이 적당한 예

행간과 자간이 좁은 예

⑫ 효과

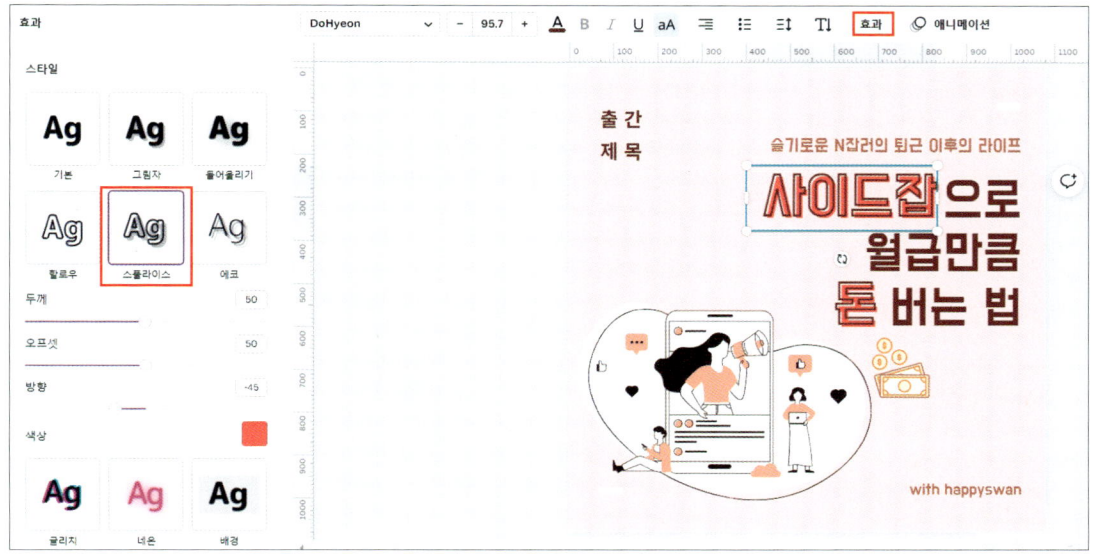

효과 중 스플라이스

텍스트 효과는 중요한 문장이나 단어에 그림자를 넣거나 빛나게 하는 등 디자인적으로 강조하고 싶을 때 적절하게 활용하면 눈에 띄는 표현을 할 수 있다. 다만, 지나치게 많은 효과를 사용하면 전체적으로 산만해지고 집중도가 떨어지므로, 자신의 콘텐츠와 어울리는 효과로 강조할 단어나 문장에만 적용하는 것을 권한다.

♥ TIP 텍스트를 강조하는 가장 기본적인 방법 - Bold

캔바에서 제공하는 폰트 중 B(Bold)가 활성화되는 것은 폰트 굵기를 더 두껍게 조정할 수 있다. 강조할 단어에만 B(Bold)를 적용해 보자. 더 힘 있게 보인다.

B 적용 전   B로 텍스트 강조

스타일별 캔바 무료 폰트 추천

[챕터 1-3. 끌리는 디자인을 위한 3가지 기본 요소]에서 서체는 단순히 글자로서의 역할을 하는 것이 아니라 목적과 취향을 담을 수 있고, 분위기까지 좌우하는 디자인 요소이기 때문에 서체를 선택할 때는 외형의 느낌을 보고 파악해야 한다고 설명했다.

캔바에서는 다양한 서체를 목적과 느낌, 분위기별로 나누어서 추천한다. 자신의 콘텐츠와 적합한 것을 선택하여 어울리게 디자인해 보자.

카드뉴스나 섬네일 제목에는 심플한 고딕체 계열이 적합하고, 감성적인 분위기나 콘텐츠 혹은 긴 글에는 명조체 계열이 어울린다. 대화체나 친근한 문구에는 개성 있는 서체를 활용해서 내용의 분위기를 조화롭게 살려 보자.

① 정보를 전달하고 신뢰감을 주는 깔끔한 고딕체 계열

| 심플한 서체 | 고딕체 활용 예 |

Nanum Gothic ExtraBold 나눔 고딕
Nanum Square Bold 나눔 스퀘어
Seoul Namsan Condense 서울 남산체
Source Han Sans KR Hea 본고딕
Noto Sans 노토산스   **DoHyeon** 도현체   Tlab 돋음 미디엄 윤고딕

② 클래식함과 감성적인 분위기를 주는 명조체 계열

Nanum Gothic ExtraBold 나눔 명조
Kopub 바탕체 Bold 코펍 바탕체
Arita Buri Medium 아리따부리
Source Han Serif KR Regu 본명조
윤소망
윤명조
210 소월 020

감성적인 서체   명조체 활용 예

③ **포인트가 되는 개성 있는 서체**

개성 있는 서체   개성 있는 서체 활용 예

Lesson 05 | 작업한 이미지 다운로드하기

모든 디자인 작업을 마친 후, 이미지를 다운로드하는 방법과 다운로드 가능한 파일 형식의 종류를 알아보자.

파일_다운로드

파란색 메뉴 바의 '파일'을 누르면 나타나는 메뉴 창의 '다운로드' 혹은 우측 상단 '공유'의 '다운로드'에서 작업한 이미지를 저장할 수 있다. 활성화되지 않고 왕관 표시가 있는 기능은 Pro 버전에서 사용할 수 있다.

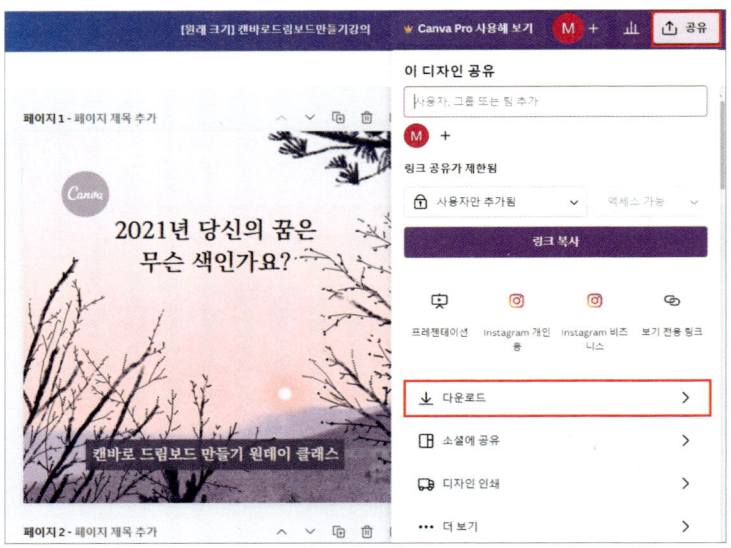

공유_다운로드

우측 상단 '공유'의 '다운로드'로 들어가서 하나씩 살펴보자.

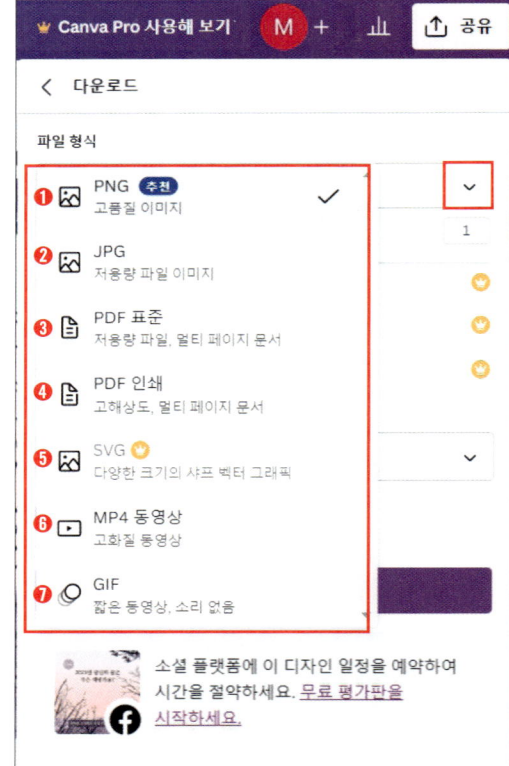

다운로드 파일 형식

화살표를 눌러서 파일 형식을 확인하자. SNS에 올릴 이미지라면 PNG나 JPG 이미지로 저장하면 된다.

❶ **PNG**: 고용량 고품질 이미지 파일로 투명한 배경(공백)을 지원한다.

❷ **JPG**: 저품질 이미지 파일로 PNG 파일보다 용량이 작아서 화질이 조금 떨어져 보일 수 있다.

❸ **PDF 표준**: 컴퓨터나 핸드폰으로 볼 PPT나 문서를 저장할 때 선택한다.

❹ **PDF 인쇄**: 작업한 이미지가 출력용이라면 'PDF 인쇄'로 저장한다.

❺ **SVG**: 확대나 축소를 해도 픽셀이 깨지지 않는 벡터 파일로 무료 버전에서는 지원하지 않는다.

❻ **MP4 동영상**: 동영상 파일로 인스타그램에 영상을 올릴 때는 이 형식으로 저장해야 한다. GIF로 올리면 영상이 아닌 이미지로만 보인다.

❼ **GIF**: 움직이는 이미지 형태의 짧은 동영상으로 소위 말하는 움짤 파일이다.

작업물 전체를 한 번에 다운로드하거나 필요한 이미지만 선택해서 다운로드할 수도 있다. 2장 이상을 한번에 다운로드할 경우 압축 파일로 저장되므로, 압축을 풀고 이미지를 사용하면 된다.

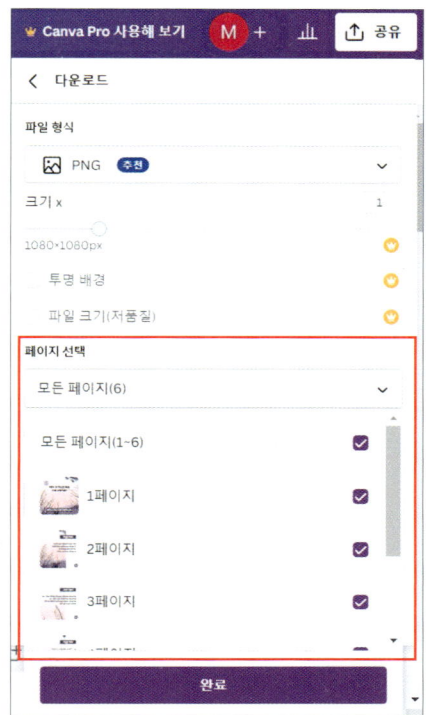

다운로드 파일 선택

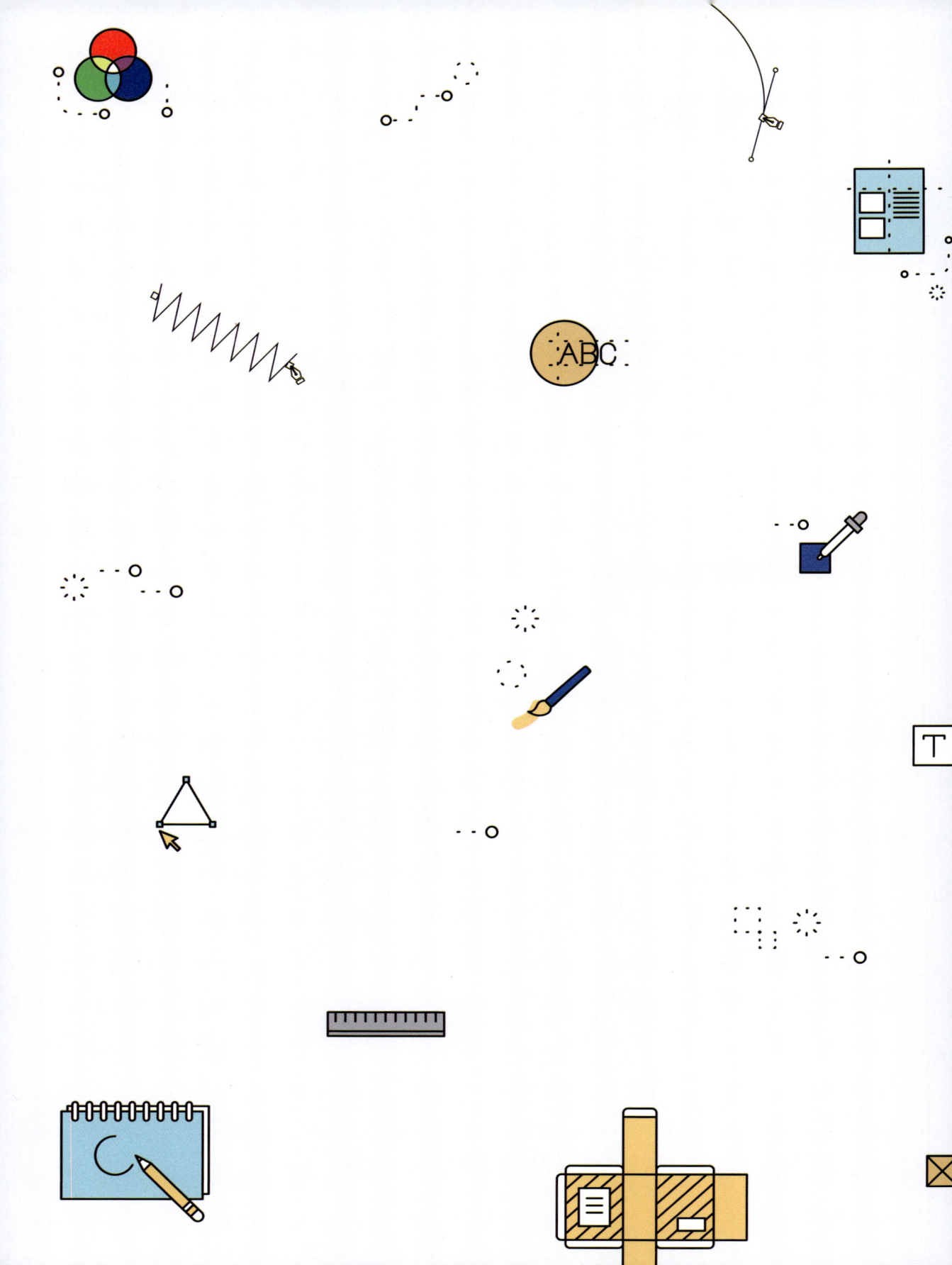

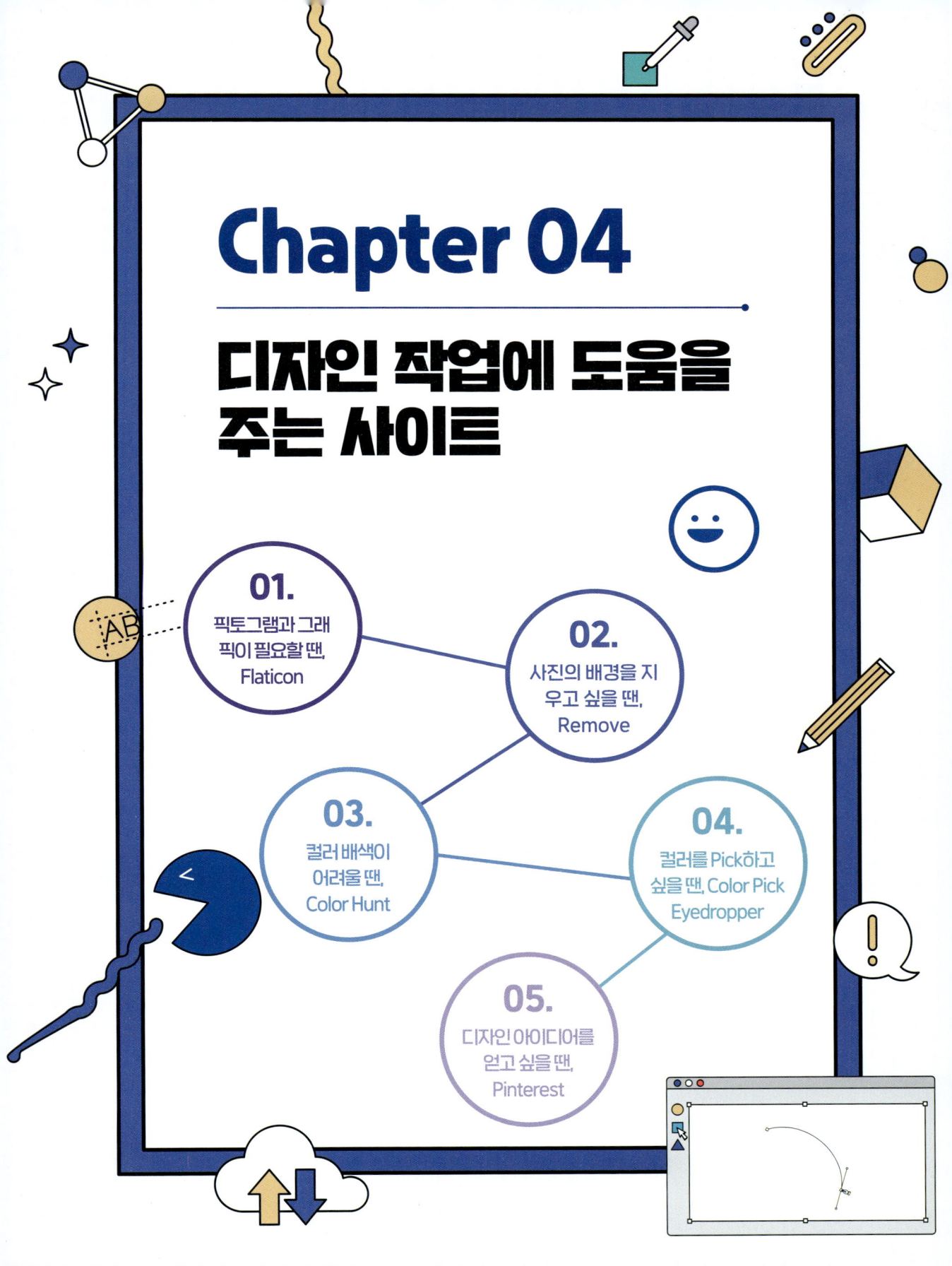

Lesson 01 | 픽토그램과 그래픽이 필요할 땐, Flaticon

플랫아이콘   www.flaticon.com

픽토그램 활용 예시 이미지

픽토그램이란 그림을 뜻하는 picto와 전보를 뜻하는 텔레그램(telegram)의 합성어로 사물, 시설, 행위 등을 누가 보더라도 그 의미를 쉽게 알 수 있도록 만들어진 그림문자다. 즉, 화장실이나 비상구 표시처럼 이미지가 하나의 의미로 통할 수 있는 그림으로 된 언어인 것이다.

생활 속 픽토그램

SNS 콘텐츠 이미지를 제작할 때 픽토그램을 잘 활용하면 내용을 함축해서 심플하게 표현할 수 있다. 단순한 이미지는 설명이 많거나 복잡한 사진보다 주목하게 하고 콘텐츠를 효과적으로 인지시킨다.

캔바의 요소에서 다양한 픽토그램과 그래픽을 제공하고 있지만, 더 새로운 것을 찾아보고 싶다면 플랫아이콘을 추천한다. 필요한 콘텐츠와 관련된 키워드를 검색해서 다운로드한 후, 캔바에 업로드하여 사용하면 된다.

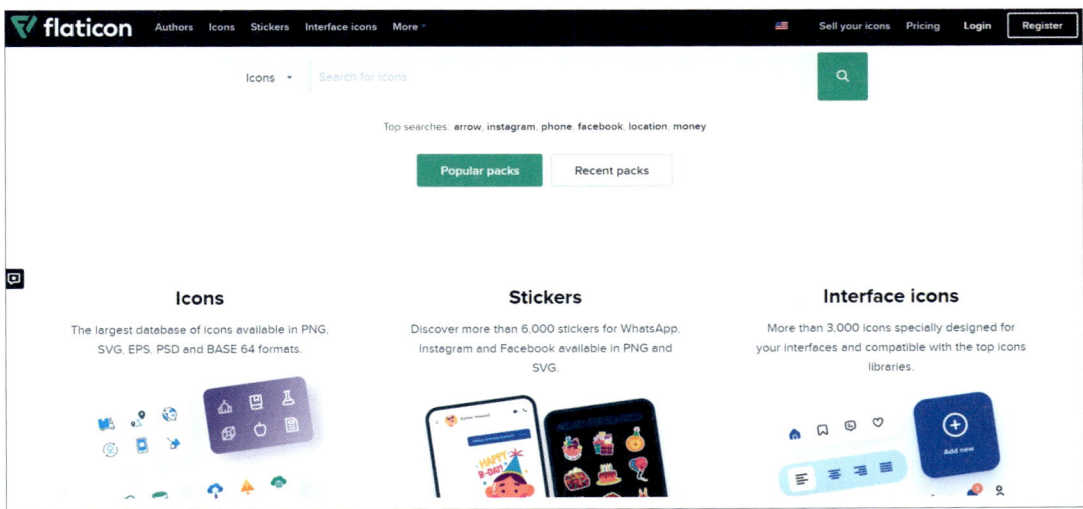
Flaticon(플랫아이콘)

플랫아이콘은 크게 아이콘, 스티커, 인터페이스 아이콘 3가지 스타일로 나눠 다양한 주제에 적합한 퀄리티 있는 그래픽 디자인을 제공하고 있다. 왕관 표시가 있는 것은 유료이지만, 무료에서도 사용할 만한 그래픽이 충분히 많은 편이다.

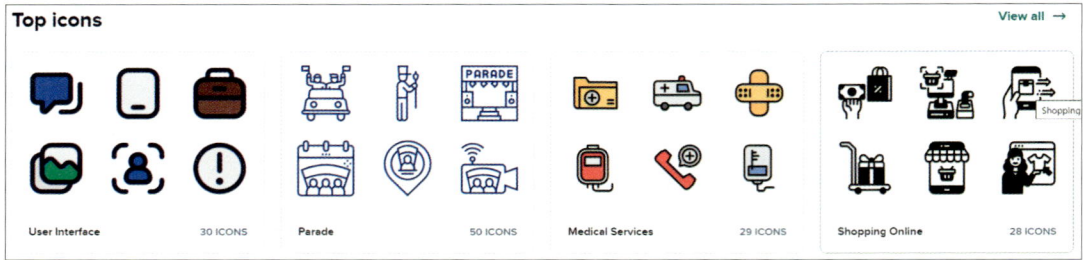

아이콘 팩

같은 콘셉트로 묶여 있는 것을 팩이라고 한다. 카드뉴스나 포스터 등 하나의 콘텐츠에는 비슷한 느낌의 그래픽을 사용해야 전체적으로 디자인이 정리되어 보이면서 전문적이고 통일감 있는 결과물을 만들 수 있다.

다운로드하는 법 1 다운로드하는 법 2

아이콘 팩으로 들어가서 다운로드할 아이콘 위에 커서를 올린 뒤 맨 아래의 다운로드를 클릭하거나 아이콘을 클릭해서 우측의 PNG로 다운로드한다. 아이콘에 따라서 컬러가 있는 경우도 있으므로 마음에 드는 아이콘이라면 클릭해서 보는 것도 좋다.

플랫아이콘 무료와 프리미엄

유료와 무료에 따라 지원하는 범위가 다르다. 가입하지 않거나 로그인하지 않은 경우 하루에 10개만 PNG 파일로 다운로드할 수 있고, 로그인을 한 사용자는 하루에 100개까지 다운로드가 가능하다. 가입은 구글 아이디로 간편하게 할 수 있다. 프리미엄 사용자가 되면 팩으로 전체 다운로드 및 SVA 파일로도 다운로드 가능하고, 하루에 2,000개를 받을 수 있다. 무료로 아이콘을 다운로드해서 사용할 경우, 'www.flaticon.com에서 Pixel Perfect(저작자)가 만든 아이콘'과 같은 식으로 저작자를 표시해 주어야 한다. 자세한 내용은 홈페이지를 살펴보자.

아이콘 활용 섬네일 예시

Lesson 02 | 사진의 배경을 지우고 싶을 땐, Remove

리무브   https://www.remove.bg/ko

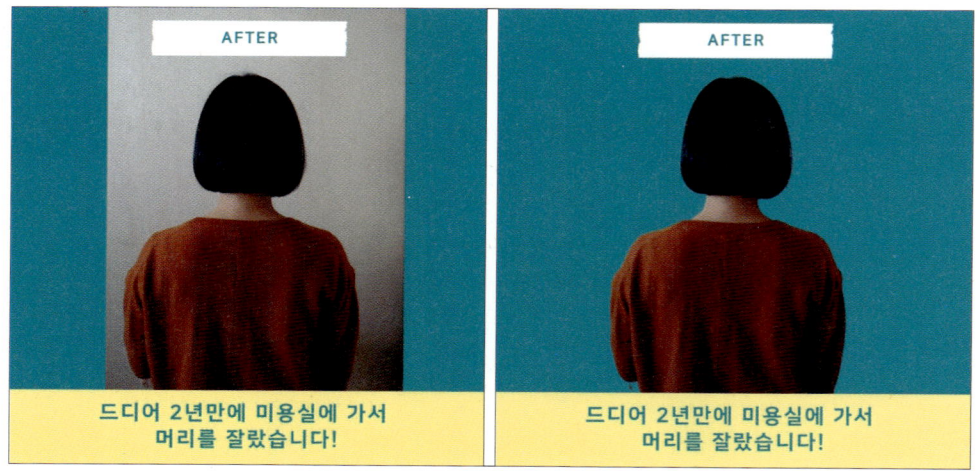

배경을 안 지운 이미지   배경을 지운 이미지

디자인 작업을 하다 보면 사진의 배경이 없어야 더 보기 좋은 이미지가 완성되는 경우가 있다. 이때 빠르고 쉽게 사진의 배경을 지워 주는 사이트 리무브를 소개한다. 포토샵으로 하면 몇 분은 걸릴 작업을 리무브에서는 5초 만에 할 수 있다.

리무브는 크롬에서 작업할 것을 추천한다.

리무브

사이트에 가입할 필요 없이 '이미지 업로드'를 클릭해서 사진을 찾아오거나, '파일 놓기'에 드래그 앤 드롭으로 배경을 제거할 사진을 바로 불러올 수도 있다. 특히 인물을 잘 추출하고, 사진의 배경이 너무 복잡하지 않은 것으로 작업하면 더 빠르고 깔끔한 결과물을 기대할 수 있다. 간혹 배경이나 주인공이 느껴지지 않는 풍경 사진은 추출을 거부할 수도 있으니 유의하자.

리무브에서 사진 배경 제거하기

작업이 완료되면 다운로드를 클릭해서 내 컴퓨터에 PNG 파일로 저장하고, 캔바로 업로드하면 된다. HD 다운로드인 고해상도 파일은 유료이지만, 무료 '다운로드'로도 섬네일이나 카드뉴스 이미지를 충분히 만들 수 있다. 작업한 파일은 60분 후에 자동 폐기되므로 미리 다운로드하자.

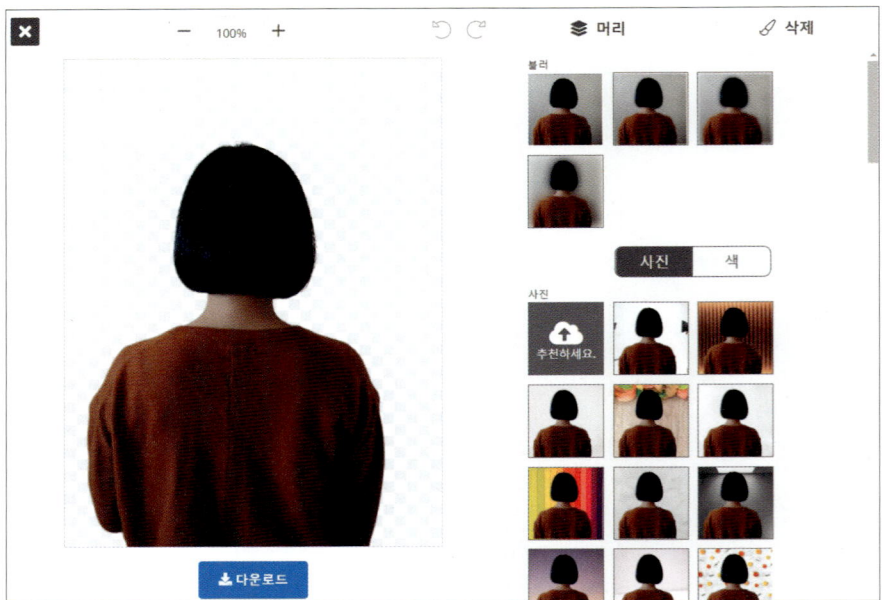

리무브에서 사진 편집

편집으로 들어가면, 블러 처리 혹은 배경 이미지를 변경하는 등 다양한 효과를 줄 수 있으니 참고하자.

| 컬러 헌트 | https://colorhunt.co/ |

콘텐츠 이미지를 제작할 때, 사람들이 어렵게 느끼는 디자인 요소 중 하나가 컬러다. 아무 색이나 쓸 수도 있겠지만, 보기 좋고 효과적인 배색을 염두에 둔다면 쉽지 않은 영역이다. 디자인을 전공한 필자 역시 어울리는 컬러를 선택해서 감각적으로 배색하는 과정은 여전히 어렵다.

전체적인 분위기에 직접적인 영향을 미치는 것이 컬러이기 때문에 더욱 신중해질 때가 있다. 그럴 때 활용하면 좋은 배색 사이트, 컬러 헌트를 소개한다. 홈페이지 자체가 심플하여 초보자들이 활용하기 좋다.

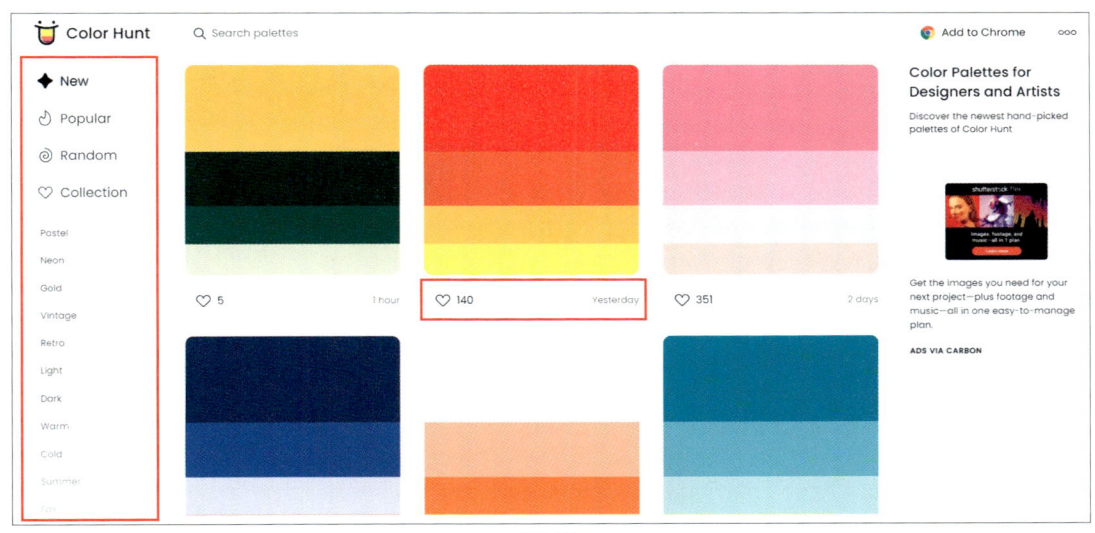

컬러 헌트

컬러 헌트는 컬러를 4가지 팔레트로 제안한다. 하단의 하트 수로 사람들의 배색 선호도를 확인할 수 있고, 팔레트가 등록된 시기를 알 수 있다. 좌측 'new'는 새롭게 등록된 배색, 'Popular'는 인기 있는 배색, 'Random'은 무작위로 제안하는 배색이며 'Collection'에서는 자신이 찜한 컬러 팔레트를 확인할 수 있다.

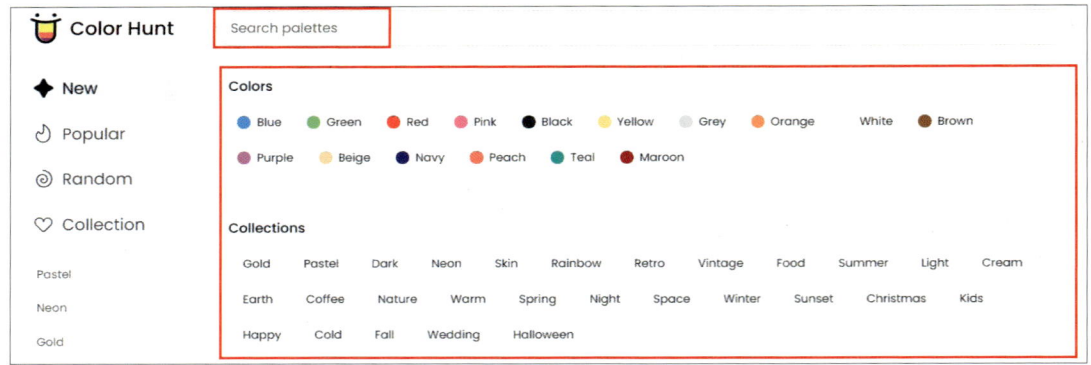

컬러 헌트 활용법

컬러 헌트 상단의 검색창을 클릭하면 컬러별 혹은 키워드의 느낌별로 컬러 팔레트를 제안한다. 레드 혹은 파스텔만 선택할 수도 있고, 둘 다 선택하면 거기에 적합한 팔레트를 볼 수 있다.

컬러값 확인

참고할 컬러 팔레트를 하나 선택해서 클릭하면, 각 컬러의 헥스값과 RGB 값을 확인할 수 있다. 컬러 위에 커서를 올려 두고 좌측 하단 컬러값을 클릭해서 복사해서 사용한다.

 **컬러 팔레트의 컬러값을 캔바에 적용하는 법**

컬러 헌트에서 원하는 헥스 컬러값을 복사한다. 캔바에서 상단 좌측의 색상을 선택한 뒤 검색 창에 컬러값을 붙여넣기하면 똑같은 색을 사용할 수 있다.

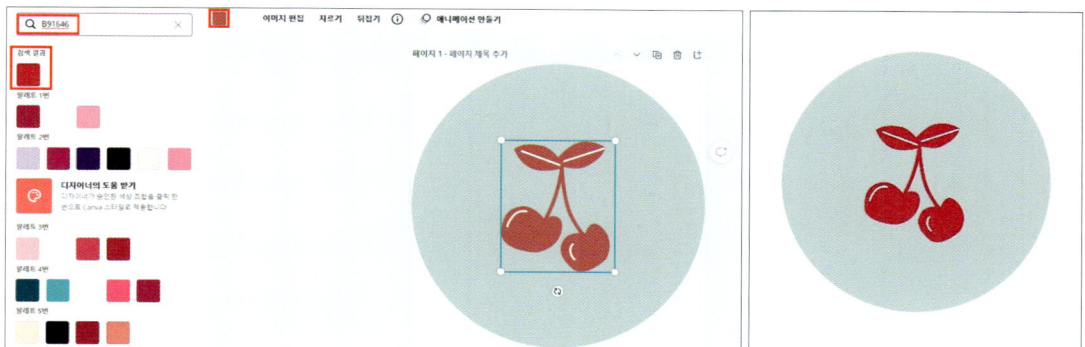

배색 사이트 컬러값 적용하기

| 컬러 픽 아이드로퍼 | https://chrome.google.com/webstore/category/extensions |

크롬에 최적화되어 있는 캔바를 사용할 때 유용한 크롬 확장 프로그램인 컬러 픽에 대해서 알아보자. 크롬 웹상의 모든 컬러값(헥스값)을 알 수 있다.

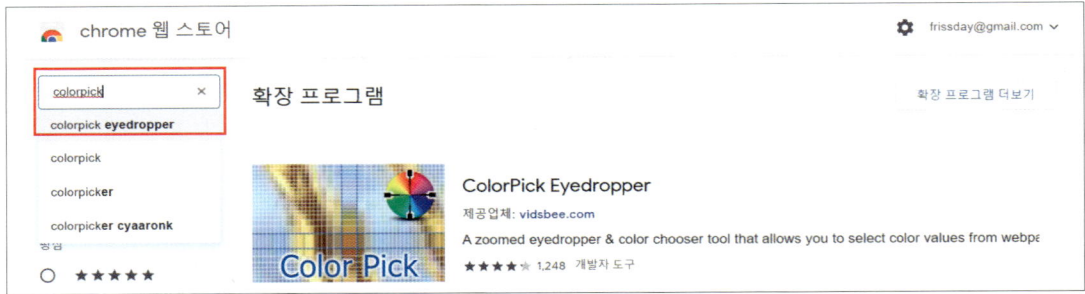

Color Pick

크롬 웹 스토어에서 컬러 픽(Color Pick Eyedropper)을 검색해서 'Chrome에 추가'를 클릭하면 별도의 설치 없이 바로 사용할 수 있다.

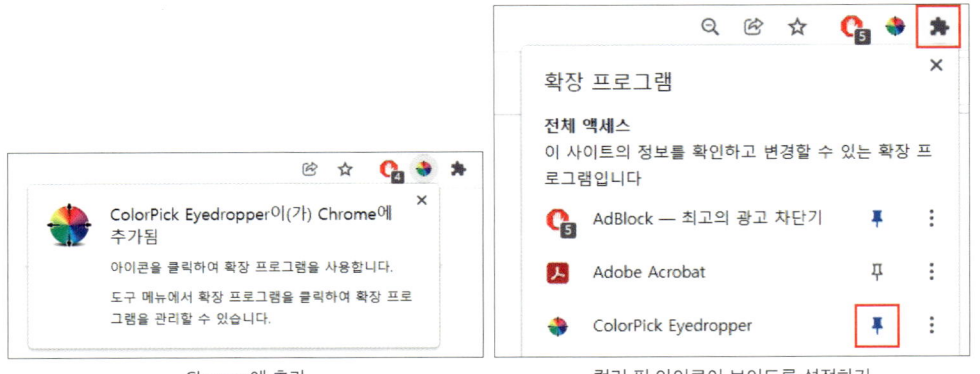

Chrome에 추가   컬러 픽 아이콘이 보이도록 설정하기

크롬 주소창 우측 끝에 컬러 픽 아이콘이 뜨는데, 혹시 보이지 않는다면 확장 프로그램 이모티콘을 클릭해서 컬러 픽의 고정 핀을 파란색으로 활성화하면 된다.

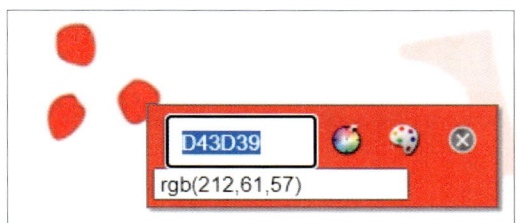

선택한 컬러값 확인

컬러 픽으로 웹 페이지의 컬러값을 알아보자. 컬러 픽으로 마우스를 이동시켜 원하는 부분을 클릭한다. 빨간색 부분을 찍었더니, 웹상의 컬러값인 헥스값은 D43D39이고 RGB 컬러값은 R212, G61, B57이라는 창이 나타났다. 이를 복사해서 캔바의 컬러 팔레트에 적용하면 똑같은 색을 사용할 수 있다.

핀터레스트   https://www.pinterest.co.kr/

콘텐츠 기획 시 시각적 자료를 찾는 데 유용한 이미지 플랫폼 핀터레스트에 대해서 알아보자.

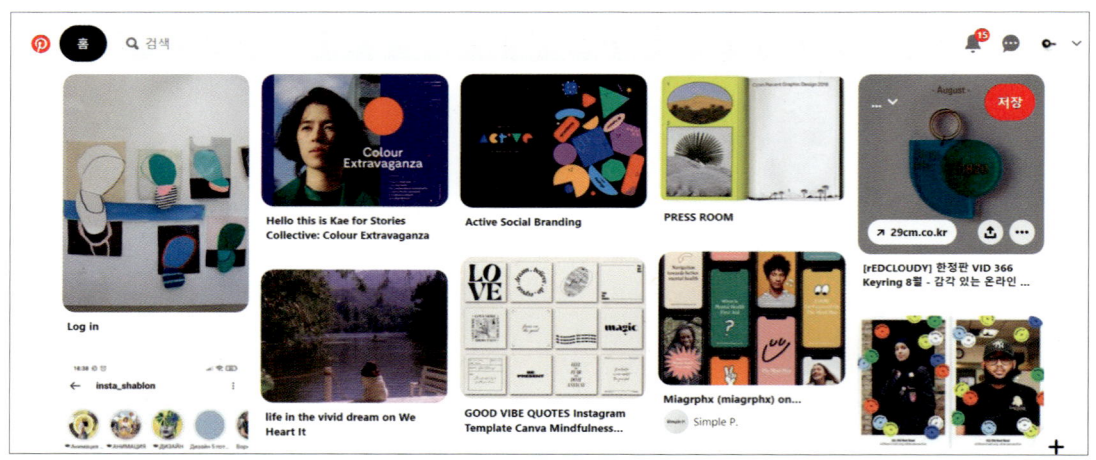

핀터레스트

핀터레스트는 보드에 고정할 때 쓰는 핀(Pin)과 관심사(interest)의 합성어로 자신이 관심이 있는 이미지를 스크랩하고 공유할 수 있는 플랫폼이다. 이름에 담긴 의미와 같이 코르크 보드에 내가 좋아하는 이미지를 수집하는 작업이라고 생각하면 된다. 컴퓨터와 앱 둘 다 지원하여 언제 어디서든 활용할 수 있다는 장점이 있고, 일반 이메일 혹은 구글이나 페이스북 계정으로 어렵지 않게 가입이 가능하다.

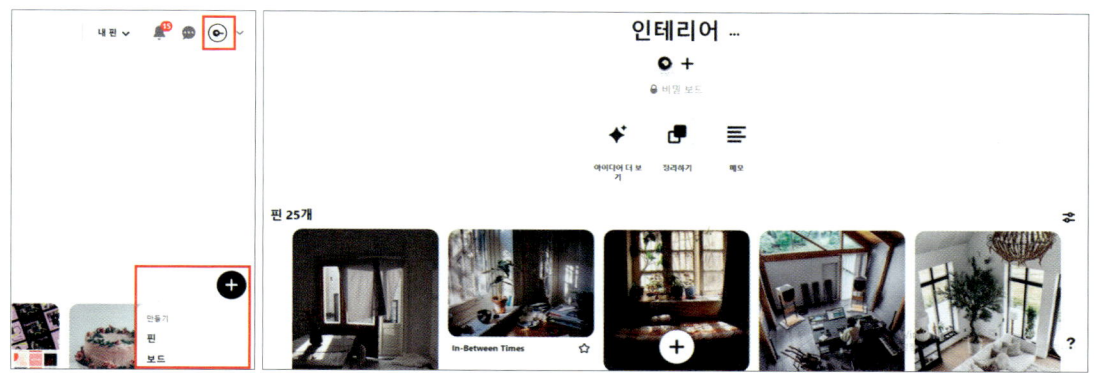

핀터레스트의 핀과 보드   핀과 보드 만들기

핀터레스트에서는 보드와 핀이라는 단어를 쓰는데, 보드는 카테고리, 핀은 그 안에 들어가는 이미지라고 생각하면 된다. 보드에는 내가 갖고 있는 사진을 올릴 수도 있고, 검색해서 저장할 수도 있다. 주제별 혹은 키워드별 보드를 만들어서 그 안에 관련 이미지를 핀으로 저장하면, 언제든지 열어볼 수 있는 자신만의 아이디어 창고로 활용할 수 있다.

우측 상단의 자신의 계정으로 들어가 보자. 중간쯤 보이는 플러스를 눌러서 핀이나 보드를 만들 수 있다.

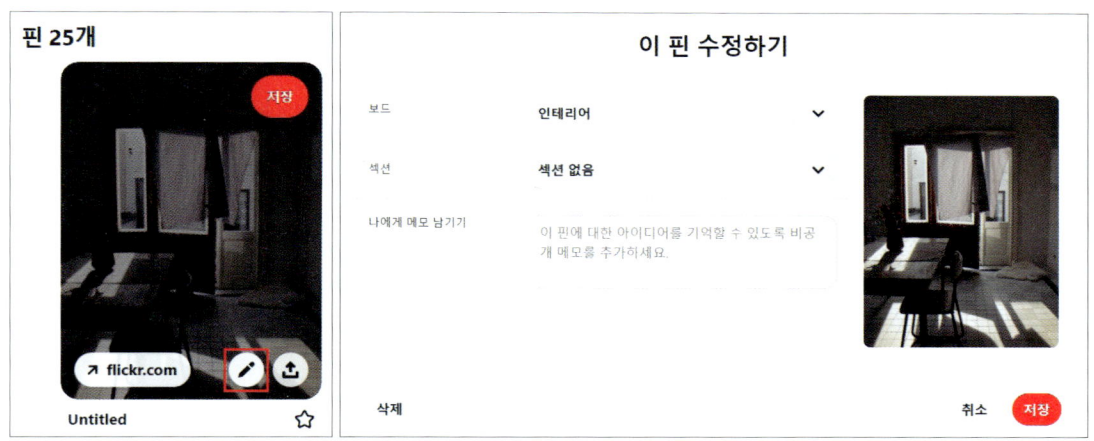

핀 수정하기

하나의 핀 위에 커서를 올리면 나타나는 연필에서 보드 이동, 삭제 등 수정이 가능하다.

키워드 검색   자세한 키워드 검색

필요한 이미지를 검색하면 핀터레스트에서 더 세분화된 키워드를 보여 준다. 예를 들면, '심플 일러스트'라고 검색했을 때 검색창 아래에 다양한 단어가 함께 뜬다. 그중에서 '친구'를 선택하면 '심플 일러스트 친구'로 조금 더 범위를 좁혀서 이미지를 찾아준다.

핀 저장   유사한 핀 더 보기

마음에 드는 이미지는 '저장' 버튼을 클릭한 뒤 보드를 선택하면 된다. 저장한 이미지 밑의 '유사한 핀 더 보기'를 참고하면 더 다양한 자료를 찾아볼 수 있다.

핀터레스트 color palette

'color palette yellow'와 같이 color palette 뒤에 콘텐츠와 어울리는 컬러를 추가하여 검색하면 참고 팔레트를 찾을 때 유용하다.

♥TIP 핀터레스트 검색 팁

한국어로 검색했을 때와 영어로 검색했을 때 보이는 이미지가 다르므로, 둘 다 활용하면 선택의 폭이 넓어진다.

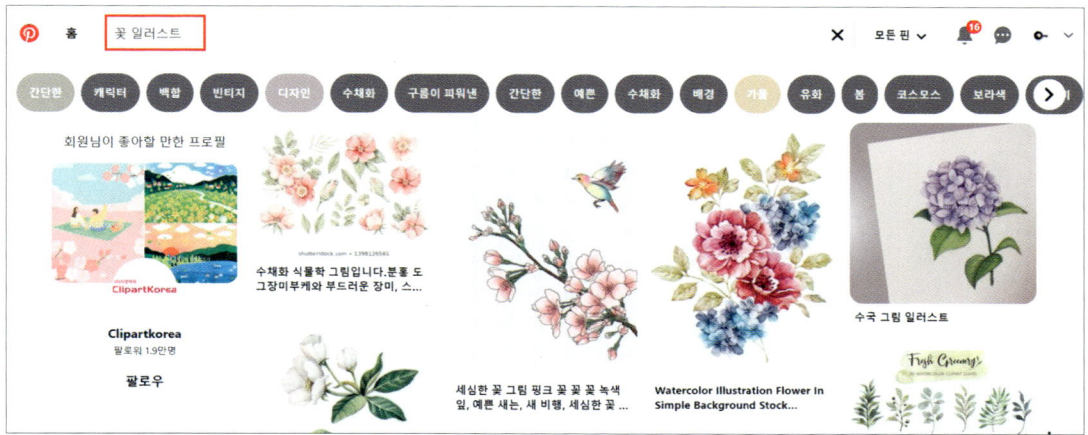

꽃 일러스트 한국어 검색

flower illustration 영어 검색

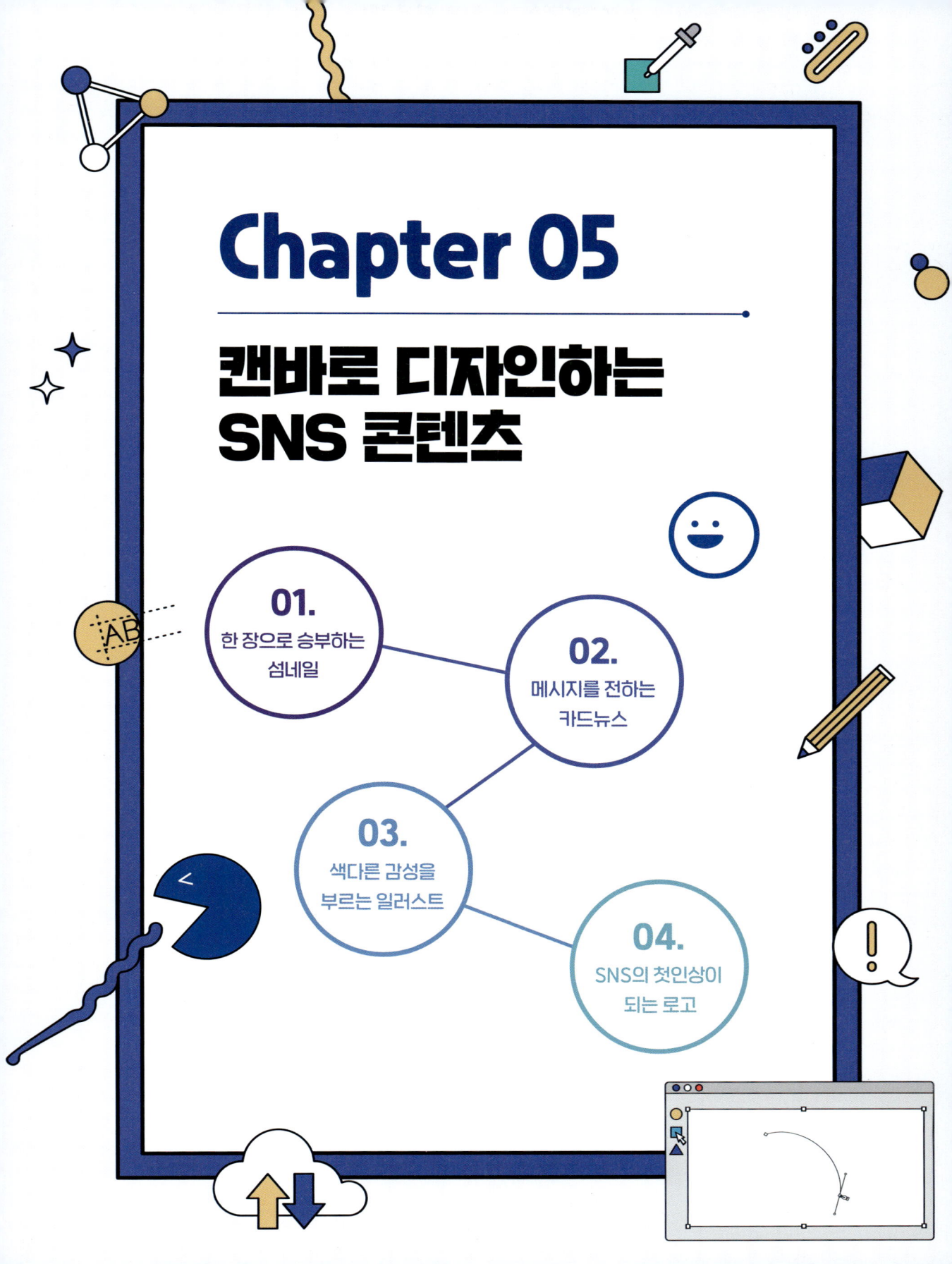

Lesson 01 | 한 장으로 승부하는 섬네일

1 섬네일 알아보기

섬네일은 '엄지손톱', '작은 물건'이라는 뜻으로 대략적인 내용을 이미지로 보여 주는 역할을 한다. 소비자가 본격적인 내용을 읽기 전에 가장 먼저 접하는 부분이기 때문에 온라인에서 상당히 중요한 부분이다. 정보가 넘치는 시대에서 사람들은 대표 이미지인 섬네일만 보고 그 정보를 선택할지 말지 결정한다. 유튜브나 블로그에서 필요한 것을 키워드로 검색하고 선택하는 과정을 떠올려 보면 섬네일의 중요성이 더욱 와닿을 것이다.

섬네일의 종류

1 사진형

사진형

콘텐츠와 어울리는 사진으로 강조하는 섬네일로 내용이 더욱 잘 전달되고 인식되기 쉬운 장점이 있다. 전체적인 구도나 사진에 대한 기본적인 이해가 있으면, 더 보기 좋고 효과적인 섬네일을 만들 수 있다. 사진 그 자체를 강조하거나 프레임을 활용하여 다양한 디자인이 가능하다.

② 텍스트형

텍스트형

콘텐츠에 적합한 사진이 없는 경우에는 차라리 텍스트를 강조한 디자인을 권한다. 사진보다 인식이 빠르지 않을 수도 있지만, 애매한 사진을 넣는 것보다 디자인이 깔끔해 보이고 군더더기 없이 내용을 전달할 수 있다.

③ 복합형

복합형

섬네일의 종류를 크게 나눈다면 사진형과 텍스트형이 있지만, 대체로 사진, 텍스트, 일러스트의 요소들이 서로 어우러져서 만들어진다. 섬네일 역시 전체적인 어울림이 중요하다.

② 캔바 섬네일 제작 노하우

내용에 적합한 이미지와 텍스트 조합은 필수

디자인 요소 간의 어울림

아주 기본적인 내용이지만 염두에 두지 않으면 놓치는 경우가 있다. 내가 담고자 하는 콘텐츠와 어울리는 사진, 컬러, 텍스트를 선택해야 한다.

위의 예시 중 첫 번째 어린이 미술 온라인 프로그램을 소개하는 섬네일에는 아이 사진, 선명한 색감, 귀여운 느낌의 서체를 사용했다. 가운데의 어린이용 과학사전 소개 섬네일 역시 자유로운 도형과 책의 배색을 살려서 디자인했고, 심플한 제목과 서체로 강조했다. 마지막의 기능 설명 섬네일은 깔끔한 고딕체에 사진 대신 픽토그램으로 단순하게 표현했다. 요소들 간의 관계와 어울림을 의식하며 디자인해야 콘텐츠를 더욱 효과적으로 표현할 수 있다.

주제를 강조한 사진

주제가 강조된 사진

주제가 되는 피사체를 확대해서 강조하면 더 효과적인 섬네일을 만들 수 있다. 예를 들어, 사과의 효능에 대한 주제라면 사과나무가 있는 풍경보다는 사과가 확대된 사진을 넣으면 더 와닿는 이미지가 된다.

텍스트는 간결하게, 주제목과 소제목을 구분하기

주제목과 소제목 나누기

강조하고 싶은 단어는 주제목으로 크게 잡고 나머지는 작게 소제목으로 넣어보자. 텍스트 디자인의 강약이 생겨서 눈에 더 잘 들어오는 섬네일을 만들 수 있다. 강조하고 싶은 단어에는 색상 변경, 그림자 넣기 등 여러 가지 방법으로 변화를 주어 가독성을 높여보자.

다양한 템플릿 활용하기

캔바에서 Instagram 게시물로 들어가면 추천 템플릿에서 주제별로 디자인을 볼 수 있다. 또는 상단 검색창에서 키워드 검색으로 관련 템플릿만 모아서 볼 수 있다. 만들려고 하는 내용과 같은 주제의 템플릿은 물론 다른 주제의 디자인 역시 관심 있게 살펴보자. 쓸 내용과 사용할 사진을 캔바 템플릿에 넣었을 때, 어떻게 보일지 상상하면서 선택하는 것이 중요하다.

주제별 템플릿　　키워드 검색 템플릿

템플릿을 활용한 섬네일

캔바의 템플릿을 응용해서 만든 어린이용 과학사전을 소개하는 섬네일이다. 유쾌한 책의 콘셉트에 어울리도록 사진을 살짝 기울여서 변화를 주었다. 템플릿의 전체적인 레이아웃과 디자인이 자신의 콘텐츠와 어울린다면 하나씩 적용해 보자.

텍스트와 이미지가 전체적으로 어울리도록 구성하기

보기 편하게 요소 수정하기

제공하는 템플릿을 활용해서 섬네일을 만들 때, 요소들의 배치를 바꾸거나 글자 크기를 조절해서 보는 사람이 편하게 느끼도록 배려하는 과정은 디자인에 있어서 필수다. 위의 예시에서는 캔바에서 제공하는 템플릿에 사진을 넣고 레이아웃이 내용과 어울리는지를 고려하여 배색과 텍스트의 크기, 서체, 요소의 위치 등을 보기 편하게 수정했다.

나만의 섬네일 템플릿 디자인을 염두에 두며 작업하기

나만의 섬네일 템플릿 디자인

섬네일을 만들 때마다 디자인을 다르게 한다면 효율성이 떨어진다. SNS를 지속하기 위해서라도 자신의 콘텐츠와 어울릴 만한 디자인을 염두에 두고 작업하자. 한번에 디자인이 완성되지는 않겠지만, 조금씩 자신만의 스타일이 반영되고 작업도 편리한 템플릿이 갖춰질 것이다.

통일성 있는 섬네일

시리즈로 이어지는 콘텐츠라면 통일성 있게 디자인하여 정돈된 느낌을 주는 것이 좋다.

 **썸네일에는 한글보다 아라비아 숫자!**

한글이나 영어보다 아라비아 숫자가 더 눈에 띈다.

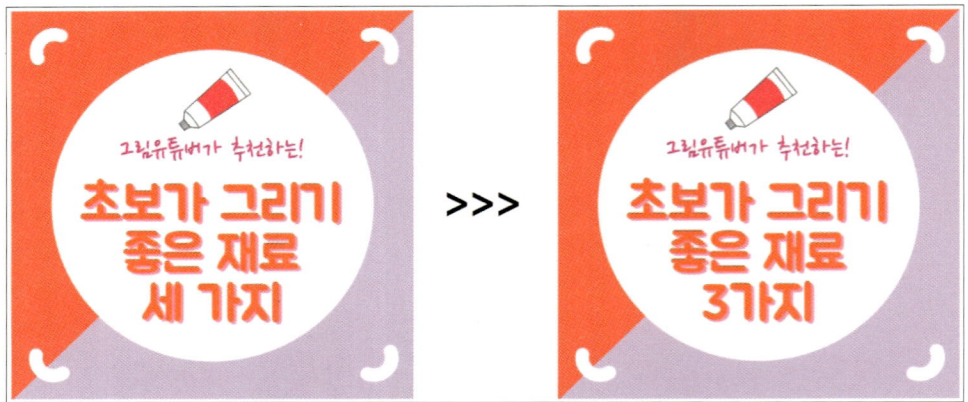

한글과 아라비아 숫자의 비교

 **SNS 활용도가 좋은 정사각형 썸네일**

이미지가 가로나 세로로 길면 썸네일로 보았을 때 일부가 가려질 수 있다. 정사각형 이미지는 모든 내용을 보여주고, 블로그 썸네일뿐만 아니라 인스타그램 피드에도 적합한 사이즈여서 실용적이다. 캔바에서 정사각형 템플릿은 Instagram 게시물이다.

Instagram 게시물

① 카드뉴스 알아보기

카드뉴스는 정보 또는 콘텐츠를 간결한 글과 사진, 일러스트 등으로 모바일 환경에 맞게 만든 이미지다. 이미지이기 때문에 키워드 검색은 불가능하지만, 글보다 이해하기 쉽다는 장점이 있다. 콘텐츠만 좋다면 브랜드는 물론 퍼스널 브랜딩, 사업, 제품, 강의 등의 홍보에도 효과적이다. 캔바와 같은 디자인 편집 툴로 직접 제작할 수 있고, 몇 가지 템플릿 디자인을 정해 두고 활용하면 생산성 또한 높일 수 있다.

카드뉴스 구성

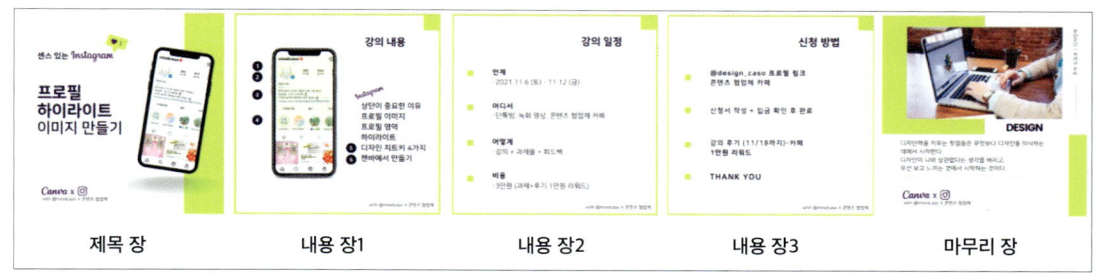

카드뉴스 구성

카드뉴스의 첫 장은 제목 장으로 섬네일 메인 이미지가 된다. 크게 들어가는 주제목과 작게 들어가는 소제목이 포함된다. 위의 예시에서 '센스 있는 Instagram'이 소제목이고, '프로필 하이라이트 이미지 만들기'가 주제목이다. 소비자의 호기심을 끌 만한 제목이나 이미지가 필요한 영역이다.

그 다음은 내용 장으로 한 페이지에 한 가지 주제만 담는 것이 좋다. 예를 들어, 강의 홍보를 목적으로 만든 카드뉴스라면, 왜 강의를 준비하게 되었는지, 강의 내용은 어떻게 되는지, 신청 방법과 강의 일정에 대하여 각각 한 페이지에 담는 것이 효과적이다.

마무리 장은 클래스 참여를 유도하는 설명이나 콘텐츠와 연관 있는 문구 혹은 대표 사이트, 자신의 SNS 주소를 넣어서 끝내면 자연스럽다. 예시의 경우 디자인에 대한 인식을 어렵지 않게 하기 위해서 책 속 한 문장으로 마무리했다.

카드뉴스 종류

1 나열형

특정 주제에 관한 정보를 요약해서 순서대로 나열하는 방식으로 '~하는 방법', '~노하우', '~꿀팁', '~best 5', '~한 곳'과 같은 제목으로 활용된다.

나열형 카드뉴스

예시는 폐업 신고하면서 결심했던 것 3가지를 나열하고 있다. 한 페이지에 관련된 사진과 함께 설명하니, 글로만 전하는 것보다 더 이해가 쉽고 와 닿는다.

2 스토리텔링형

이야기로 콘텐츠를 전달하는 방식으로 어떤 메시지를 담을 것인지가 가장 중요하다. 기획과 스토리를 구성하는 과정이 쉽지 않지만, 사람들의 반응을 끌어내는 데 효과적이다.

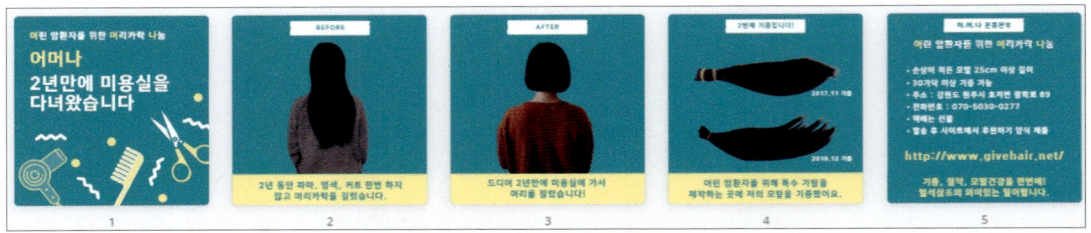

스토리텔링형 카드뉴스

예시의 카드뉴스는 제목에서 왜 2년 만에 미용실을 갔는지, 다음 장에 어떤 이야기가 나올지 궁금증을 유발하고, 마지막에 자른 머리카락은 어떤 기관에 어떻게 기증했는지 방법 등에 관한 정보를 제공하고 있다.

3 **나열+스토리텔링형**

나열형과 스토리텔링형의 장점을 활용해 앞에서는 이야기로 관심을 끌고, 뒤에서 정보를 나열하는 방식이다. 제작 과정이 비교적 수월한 편이다.

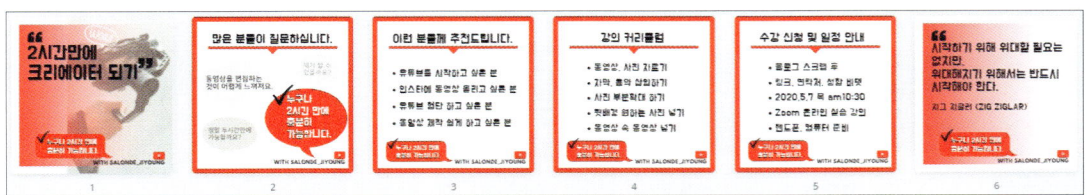

나열+스토리텔링형 카드뉴스

예시는 앞 장에서 사람들이 자신에게 했던 질문에 대한 답을 말풍선 형태의 이야기로 풀고, 그 다음부터는 강의에 대한 내용을 나열하는 방식으로 소개하고 있다.

② 캔바에서 카드뉴스 만드는 방법

카드뉴스 기획하기

디자인은 보는 이에게 제작 의도를 전달하고, 원하는 행동이나 변화를 끌어내어야 한다. 그렇게 하기 위해서는 작업 전 기획이 선행되어야 하는데, 카드뉴스를 제작할 때도 마찬가지다. 기획 단계에서는 이것을 읽는 사람은 누구인지, 그 사람들이 원하는 것은 무엇인지, 제작 의도와 목적, 전하려는 메시지 등에 대해 생각하고 정리해야 한다. 무작정 아무것도 없는 페이지를 열고 디자인하기 시작하면 오히려 더 많은 시간이 걸린다. 기획하고 콘셉트를 잡는 과정은 [챕터 1-2. 디자인을 하기 전에 이것부터 하세요!]를 다시 한번 읽어 보자.

템플릿 살펴보기

캔바 소셜미디어 템플릿

메인 페이지의 소셜미디어로 들어가면 인기, Instagram, Facebook 세 가지로 나뉘어 있다. 올리려고 하는 게시물에 적합한 템플릿으로 작업하면 되고, 블로그와 인스타그램 모두 활용하려면 'Instagram 게시물'의 정사각형 사이즈가 적당하다.

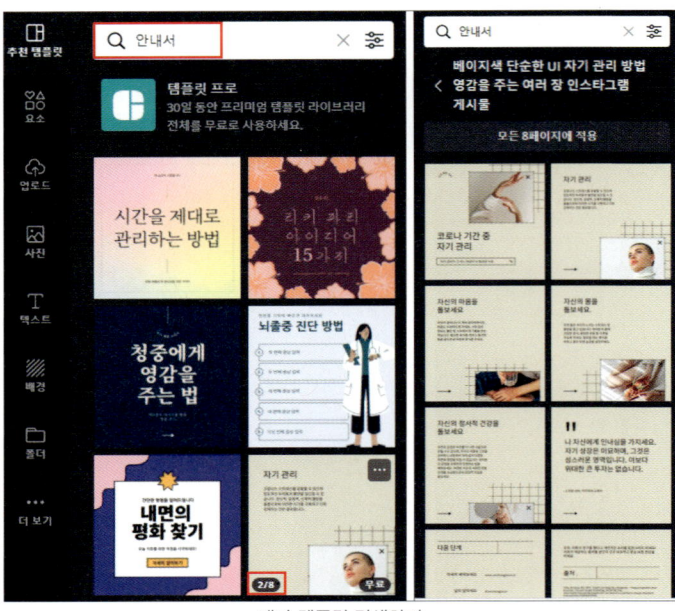

추천 템플릿의 검색창에 '안내서' 키워드를 검색해 보자. 마우스를 올렸을 때 좌측 하단에 숫자가 뜨는 것은 여러 페이지로 구성된 카드뉴스 형태의 템플릿이므로 활용해도 좋다.

캔바 템플릿 검색하기

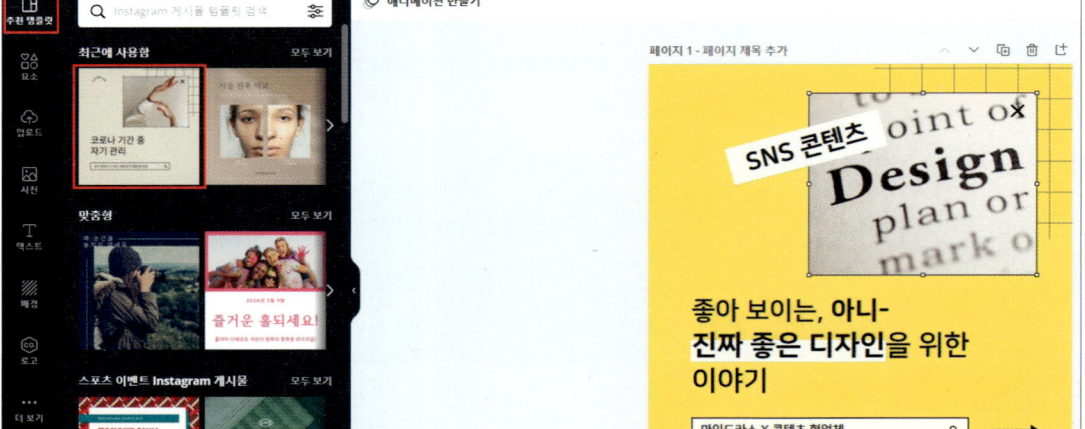

캔바 템플릿을 활용한 제목 장 디자인

기획을 통해 도출한 콘셉트와 적합하거나 자신의 콘텐츠와 어울리는 템플릿을 찾아보고 활용하는 것도 방법이다. 좌측의 캔바 템플릿을 응용해서 디자인 강의 카드뉴스의 제목 장을 디자인했다.

카드뉴스 디자인하기

1 전체적인 어울림을 고려하고 일관성을 유지하며 변화 주기

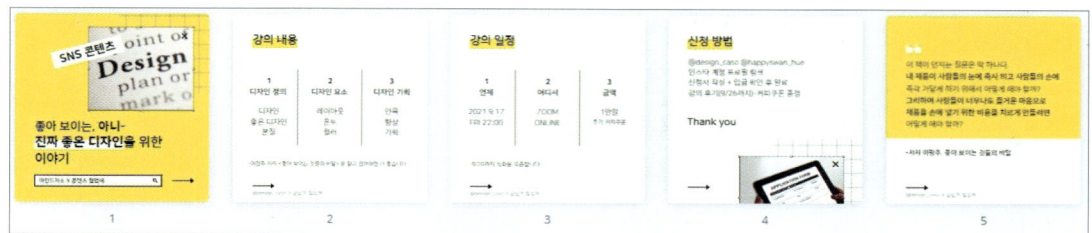

강의 홍보 카드뉴스

카드뉴스 제목 장의 첫 페이지와 마지막 페이지의 디자인은 특색 있게 다르게 해도 좋지만, 내용 장은 다양하게 작업하는 것보다 큰 레이아웃을 하나 결정하고, 복사해서 통일성 있게 만들어야 전체적으로 일관성 있어 보인다. 물론 세부적인 디자인은 내용에 따라 약간의 변화가 있어도 무방하다.

2 핵심 내용이나 흥미를 끄는 내용을 앞에 배치하기

카드뉴스는 전체적인 흐름이 중요하다. 소비자가 다음 페이지를 궁금해하며 넘기도록 구성해야 하고, 맨 마지막에는 홍보하려는 사이트나 콘텐츠와 관련된 문구로 마무리한다.

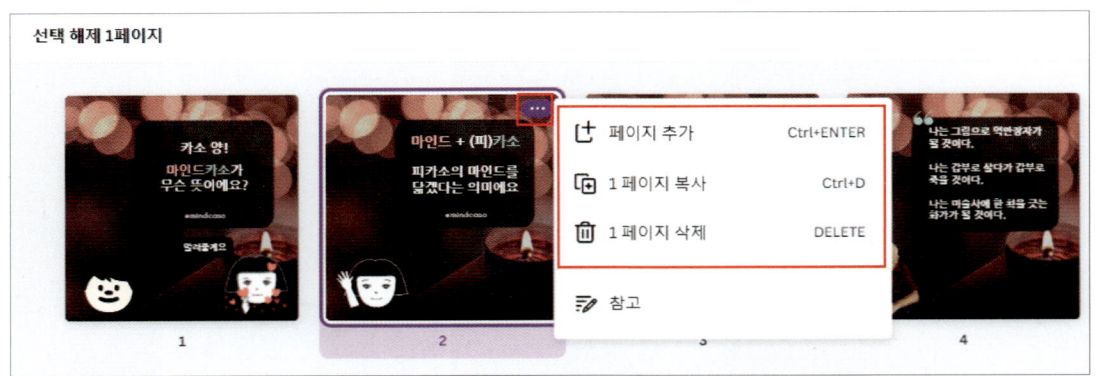

그리드 뷰 페이지 설정

캔바 작업 페이지 하단의 그리드 뷰로 전체적인 내용의 흐름과 디자인의 어울림을 파악하면서 작업하자. 그리드 뷰에서 우측 상단의 점 3개 아이콘을 클릭해서 페이지를 추가하거나 복사 또는 삭제할 수 있고, 위치를 바꿔 줄 수도 있다.

③ 카드뉴스는 4~8장으로 구성하기

카드뉴스가 너무 짧으면 내용을 전달하기 어렵고, 길면 늘어지고 지루해지므로 적절한 페이지로 구성하는 것 또한 중요하다. 최대 10장 내로 마무리한다.

④ 한 페이지에 한 가지 주제만 담기

한 장에 지나치게 많은 내용을 담으면 눈에 띄지 않으므로 한 가지 주제로 간결하게 쓴다. 여백이 있어야 강조된다는 것을 기억하자.

⑤ 처음부터 끝까지 통일감 있게 컬러 사용하기

컬러가 주는 느낌과 분위기를 미리 계획해서 일관성 있게 디자인하면 완성도가 더욱 높아진다. [챕터 1-3. 끌리는 디자인을 위한 3가지 기본 요소] 중 '컬러' 부분을 참조하자.

 **프레젠테이션 템플릿도 살펴보자**

카드뉴스는 SNS에서 보여주는 작은 프레젠테이션이기도 하다. 프레젠테이션 템플릿 중에서 레이아웃에 활용할 만한 것이 있는 것이 살펴보자.

캔바 프레젠테이션

좌측의 프레젠테이션 템플릿을 응용해서 우측의 카드뉴스 제목 장을 디자인했다. 다양한 주제의 템플릿을 살펴 보면 만들려는 콘텐츠에 어울리는 요소를 발견할 수 있다.

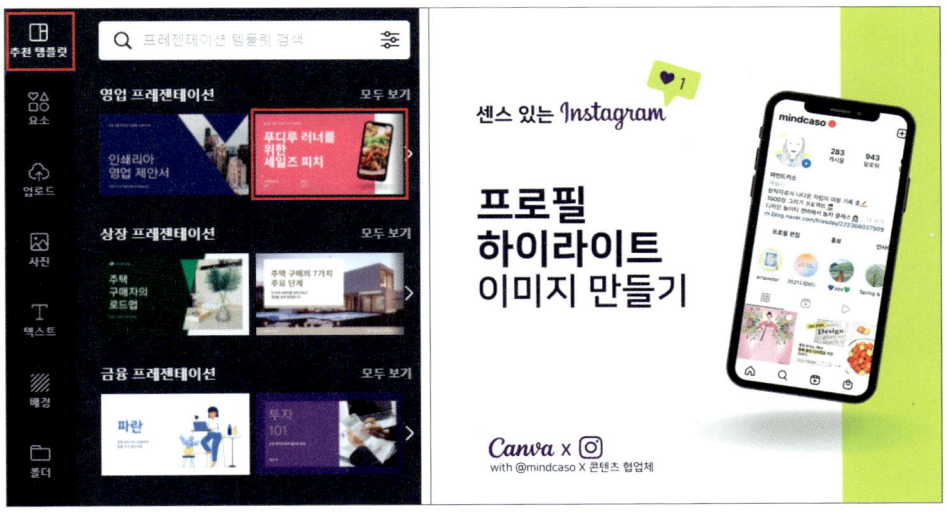

캔바 프레젠테이션 템플릿

① 일러스트 알아보기

일러스트는 목적이 있는 그림 형태로 포스터, 책, 광고, 잡지, 전단지, 게임, 영화 등 다양한 영역에서 활용되고 있다. 콘셉트의 의미를 전달하거나 내용을 보다 쉽게 설명하는 역할을 한다.

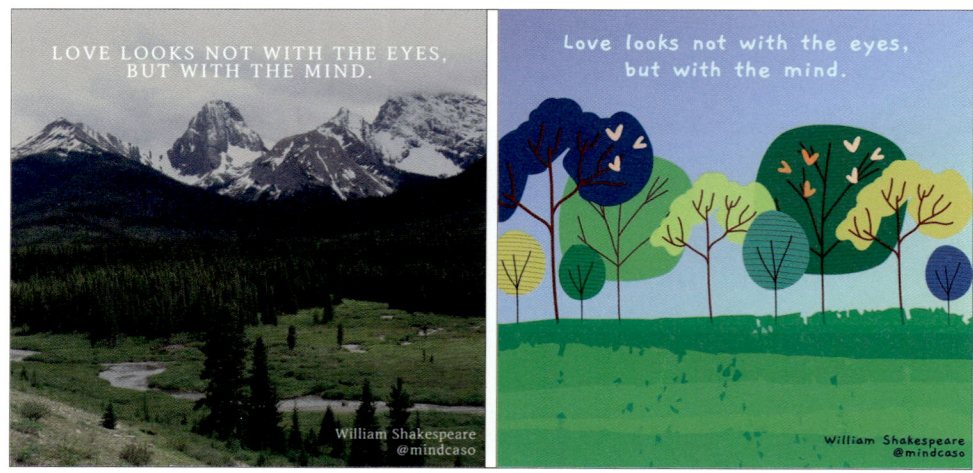

같은 내용이지만 일러스트와 사진이 주는 다른 느낌

예를 들어, 위의 'Love looks not with the eyes, but with the mind'라는 문구를 넣은 일러스트 이미지는 사진으로 표현한 것과는 느낌이 다르다.

클래스 진행 메시지 카드

클래스의 진행 과정을 메일이나 게시글로 올릴 수도 있지만, 일러스트 메시지 카드를 디자인해서 전달하니 분위기가 좀 더 유연해지는 것을 느낄 수 있었다. 이와 같이 사진은 사실적이고 신빙성을 준다면 일러스트는 따뜻함과 친근함을 준다. 또한 다양한 표현이 가능하여 상상력을 자극하고, 스타일과 컬러로 풍부한 느낌을 전달할 수 있다는 장점이 있다. SNS 콘텐츠 디자인을 할 때, 일러스트를 활용하면 색다른 감성과 분위기를 전할 수 있으니 상황에 맞게 활용해 보자.

② 캔바에서 일러스트 디자인하는 방법

캔바에서 작업한 일러스트

캔바는 그래픽을 하나하나 그리는 프로그램이 아니라 제공하는 요소 혹은 업로드한 것을 새롭게 연출하고 편집하는 플랫폼이다. 이것을 기억하면 쉽고 재미있게 일러스트 이미지를 만들 수 있다. 즉, 캔바에서의 일러스트는 상상하고, 선택하고, 편집하는 작업이다.

어떻게 상상할까?

상상이란 실제로 경험하지 않은 현상이나 사물에 대하여 마음 속으로 그려보는 일이라고 정의한다. 캔바에서 일러스트를 작업하기 위해서는 네모를 네모로 보지 않고, 하트를 하트로만 보지 않는 상상력이 필요하다. 관념적인 정의가 아닌 이게 뭘까? 이걸 어떻게 써볼까? 생각을 해본다. 철학자 최진석은 〈인간이 그리는 무늬〉에서 "새로운 유용성이란 기존에 있었던 관념이 아닌 나만의 무언가로 활용할 때, 여기에서 창조와 창의가 이루어진다."라고 설명했다.

예를 들어, 하트라는 요소를 일반적인 사랑으로만 생각하면 표현할 수 있는 것이 한정된다. 하트를 뒤집어도 보고 반으로 나눠도 보는 등 다른 모양을 상상하고 마음 속으로 그려 본다면, 하트를 거꾸로 해서 사람 머리카락으로 표현할 수도 있다. 나만의 관점을 통해서 새로운 형태가 만들어진 것이다.

캔바에서 작업한 일러스트

어떻게 선택할까?

다양한 키워드 검색

필요한 키워드 하나만 검색하고 끝내는 것이 아니라, 연관된 것들을 상상해서 다양하게 찾아보는 과정이 중요하다. 예를 들어 화분 그래픽이 필요하다면, 요소에서 화분 외에 꽃, 풀, 나무 등의 키워드로 최대한 많은 이미지를 검색한다. 그래야 자신이 표현하고자 하는 요소를 찾게 될 확률이 높아진다.

캔바에서 작업한 일러스트

같은 화분이라도 표현된 방식과 느낌이 다 다르다. 좌측 3개의 화분은 점묘법으로 같은 스타일인 반면, 우측 화분은 라인을 살렸다. 요소의 스타일이 비슷한 것들을 선택해야 더 안정적이고 완성도 높은 일러스트를 만들 수 있다.

어떻게 편집할까?

편집의 4가지 방법

요소를 확대하거나 축소하기, 반복하기, 투명도 조절하기, 컬러 변경하기 이 4가지 편집만으로 충분히 다양한 느낌을 표현할 수 있다.

캔바 일러스트

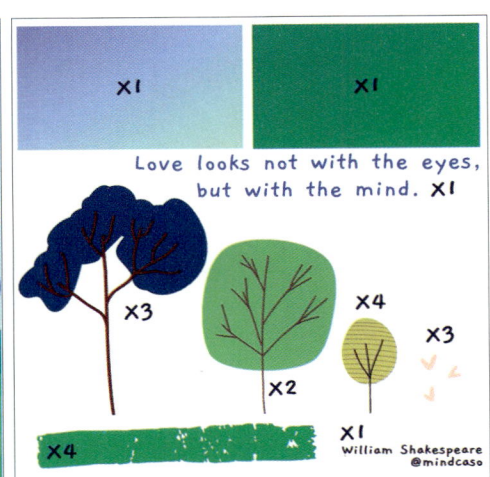

일러스트 요소들

위의 일러스트를 살펴보면 같은 나무가 반복되었지만, 크기가 달라지고 색을 다르게 선택했다. 하단의 풀밭은 붓 터치 형태의 요소를 확대해서 반복했고, 투명도를 조절하여 색이 서로 겹치도록 표현했다.

Lesson 04 | SNS의 첫인상이 되는 로고

1 로고 알아보기

로고는 회사나 브랜드를 사람들에게 인지시키는 중요한 시각적 요소이다. 로고를 단순하게 그림이나 모양이라고 생각하면 쉽게 만들 수도 있지만 로고에는 브랜드의 철학과 가치, 하는 일에 대한 의미를 담아야 한다. 그래야 소비자에게 설득력 있게 다가갈 수 있고, 지속할 힘을 발휘할 수 있기 때문이다.

로고의 종류

로고 디자인에는 다양한 스타일과 종류가 있다. 캔바에서 제공하는 로고 템플릿 유형을 4가지로 나누었으니 하나씩 살펴보고 자신의 콘텐츠나 브랜드, 제품과 어울리는 것을 선택해 보자.

1 **워드형**: 로고의 가장 기본이 되는 스타일로 텍스트로 심플하게 표현한 디자인이다.

워드형

2 **구상형**: 마크와 워드 조합 중 구상형은 구체적인 형태와 텍스트로 표현한 디자인이다.

구상형

3 **추상형**: 마크와 워드 조합 중 추상형은 개념이나 이미지를 도형화하거나 추상적인 형태를 텍스트와 조합해서 표현한 디자인이다.

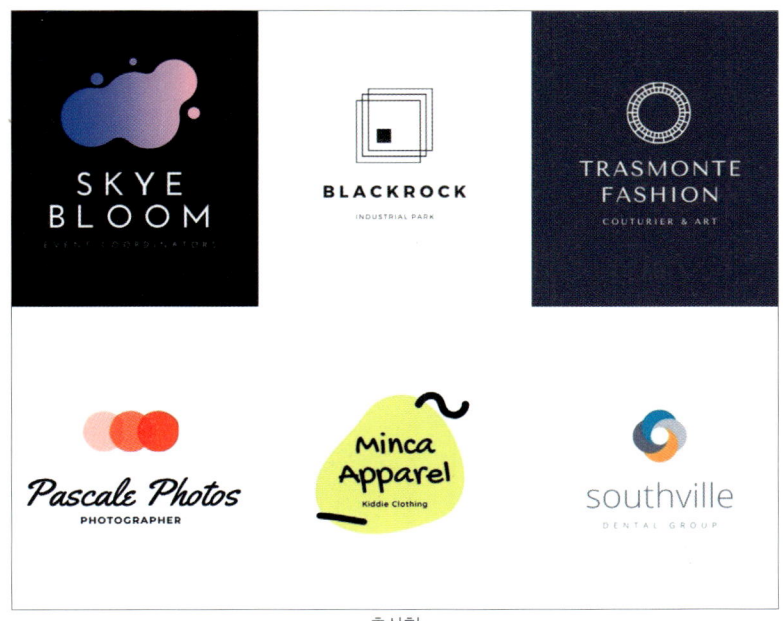

추상형

4 **엠블럼형**: 심벌, 워드마크, 텍스트를 도형으로 묶어서 하나의 마크 같은 형태로 표현한 디자인이다.

엠블럼형

로고 기획하는 법

1 **자신 혹은 자신의 브랜드, 상품, 서비스가 추구하는 방향을 텍스트로 정리하기**

컬러풀, 화려함, 편안함, 쿨, 오가닉, 친근함, 창의적, 차분함, 우아함, 아티스틱, 즐거움, 정직함, 자신감, 자유로움, 심플함, 신선함, 신뢰감, 새로움, 사랑스러움, 부드러움, 빈티지, 현대적, 밝음, 미니멀, 몽환적, 로맨틱, 레트로, 도전적, 따뜻함, 도시적, 대담함, 달콤함, 역동적인, 다정함, 긍정적, 건강함, 강함, 남성적, 중성적, 여성적, 모던한, 클래식한, 젊음, 성숙한…

키워드 선택하기

특징을 아는 것이 가장 중요하다. 자신이 하는 일 또는 파는 제품, 타깃, 강점과 차별성, 추구하는 가치 등을 스스로에게 묻고 생각해서 답을 써보자.

- 상호 또는 브랜드 명칭 / 닉네임(한글 혹은 영어)
- 제품이나 서비스, 브랜드의 특징 / 나의 특징
- 추구하는 키워드(위에서 정리한 내용을 바탕으로 자신의 서비스나 브랜드 혹은 자신에게 어울리는 단어를 3개 정도 선택)

2 키워드를 근거로 콘셉트 결정하기

콘셉트는 로고에 어떤 메시지를 담을 것인지를 한마디로 정리하는 것이다. '우리 제품, 브랜드 혹은 나는 어떤 특징을 갖고 있다'를 압축적으로 전달하기 위해 정하는 것이 콘셉트이다.

3 콘셉트를 바탕으로 시각화할 요소, 즉 캔바에서 검색할 키워드 도출하기

연관된 단어를 많이 뽑아낼수록 참고할 자료를 다양하게 찾을 수 있다. 자유롭게 떠오르는 단어를 써도 되고, 한 단어를 선택해서 연상되는 단어들로 확장시킬 수도 있다. (예: 꽃-꽃집-아름다움-꽃다발-선물-특별한 날-기분 좋음-행복-프로포즈-사랑-향기)

② 캔바에서 로고 디자인하는 방법

로고 템플릿

캔바는 디자인 편집 플랫폼이지 로고를 만드는 전문적인 디자인 툴은 아니다. 하지만 SNS를 시작하는 단계라면 캔바에서 부담 없이 나만의 로고를 만들어 보는 것도 괜찮다. 캔바의 로고 템플릿을 활용하여 꽃집 로고를 만들어 보자.

01 캔바의 로고 템플릿 검색 창에 도출한 키워드를 검색한다. 템플릿에서 구상한 디자인과 콘셉트가 비슷한 것을 찾았다면 비교적 쉽게 작업할 수 있을 것이고, 그렇지 않다면 약간의 어려움이 예상되기도 한다.

그래픽 프로그램을 통해서 직접 그리는 것이 아니고, 있는 요소들을 조합하고 편집해서 만들어야 하기 때문에 내가 원하는 요소가 없을 수도 있고, 유료일 수도 있으니, 조금은 유연하고 가벼운 마음가짐이 필요하다. 이때 앞에서 분류한 로고의 종류(워드형/구상형/추상형/엠블럼형) 중에서 자신의 콘셉트에 어울리는 로고 형태를 생각하면서 템플릿을 선택해 보자.

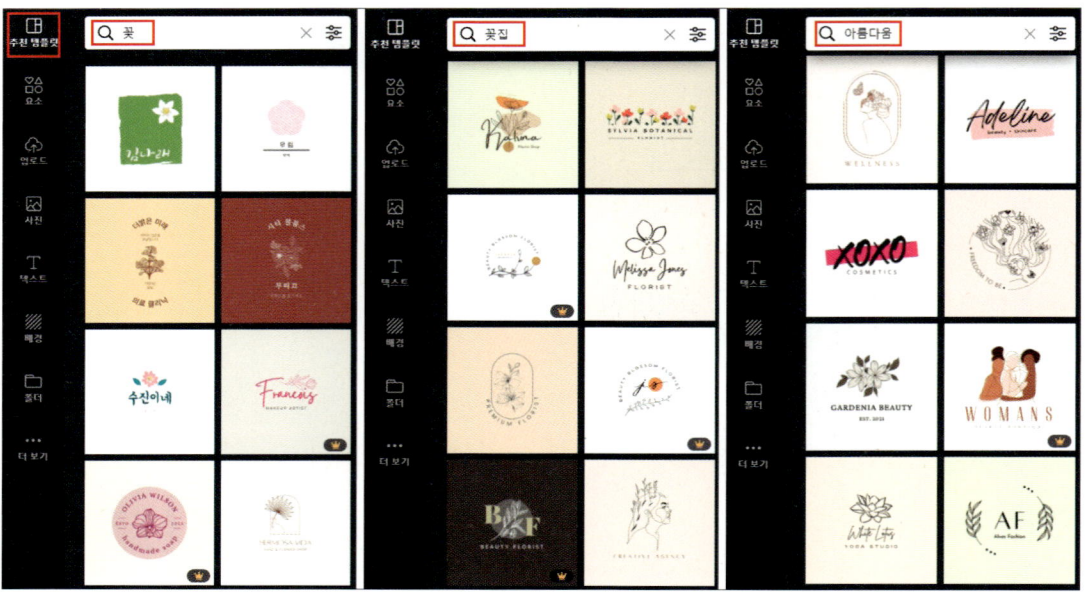

템플릿 검색하기 예

02 검색했을 때 마땅한 것이 없다면, 주제와 디자인에 상관없이 마음에 드는 로고 템플릿을 먼저 선택하고, 요소에서 그래픽을 바꿔볼 수도 있다. 예를 들면, 캔바에서 제공하는 부동산 로고 템플릿을 선택한다.

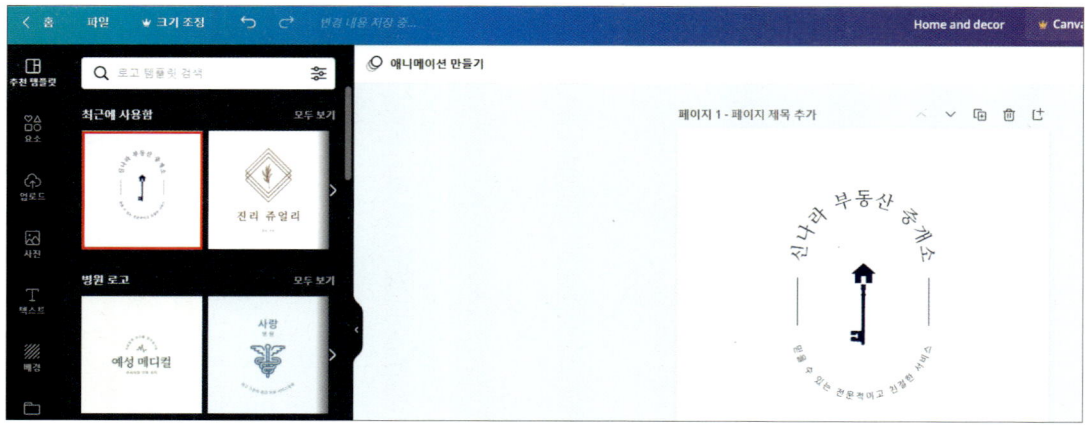

다른 주제 템플릿 선택

03 그 다음 가운데 집과 열쇠 부분을 꽃으로 바꾸고, 숍 이름과 관련 문구를 넣는다.

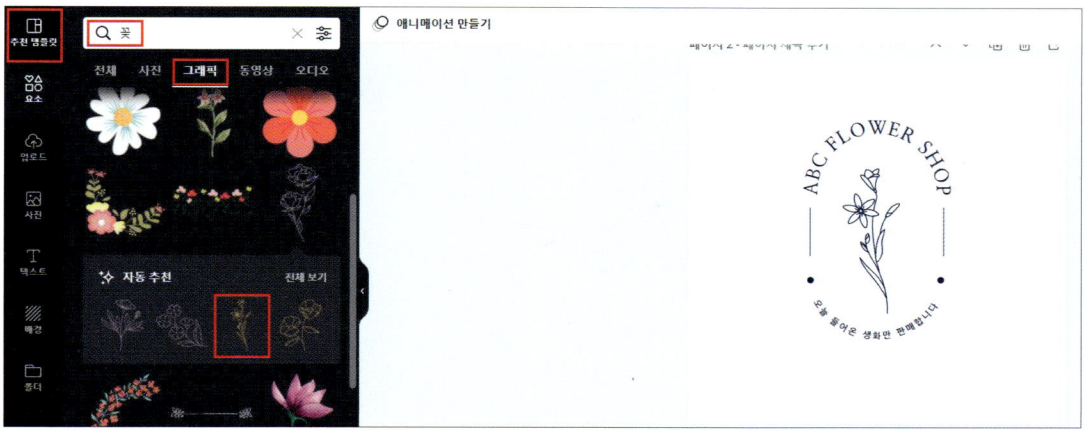

요소 바꾸기

04 콘셉트를 잊지 않으면서 요소들을 배치하고 편집하면서 컬러도 넣어보자.

아래쪽 빈 공간이 어색해서 작은 원을 넣고, 글자 간격도 조정해 주었다. 바탕은 연한 핑크, 로고는 꽃집과 어울리는 자주색으로 넣어 보았다. 정한 키워드와 콘셉트가 로고와 어울리는지, 선택한 요소와 컬러가 적합한지 지속적으로 검열하는 과정이 필요하다.

컬러 바꾸기

③ 캔바로 디자인한 로고의 저작권

캔바 템플릿에서 로고를 만들어서 저작권을 주장하거나 상표를 등록하는 것이 가능할까? 결론부터 말하자면, 불가능하다. 여러 번 언급했지만, 캔바는 동영상과 이미지를 편집하는 디자인 플랫폼이다. 저작권을 갖고 있는 다른 누군가가 작업한 요소를 활용해서 자신만의 감각으로 재조합하고 편집해서 새로운 이미지를 만드는 것이다.

로고 제작에 Canva의 템플릿 사용

Canva의 로고 템플릿은 사용자 지정 가능하며 누구나 사용할 수 있습니다. 즉 로고에 대한 권리는 **비독점적**이며 그 로고를 상표로 등록할 수 없습니다.

상표로 등록할 수 없다면 로고 템플릿을 사용할 이유가 있나요?

비즈니스를 이제 막 시작하여 독점권을 고려할 필요가 없다면, 로고 템플릿을 사용하는 것은 로고를 제작하는 훌륭한 방법이 됩니다.

고유한 로고를 디자인할 시간이나 예산이 없다면, 템플릿을 사용하는 것이 제품과 서비스에 맞는 기본적인 브랜드를 만드는 빠르고 쉬운 방법입니다.

저작권

캔바에서도 로고 템플릿을 활용해서 만든 로고와 상표에 대해서 위와 같이 설명하고 있다. 즉, 로고에 대한 권리는 비독점적이며 그 로고를 상표로 등록할 수 없다. 하지만 SNS를 시작하는 단계에서 SNS 프로필 영역에 올릴 목적으로 만드는 로고는 캔바에서 작업해도 무방하다.

독점권이 없는 상표, 사실상 의미 없다는 생각이 들거나, 고유한 저작권과 상표 등록권을 가져야 한다면, 캔바가 아니라 전문 디자인 프로그램에서 로고를 만들고 정식으로 상표를 등록해야 한다는 것을 기억하자.

MEMO

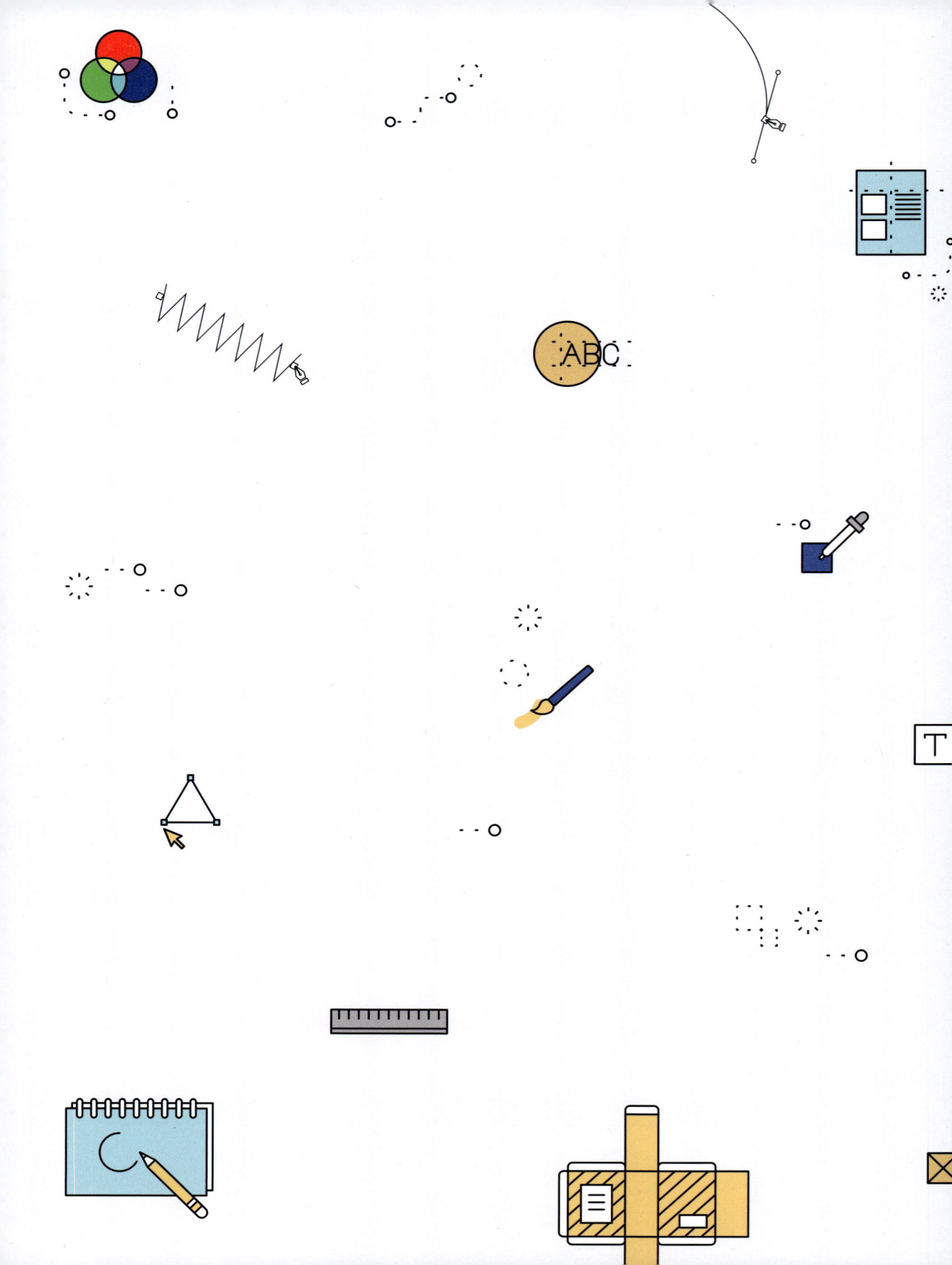

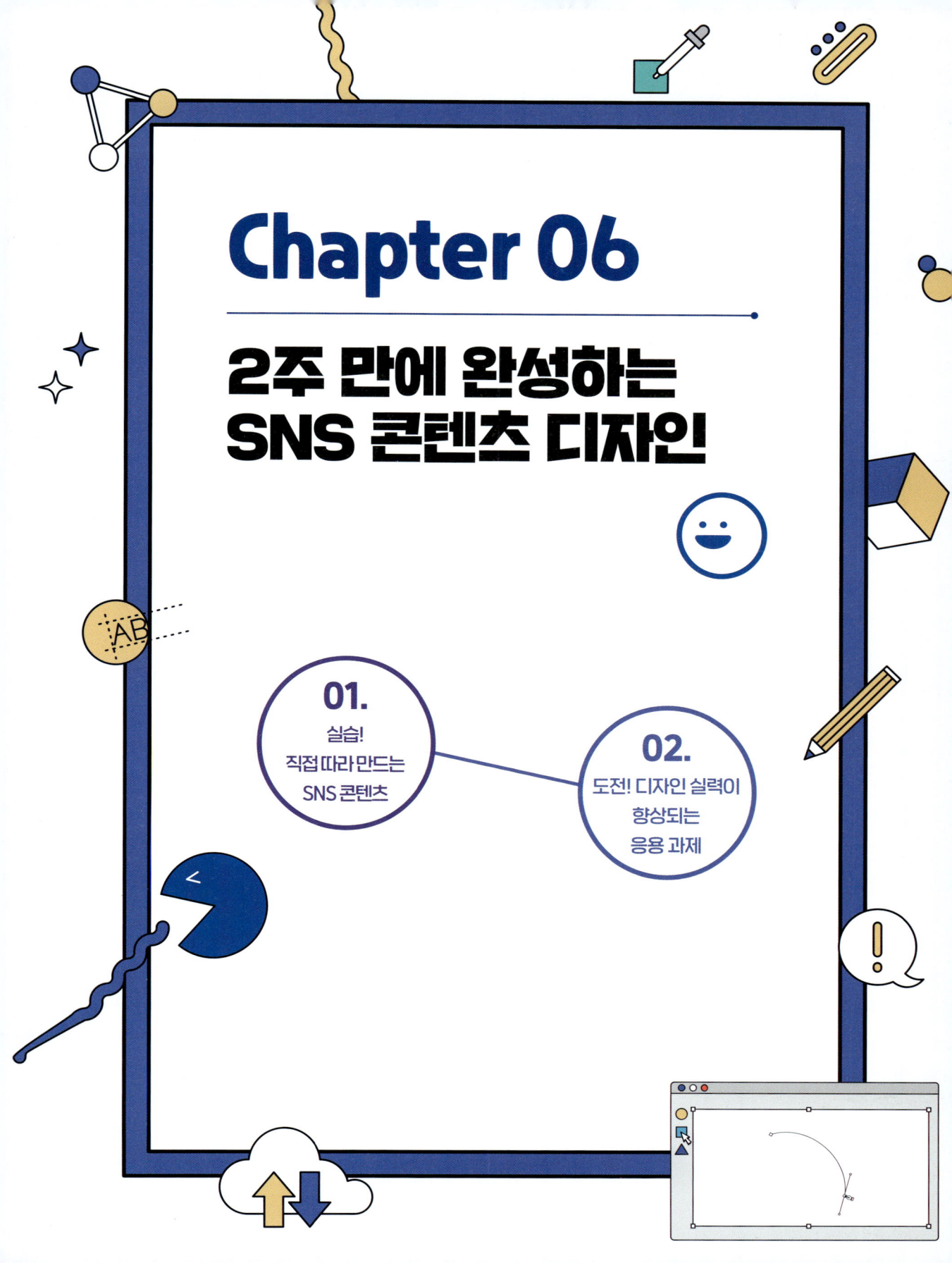

Lesson 01 | 실습! 직접 따라 만드는 SNS 콘텐츠

표현할 콘텐츠와 적합한 템플릿 디자인을 선택해서, '요소'에서 필요한 그래픽을 찾아보고, 자신의 사진도 업로드해 보는 등 지금까지 배운 것을 활용해서 이미지를 하나씩 만들어 보자.

1일차 ▌ 사실감 UP! 사진을 활용한 섬네일 디자인　　blog 블로그　 인스타그램

사진을 활용한 섬네일은 사실감을 높여주고, 정보를 이해하기 쉽게 전달한다. SNS에 자신의 콘텐츠 홍보나 이벤트 등 다양한 이미지로 사용되므로 여러 가지 템플릿을 활용해서 만들어 보자.

👆 결과물

맛집 리뷰 섬네일

🖐 디자인하기

01 캔바 메인 페이지에서 'Instagram 게시물'을 클릭해서 작업 페이지를 연다.

Instagram 게시물

02 좌측의 '추천 템플릿'에서 '음식' 키워드로 자신의 콘텐츠를 적용하면 괜찮을 것 같은 디자인을 선택한다. 이번 예시는 쌀국수 집을 리뷰하는 섬네일을 만들 예정이라서 비슷한 음식 템플릿을 응용했다.

추천 템플릿

03 템플릿의 사진은 Delete키로 삭제하고, '업로드 항목'에서 섬네일로 만들 사진을 캔바로 가져와서 보기 좋게 배치한다.

사진 업로드 및 배치

04 텍스트를 선택하고, 수정하기 쉽게 '그룹 해제'해 준다.

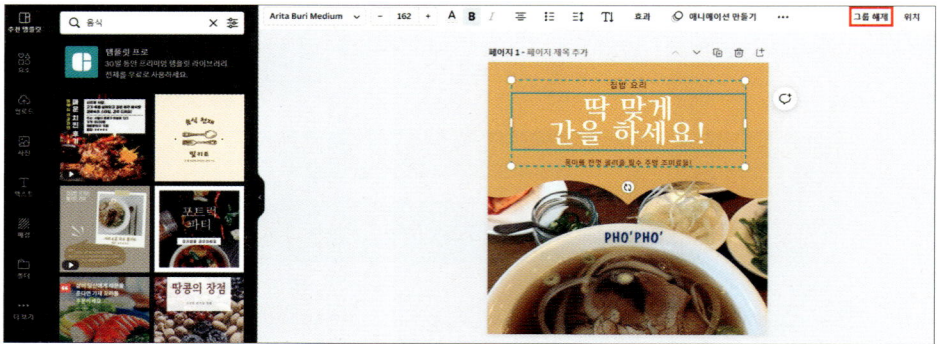

텍스트의 그룹 해제

05 불필요한 텍스트 박스는 삭제하고, 콘텐츠에 적합한 내용으로 수정한다. 글자의 크기와 폰트, 컬러 역시 읽는 사람을 고려하여 보기 편하게 바꾼다. 소제목과 주제목의 폰트를 다르게 디자인하면서 주제목의 크기를 키웠다. 소제목의 폰트는 더 또렷해 보이는 'Nanum Square Bold' 폰트로 변경하고 두께 'B'를 적용했다.

텍스트의 내용 변경

06 디자인 요소와 텍스트 등 전체적인 배치와 정렬을 살펴보면서 필요한 부분은 정리하고 수정한다.

정렬 맞추기

07 우측 상단의 '공유'로 들어가서 '다운로드'를 클릭한다.

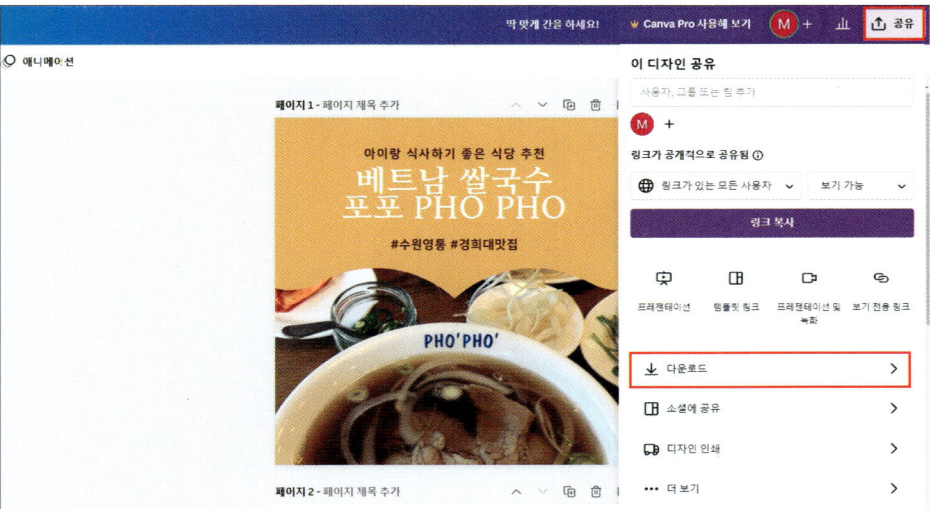

다운로드하기

08 파일 형식은 'PNG'로 설정하고 필요한 이미지를 선택한 다음, '완료' 후 '다운로드'한다.

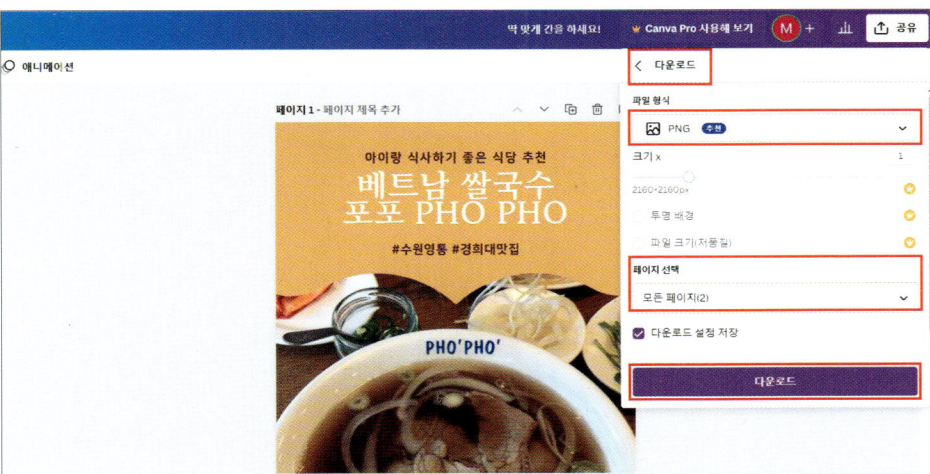

다운로드 설정

09 완성된 이미지는 SNS에 올려 보자.

2일차 : 센스 UP! 프레임을 활용한 섬네일 디자인　blog 블로그　📷 인스타그램

SNS 이미지를 제작할 때 네모난 사진을 얹는 것보다 요소의 프레임을 활용하면 감각적이고 시각적인 효과까지 함께 담을 수 있다. SNS에 강의를 안내하는 섬네일을 제작하면서 다른 주제의 템플릿 요소를 나의 작업 페이지에 가지고 오는 팁도 알아보자.

👆 결과물

강의 안내 섬네일

👆 디자인하기

01 캔바 메인 페이지에서 'Instagram 게시물'을 클릭해서 작업 페이지를 연다.

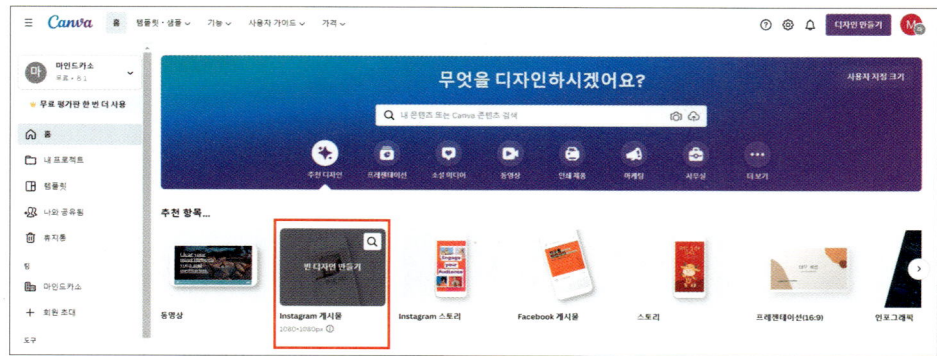

Instagram 게시물

02 캔바 메인 페이지의 '프레젠테이션(16:9)' 템플릿에서 사용할 디자인 요소를 갖고 오기 위해 작업 페이지를 연다.

프레젠테이션(16:9)

03 프레젠테이션의 추천 템플릿 중에서 프레임이 사용된 디자인 중 활용하면 좋을 것을 선택해서 작업 페이지에 불러온다. 필요한 요소인 휴대폰 프레임과 그림자, 흰색 도형을 선택한 뒤, Ctrl+C로 복사한다.

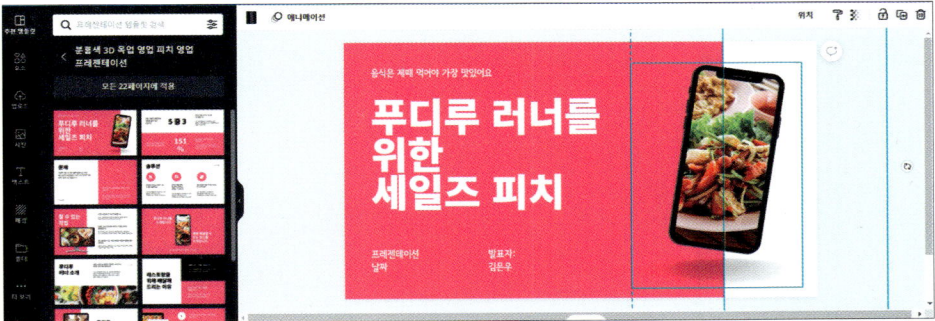

그래픽 요소 선택 후 복사

04 01에서 열어두었던, Instagram 게시물의 작업 페이지로 와서 Ctrl+V로 붙여넣기한다. 크기를 조정하고 위치를 잡은 뒤, 도형의 컬러까지 변경하였다.

그래픽 요소 붙여넣기

Chapter 06. 2주 만에 완성하는 SNS 콘텐츠 디자인 **162**

05 프레임 안에 사용할 사진을 '업로드 항목'에서 불러와서 변경한다.

사진 업로드 및 프레임에 넣기

06 텍스트에 콘텐츠와 적합한 내용을 담는다. 글자의 크기와 폰트, 컬러도 읽는 사람을 고려하여 보기 좋게 하고, 강조하고 싶은 단어는 컬러와 굵기의 변화를 준다.

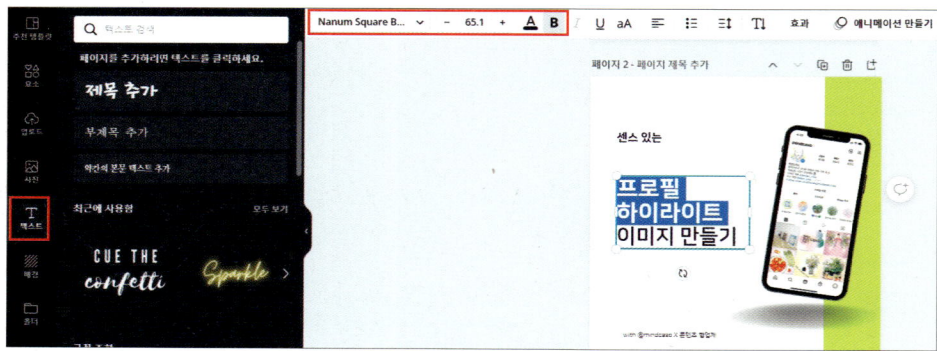

텍스트에서 내용 넣기

07 요소에서 콘텐츠와 어울리는 그래픽을 검색해서 적절하게 활용하면 더 이해가 쉽고, 보기에도 좋은 이미지를 만들 수 있다. 인스타그램에 관한 프로그램으로 '인스타그램'이라는 키워드로 활용할 요소를 선택해서 위치를 잡고, 전체적인 분위기와 어울리도록 컬러를 변경해 주었다.

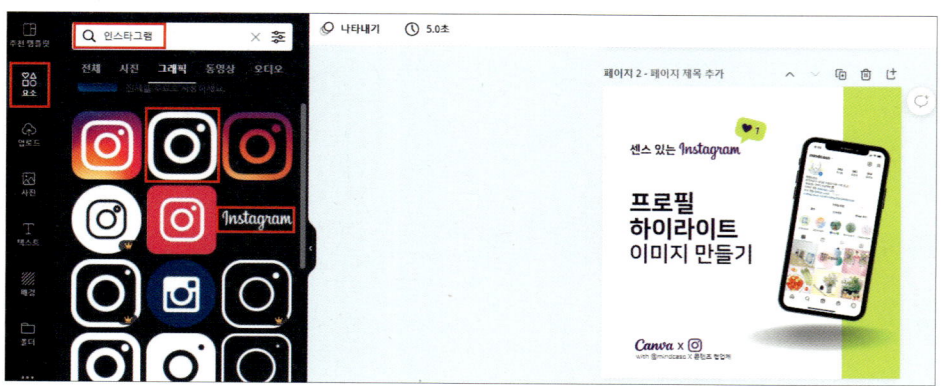

요소로 꾸미기

 **사용하고 싶은 요소가 유료라면?**

무료 버전의 요소를 조합해서 만들어 볼 수 있다. 예를 들면, 말풍선 안에 하트와 숫자 1이 있는 그래픽 요소가 유료인 경우, 요소에서 말풍선과 하트를 검색해서 무료 그래픽을 선택하고, 텍스트에서 숫자 1을 넣었다. 그리고 3가지를 모두 선택해서 그룹화하여 사용한다.

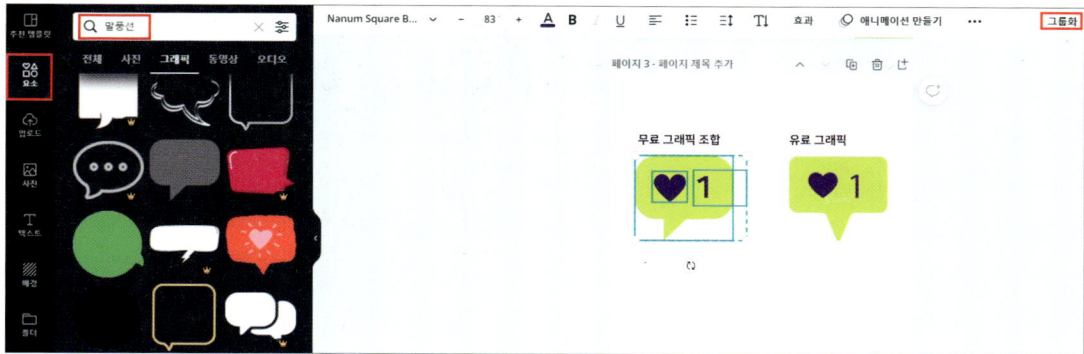

유료 요소를 무료 요소로 조합하여 대체하기

08 디자인 요소와 텍스트 등의 배치와 정렬을 전체적으로 살펴보면서 필요한 부분은 정리하고 수정한다.

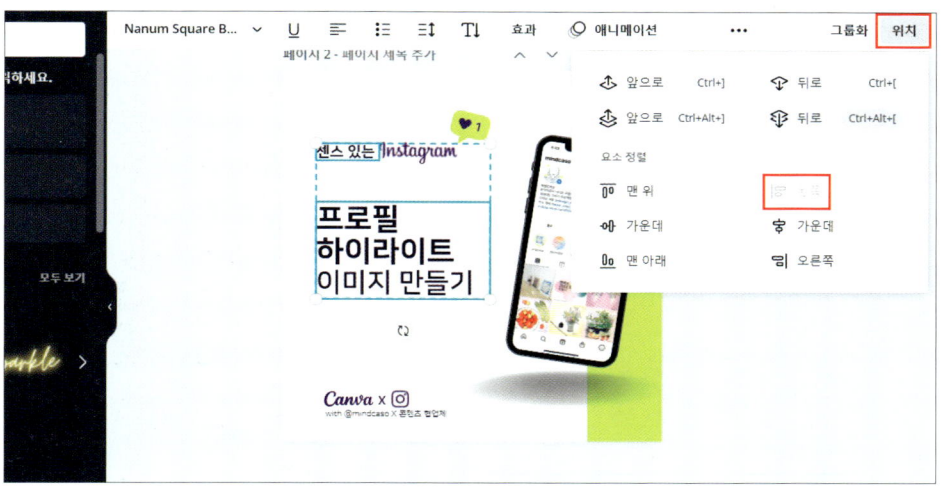

레이아웃 및 배치

09 '공유'로 들어가서 '다운로드'를 클릭한다.

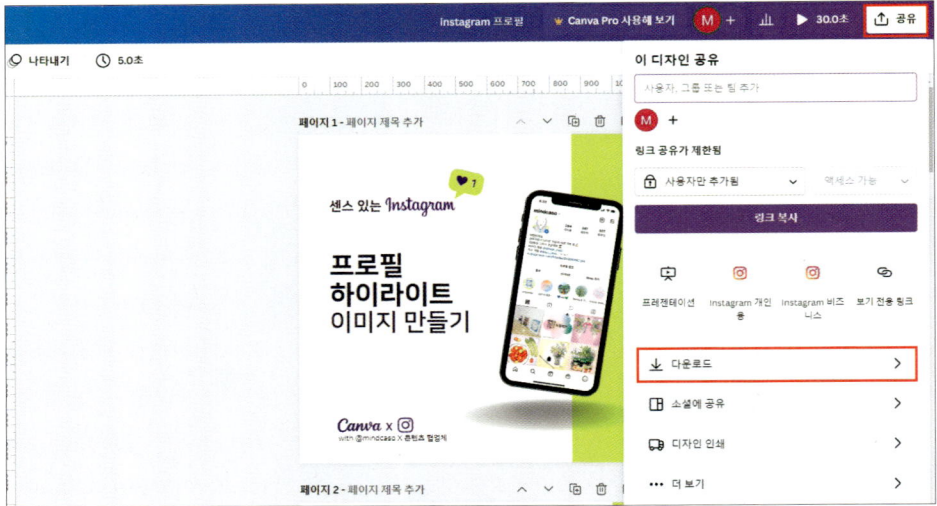

다운로드하기

10 파일 형식은 'PNG'로 설정하고 필요한 이미지를 선택한 다음, '완료' 후 '다운로드'한다.

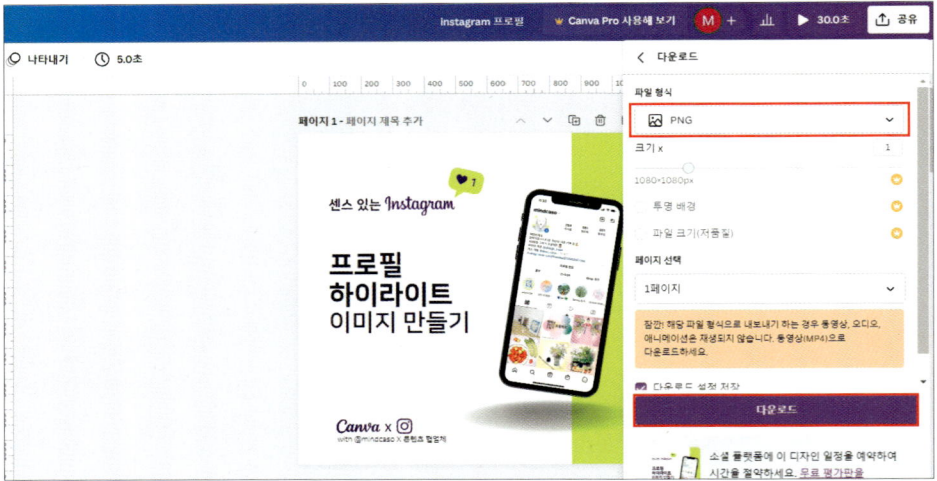

다운로드 설정

11 완성된 이미지는 SNS에 올려 보자.

3일차 : SNS의 기본 플랫폼, 블로그 상단 스킨 디자인 　blog 블로그

유튜브와 인스타그램 등 다양한 SNS 채널이 활성화되고 있지만, 네이버 포털 사이트를 무시할 수 없다. 자신의 콘텐츠가 검색될 수 있도록 기록하고 싶다면 블로그는 기본적으로 운영하는 것을 권한다.

블로그의 간판이 되는 상단 스킨을 디자인해 보자. 블로그의 주요 콘텐츠는 무엇이며, 나는 무엇을 하는 사람인지, 닉네임은 무엇인지 등을 담는다. 자신의 사진을 넣으면 신뢰도가 높아지는 효과가 있다.

결과물

블로그 상단 스킨

디자인하기

01 블로그의 상단 이미지로 활용 가능한 사이즈는 가로 966px, 세로 50~600px로 정해져 있다. 템플릿이 아닌, '사용자 지정 크기'를 클릭해서 사이즈를 지정해 준다. 만들어 볼 실습 이미지 크기를 가로 966px, 세로 300px로 설정하고 '새 디자인 만들기'를 클릭한다.

사용자 지정 크기

02 작업 페이지가 열리면, 우측의 '추천 템플릿'에서 지정한 크기에 적합한 다양한 디자인을 확인할 수 있다. 유료와 무료가 섞여 있으므로 찬찬히 살펴보면서 자신의 콘텐츠와 어울리는 디자인을 선택한다.

추천 템플릿

03 템플릿 디자인의 요소 중에서 유료 그래픽인 경우 선택했을 때, '워터마크 제거'라고 뜬다. 이럴 때에는 좌측 '요소'에서 '별' 혹은 '빛'과 같은 연관된 키워드를 검색해서 대체할 무료 그래픽 요소를 찾아서 변경한다.

유료 그래픽 요소 확인

유료 요소를 무료 요소로 대체하기

04 동그라미 프레임에 넣을 사진을 업로드해서 드래그 앤 드롭으로 넣는다.

업로드 및 프레임에 넣기

05 블로그에서 사용하는 자신의 닉네임과 다루고 있는 주제 또는 관심 있는 콘텐츠를 텍스트로 넣고, 글자의 크기와 폰트도 읽는 사람을 고려하여 보기 편하게 변경한다. 'mindcaso' 닉네임은 강조하고 싶어서 다른 폰트로 변경하고 크기도 크게 조정했다.

텍스트의 내용 변경

06 사진과 비슷한 톤으로 배색하여 자연스러운 분위기를 연출하고자 한다. '사진 색상'의 컬러를 참고하면서 변경한다. 그래픽 요소 및 텍스트 컬러 역시 하나하나 선택해서 바꿔 준다.

컬러 변경

 **요소에 투명도 적용하기**

그래픽 요소에 투명도를 주면 배경색이 비치면서 뒤로 물러나는 느낌을 준다. 사진을 강조하기 위해 영자 신문의 그래픽 요소에 투명도를 적용했다.

요소 투명도 적용

07 디자인 요소와 텍스트 등의 배치와 정렬을 전체적으로 살펴보면서 필요한 부분은 정리하고 수정한다.

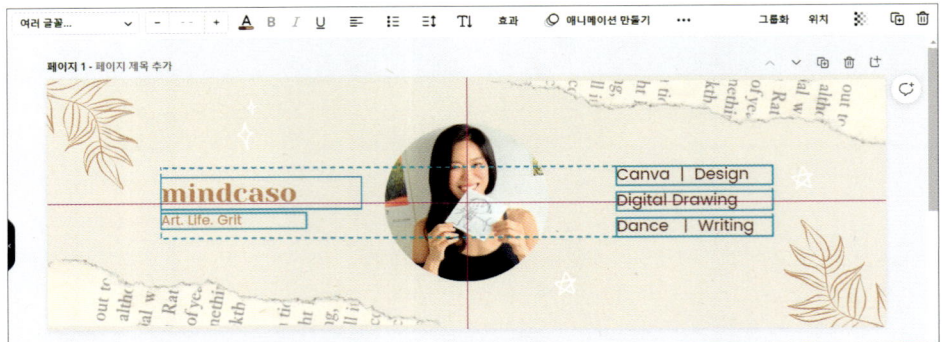

정렬 맞추기

08 우측 상단의 '공유'로 들어가서 '다운로드'를 클릭한다.

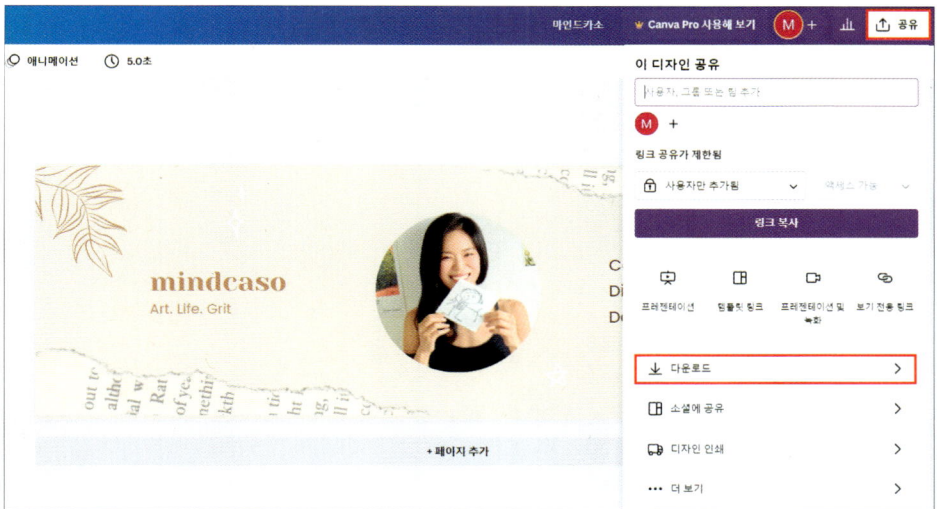

다운로드하기

09 파일 형식은 'PNG'로 설정하고, '다운로드'한다.

다운로드 설정

10 블로그 설정에서 상단 스킨 이미지를 완성 이미지로 변경한다.

4일차 | 감성 UP! 일러스트를 활용한 섬네일 디자인   blog 블로그 인스타그램

일러스트 이미지는 따뜻한 분위기를 연출하고 정보를 친근하게 전달한다. 인스타그램 피드를 따뜻하게 꾸미고 싶다면 일러스트 이미지를 활용해 보자.

결과물

일러스트를 활용한 공지사항 디자인

디자인하기

01 캔바 메인 페이지에서 'Instagram 게시물'을 클릭해서 작업 페이지를 연다.

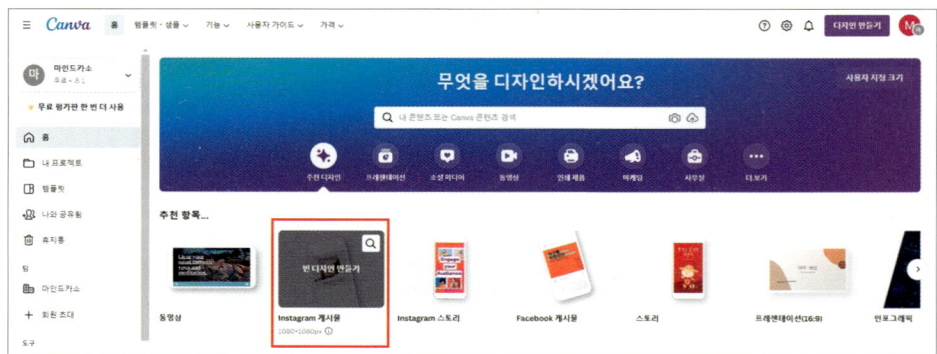

Instagram 게시물

02 요소에서 '그라데이션'을 검색해서 배경에 넣을 그래픽을 선택한다. 회전 툴로 그라데이션의 방향을 바꿔 주고 컬러칩에서 컬러도 변경해 준다.

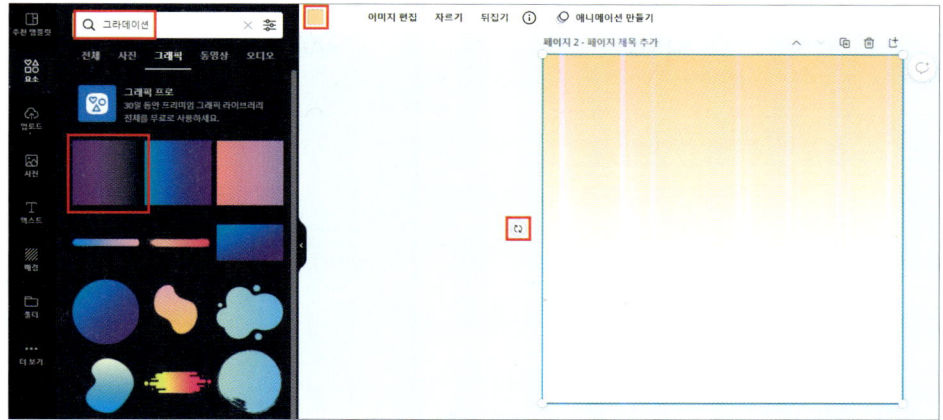

그라데이션 배경 선택

💙 TIP 배경 이미지에 자물쇠 기능 적용하기

배경으로 깐 그라데이션 도형은 자물쇠로 잠근다. 잠금 설정된 요소는 클릭해도 선택되지 않으므로 작업할 때 더욱 수월하다.

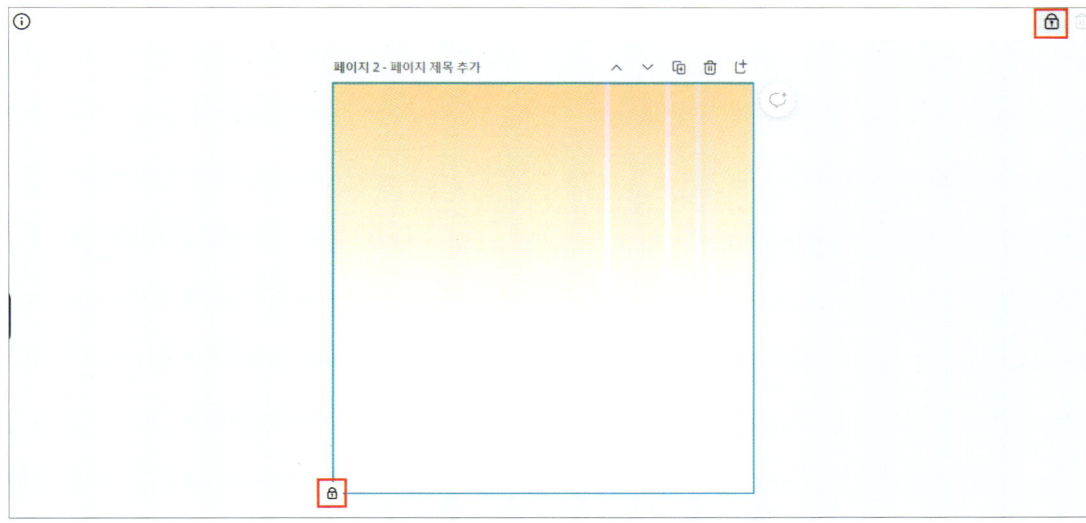

그라데이션 배경 잠금 기능

03 요소에서 그래픽 중 '간단하게 그린 물체' 폴더의 '모두 보기'로 들어가서 화병과 하단의 테이블로 활용할 그래픽 및 심플한 꽃과 잎사귀를 선택한다.

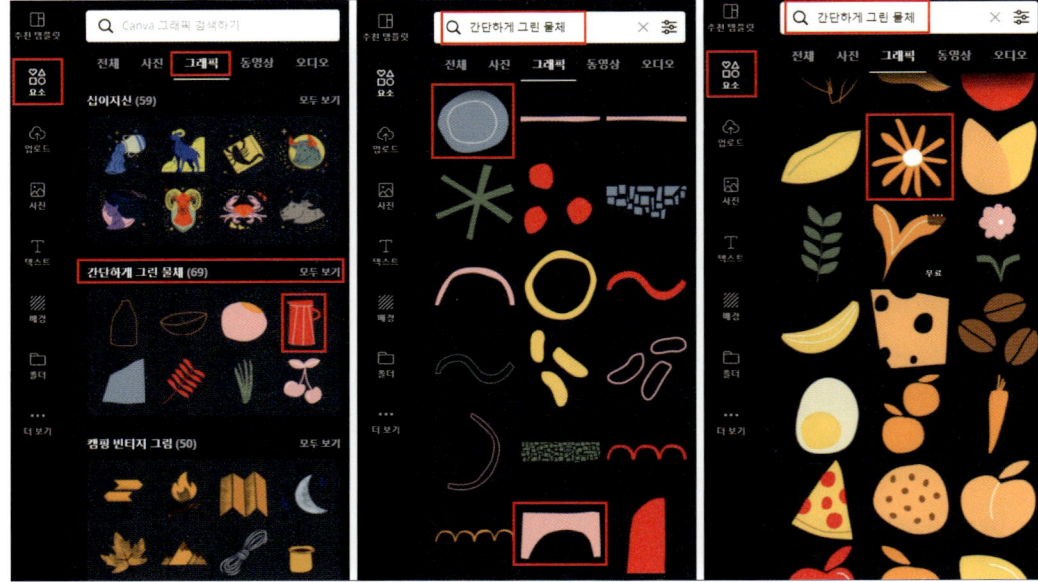

요소 선택

선택한 요소들

04 요소의 검색 창에서 'line'을 검색 후, 꽃대로 활용하기 적합한 그래픽을 선택해서 녹색 계열로 변경한다. 직선보다는 자연스러운 선으로 골랐다.

그래픽 요소 선택

05 안개꽃의 느낌을 주기 위해 '점'을 검색한 뒤, 전체적인 이미지와 어울리는 그래픽을 선택해서 흰색으로 변경한다.

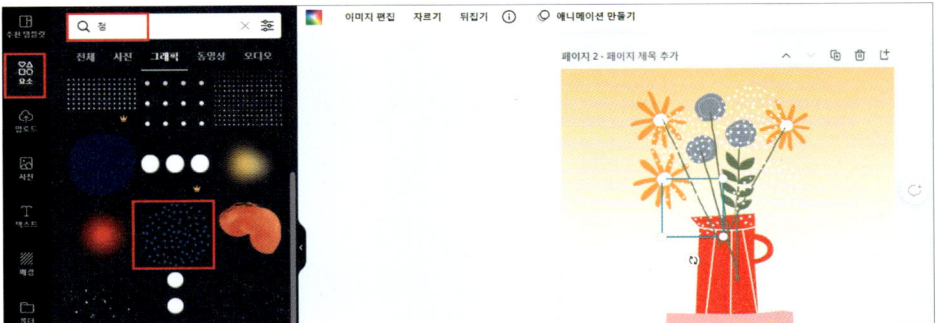

그래픽 요소 선택

06 요소의 검색창에서 '메모'를 선택하고, Ctrl+C로 하나 더 복사한다. 레이아웃을 고려하여 적당한 위치를 잡아 준다.

그래픽 요소 선택

07 텍스트로 콘텐츠의 내용을 추가했다. 메모 위에 쓴 듯한 느낌을 주기 위해 귀여운 손 글씨 느낌의 'Gamja Flower' 서체를 선택했다.

텍스트에서 내용 넣기

08 전체적인 분위기를 살피면서 그래픽 요소와 텍스트의 컬러를 통일감 있게 변경해 준다.

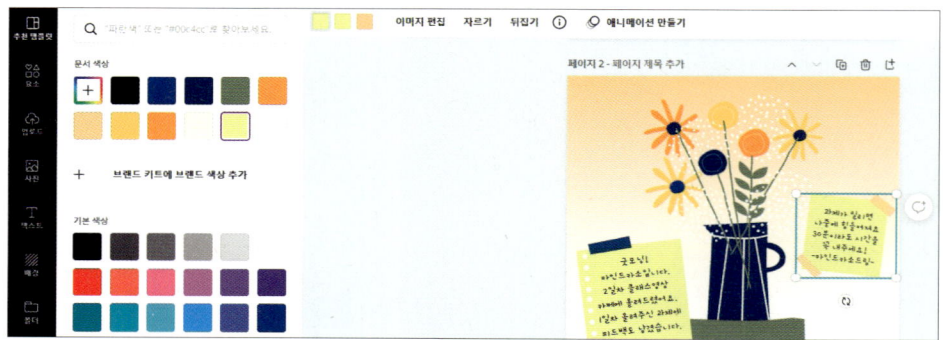

컬러 적용하기

♥ TIP 배경 그라데이션 투명도 주기

배경 투명도 주기

배경인 그라데이션의 자물쇠를 풀고 투명도를 높여 주면, 배경이 흐려지면서 이미지의 주제인 꽃이 더 선명하게 보이는 효과가 있다. 투명도를 준 다음 배경을 다시 자물쇠로 잠금하여 작업 효율성을 높인다.

09 꽃을 선보다 '앞으로' 올리고, 꽃병을 선보다 가장 '앞으로' 올려주는 등 전체적인 이미지의 깔끔함과 레이아웃, 균형을 고려하여 그래픽 요소의 위치를 잡고 크기를 조정한다. 또한 보기 좋게 정렬도 맞춰 준다.

요소의 크기와 위치, 정렬 맞추기

10 우측 상단의 '공유'로 들어가서 '다운로드'를 클릭한다.

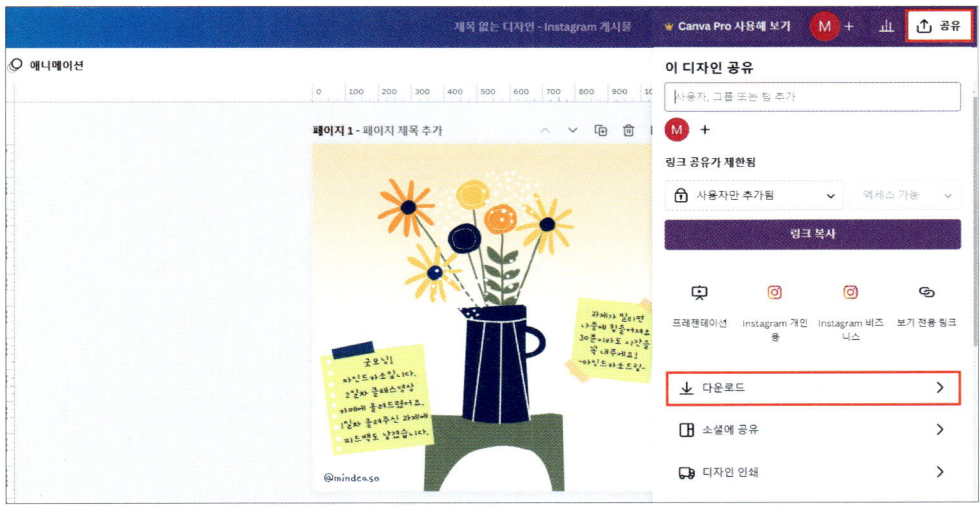

다운로드하기

11 파일 형식은 'PNG'로 설정하고 필요한 이미지를 선택한 다음, '완료' 후 '다운로드'한다.

다운로드 설정

12 완성된 이미지는 SNS에 올려 보자.

5일차 : 집중도 UP! 그래픽을 활용한 인스타그램 하이라이트 디자인   📷 인스타그램

인스타그램 프로필 아래에 있는 하이라이트 영역은 '저는 이런 것을 했습니다'를 보여주는 온라인 포트폴리오 또는 '앞으로 저는 이런 것을 할 겁니다'를 알리는 공지 게시판 같은 역할을 한다.

자신을 매력적으로 드러내고 사람들과 효과적으로 소통하기 위해서 디자인이 필요한 영역이다.

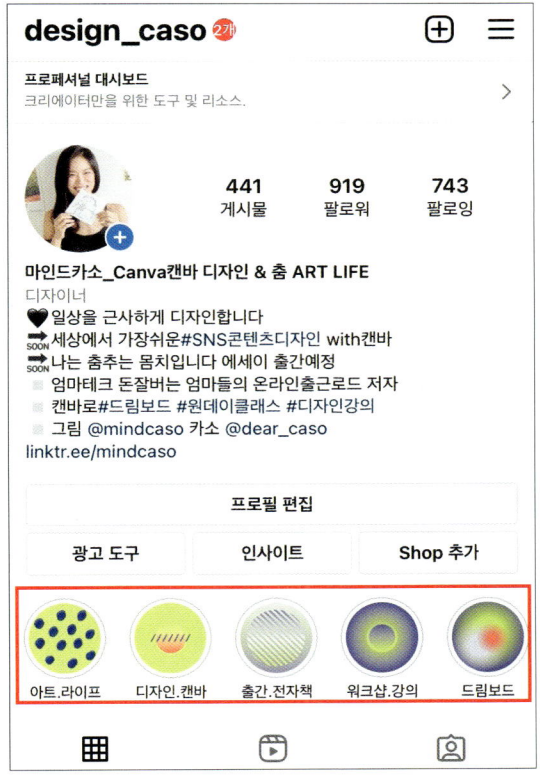

인스타그램 하이라이트 영역

👆 결과물

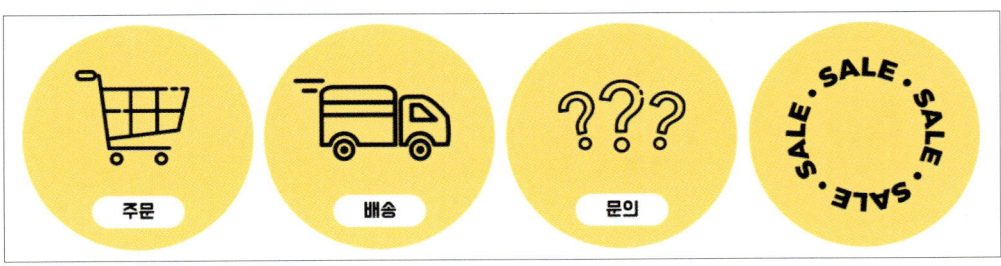

편집샵 '디자인 카소'의 인스타그램 하이라이트 커버

Chapter 06. 2주 만에 완성하는 SNS 콘텐츠 디자인 **178**

🖐 디자인하기

01 하이라이트 영역은 정사각형 원의 형태이므로 캔바 메인 페이지에서 'Instagram 게시물'을 클릭해서 작업 페이지를 연다.

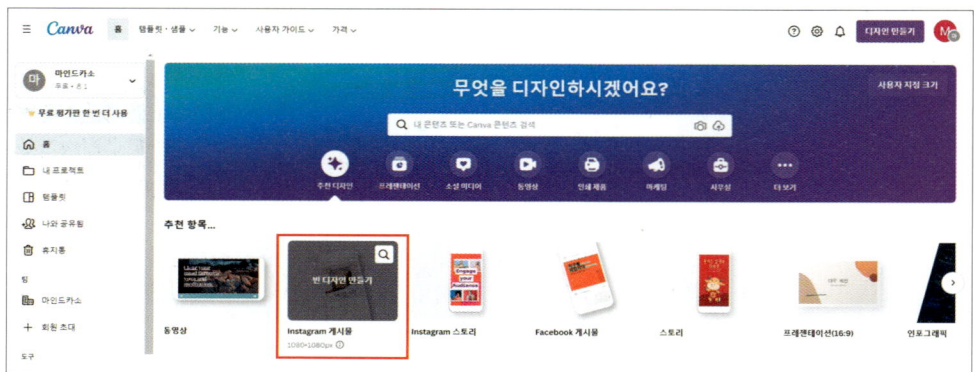

Instagram 게시물

02 좌측의 '요소'에서 원을 선택해서 작업 페이지의 상하좌우에 딱 맞도록 크기를 키워주고, 컬러는 긍정적이고 밝은 느낌의 노란색을 선택했다.

요소_원

03 좌측의 '요소'에서 '트럭'을 검색해서 그래픽을 선택했다. 수평 뒤집기, 검정색으로 변경 후 중앙에 배치했다. 적당한 그래픽이 없을 경우 [챕터 4-1. 픽토그램과 그래픽이 필요할 땐, Flaticon]에서 소개한 플랫아이콘에서 찾아보자.

요소_트럭

04 좌측의 '요소'에서 '라운드'를 검색해서 선택한 그래픽을 좌우 중앙 및 아래쪽에 배치했다.

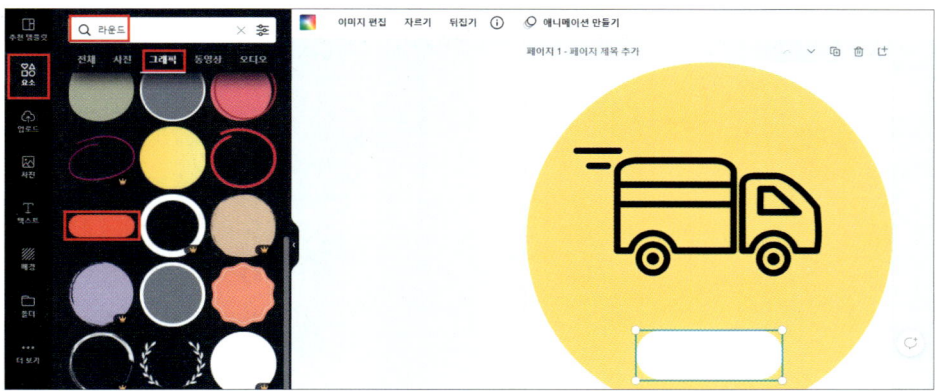

요소_타원

05 텍스트를 불러와서 '배송'이라고 입력하고 폰트는 'Dohyun'체로 변경하면서 글씨의 크기와 위치도 조정한다.

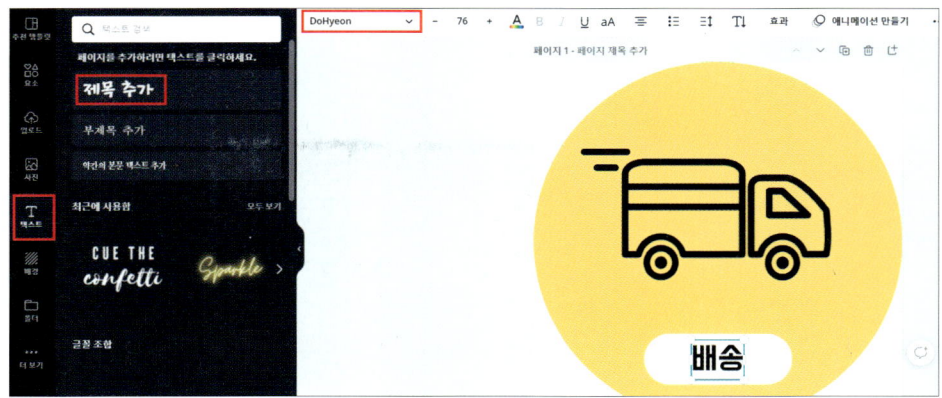

텍스트

06 하이라이트 커버가 필요한 수만큼 복사해서 커버 디자인을 한다.

페이지 복사

07 트럭 모양의 그래픽은 삭제한 다음, 좌측의 '요소'에서 '세일'을 검색해서 카트 모양을 선택하고 크기를 조정했다.

요소

08 텍스트 또한 그래픽에 적합한 '주문'으로 변경했다.

텍스트 변경

09 페이지를 하나 더 복사한다. 좌측의 '요소'에서 '물음표'를 검색해서 그래픽을 선택하고, 블랙으로 컬러를 변경한 뒤, 크기와 위치를 조정했다. 텍스트 역시 그래픽에 적합한 '문의'로 바꿨다.

요소 변경

10 마지막 하이라이트 커버는 변화와 통일감을 고려해서 하단의 타원을 삭제한 뒤, '요소'에서 '세일'을 검색하고 동그랗게 디자인된 세일 그래픽을 선택했다. 크기를 조정하고 상하좌우 중앙에 배치했다.

요소 변경

11 화면 우측 하단의 그리드 뷰 아이콘을 눌러 전체 디자인을 보면서, 자신의 인스타그램 계정의 하이라이트 커버에 적용하면 어떻게 보일지 상상해 보고 필요한 부분은 수정한다.

그리드 뷰

그리드 뷰

12 우측 상단의 '공유'로 들어가서 '다운로드'를 클릭한다.

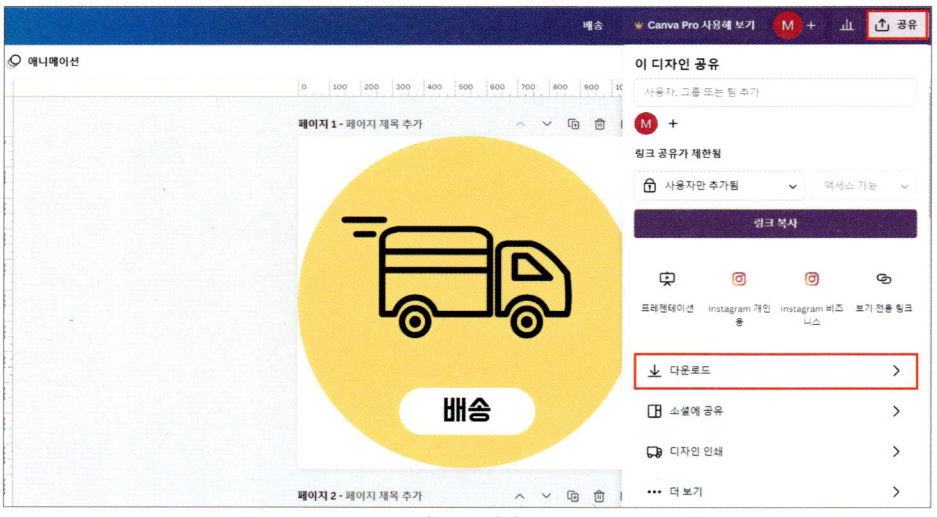

다운로드하기

13 파일 형식은 'PNG'로 설정하고, 필요한 이미지 4장을 모두 선택한 다음, '완료' 후 '다운로드'한다.

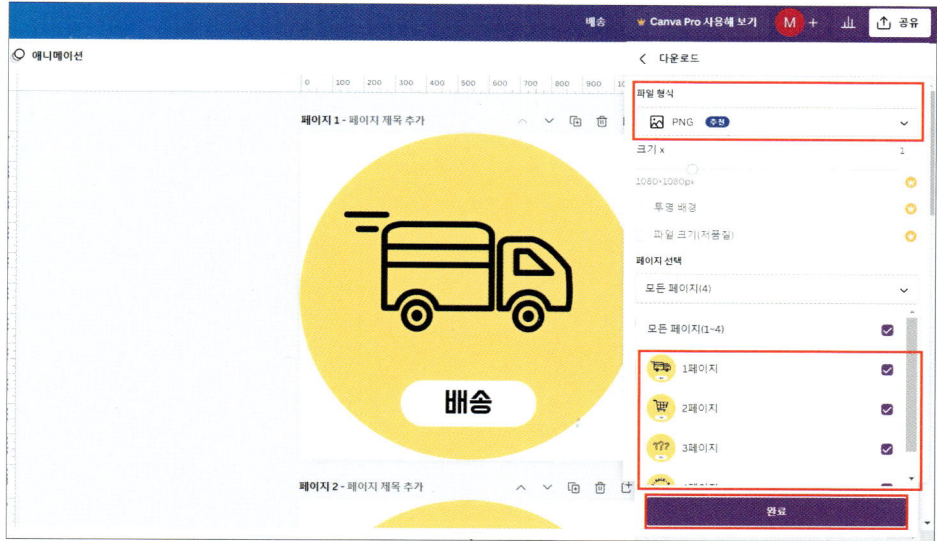

다운로드 설정

14 여러 장을 한번에 선택하면 압축 파일로 다운로드되므로 압축을 푼다. 인스타그램에서 하이라이트를 만들고, 완성된 이미지로 커버를 변경한다. 인스타그램에서 하이라이트 커버를 변경하는 방법은 인터넷에 검색하면 자세한 정보를 얻을 수 있다.

6일차 : 쏙쏙 넘겨보기 쉬운 인스타그램 카드뉴스 디자인   📷 인스타그램

카드뉴스 이미지는 SNS를 운영하면서 자신의 서비스 혹은 제품, 강의 등을 소개하고 홍보하는 데 효과적이다. 콘셉트와 기획이 탄탄하게 되어 있다면, 캔바로 어렵지 않게 만들 수 있으니 순서대로 하나씩 작업해 보자. 디자인 기획에 대한 설명은 [챕터 1-2. 디자인을 하기 전에 이것부터 하세요!], 카드뉴스에 대한 설명은 [챕터 5-2. 메시지를 전하는 카드뉴스] 부분을 참고하자.

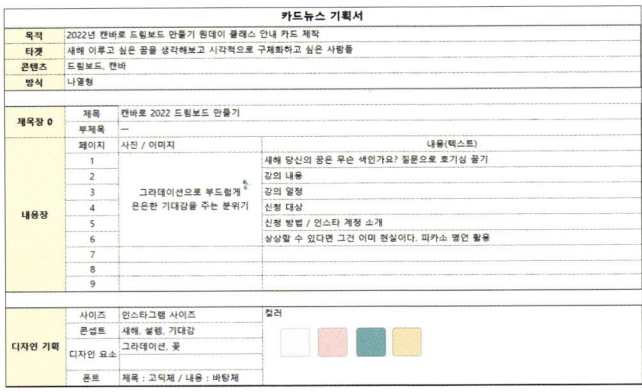

카드뉴스 기획서

👆 결과물

원데이 클래스 '캔바로 2022 드림보드 만들기'의 카드뉴스

디자인하기

01 캔바 메인 페이지에서 'Instagram 게시물'을 클릭해서 작업 페이지를 연다.

Instagram 게시물

02 좌측 '추천 템플릿'의 다양한 템플릿 중에서 자신의 콘텐츠를 담으면 어울릴 것 같은 디자인을 고른다. 예시는 '드림보드'라는 주제로 카드뉴스를 만들 예정이기에 부드럽고 설레는 느낌을 담고자 했다. 검색창에 '분홍색'이라는 키워드로 그라데이션된 꽃이 포인트인 템플릿을 선택했다.

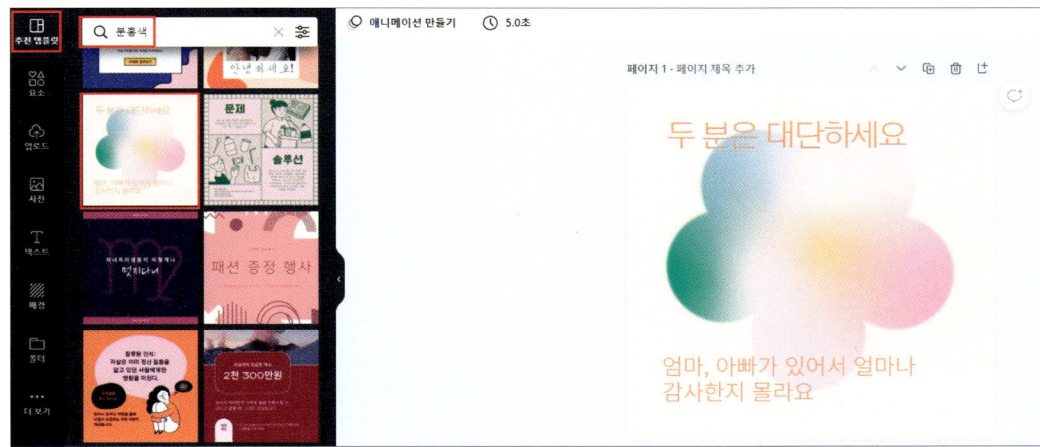

추천 템플릿

03 텍스트는 삭제하고, 배경 색은 아이보리보다 더 연한 보라색으로 변경했다. 꽃은 크기를 키우면서 방향을 틀었다.

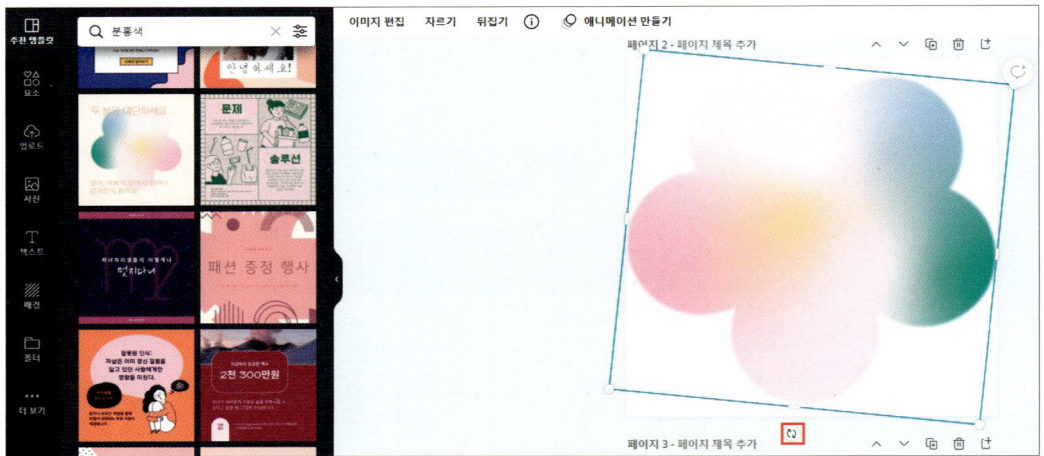

배경 이미지 정리

04 '요소'에서 '선 및 도형'의 직선을 하단에 넣어서 계정 넣을 곳과 제목이 강조될 곳을 구분했다. '선 스타일'에서 두께 조정이 가능하다.

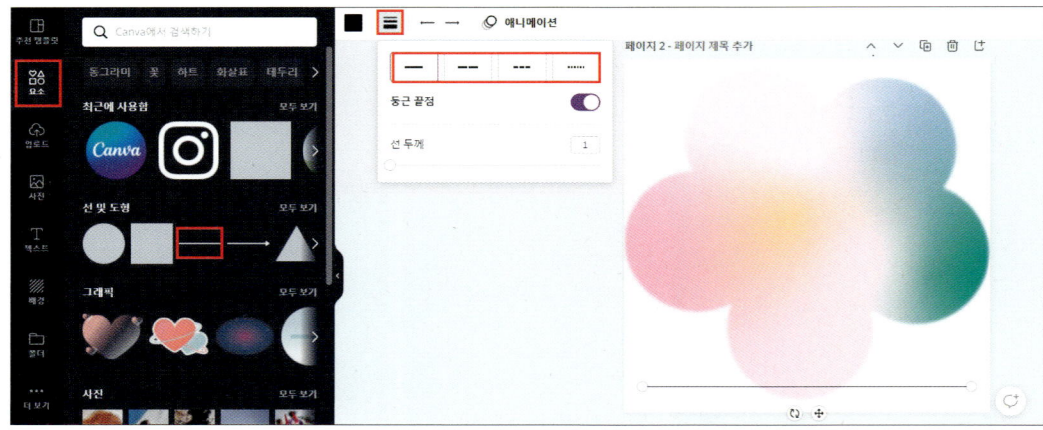

요소 넣기_선

05 캔바에서 드림보드를 만든다는 것을 나타내기 위해 'Canva'를 검색하여 적합한 그래픽을 찾아 이미지 상단에 추가하고 블랙 컬러로 변경하였다.

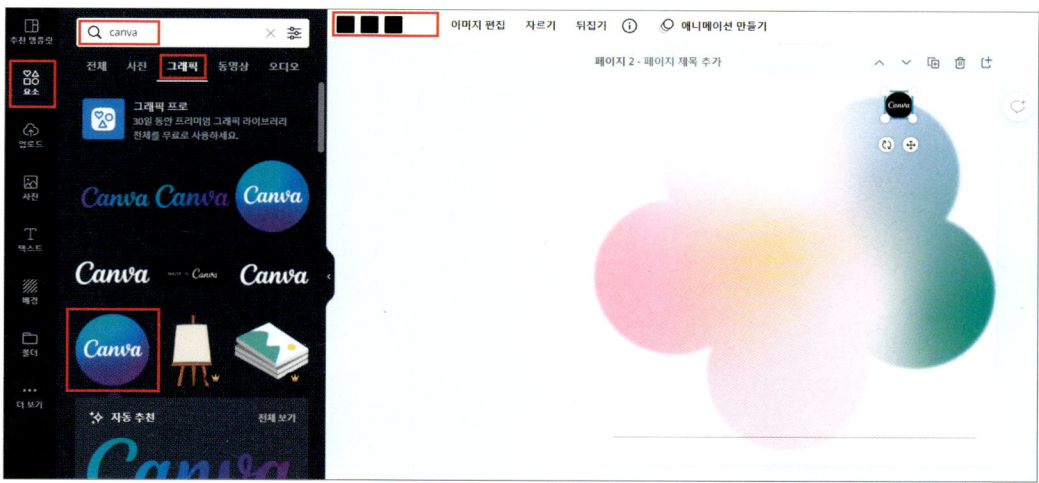

요소 넣기_그래픽

06 텍스트 박스를 불러와서 콘텐츠의 제목을 쓴다. 심플한 느낌의 폰트 'Nanum Square Bold'를 사용했고, 강조하고 싶은 단어는 크기를 키우고 볼드 효과(B)를 적용했다. 글자 '로'의 경우 텍스트 상자를 따로 분리하여 크기를 줄였다.

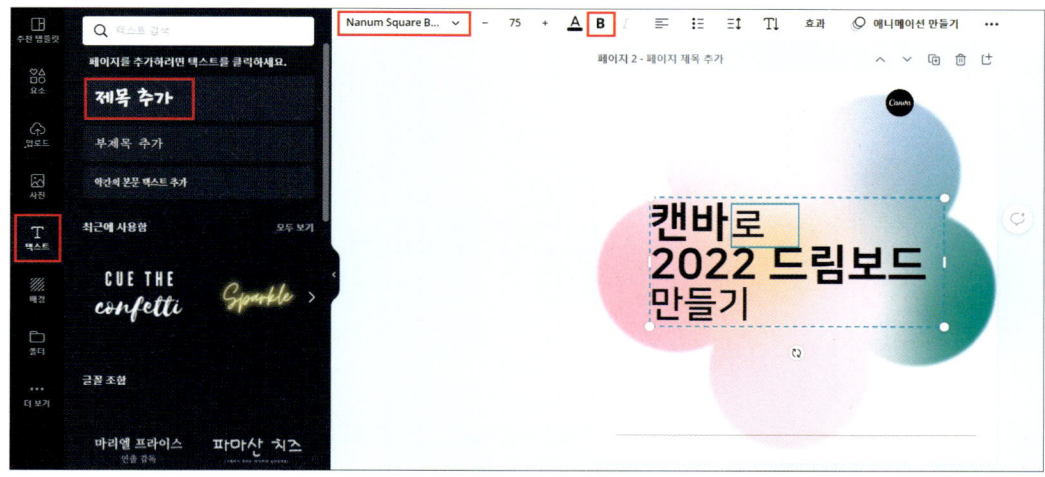

텍스트 제목 넣기

07 텍스트 박스를 불러와서 콘텐츠에 필요한 내용을 추가로 넣었다. 좌측 하단에는 인스타그램 계정을, 우측 상단에는 'Dreamboard'라고 쓰고, 크기와 굵기도 조정했다.

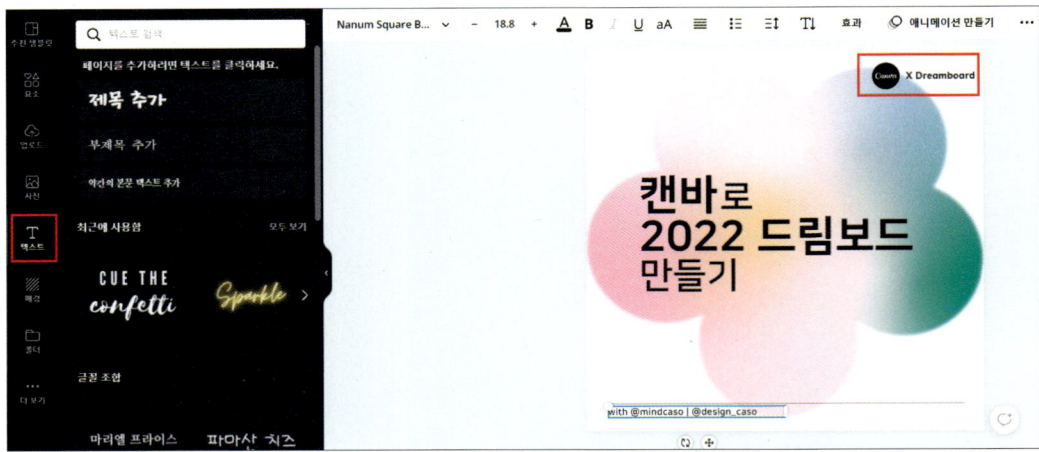

텍스트 넣기

08 디자인 요소와 텍스트 등의 배치와 정렬을 전체적으로 살펴보면서 필요한 부분은 정리하고 수정한다. 카드뉴스의 첫 번째 제목 장이 완성되었다.

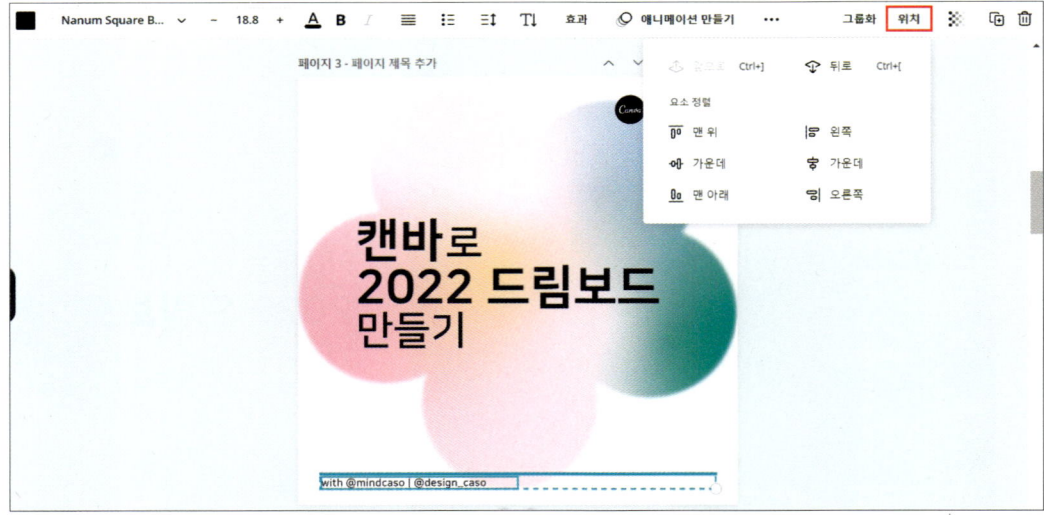

정렬 맞추기

09 '페이지 추가'를 클릭해서 내용 장 페이지를 추가한다.

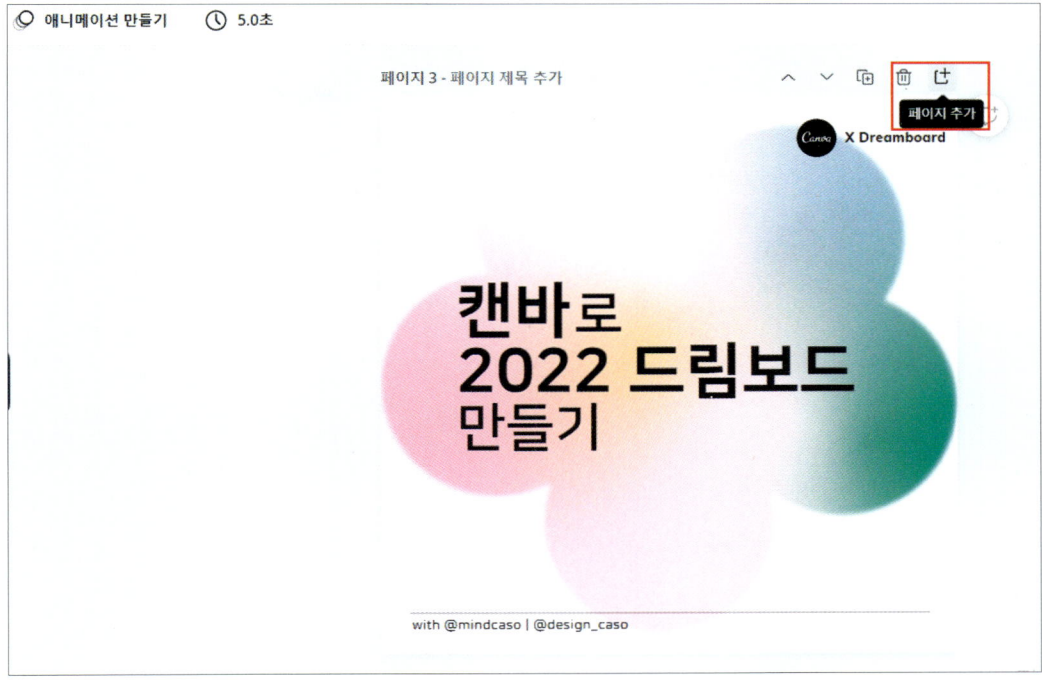

페이지 추가

10 '추천 템플릿'에서 내용 장으로 활용하기 적합한 템플릿을 살펴본다. 제목 장의 그라데이션 꽃과 어울리는 디자인을 선택했다.

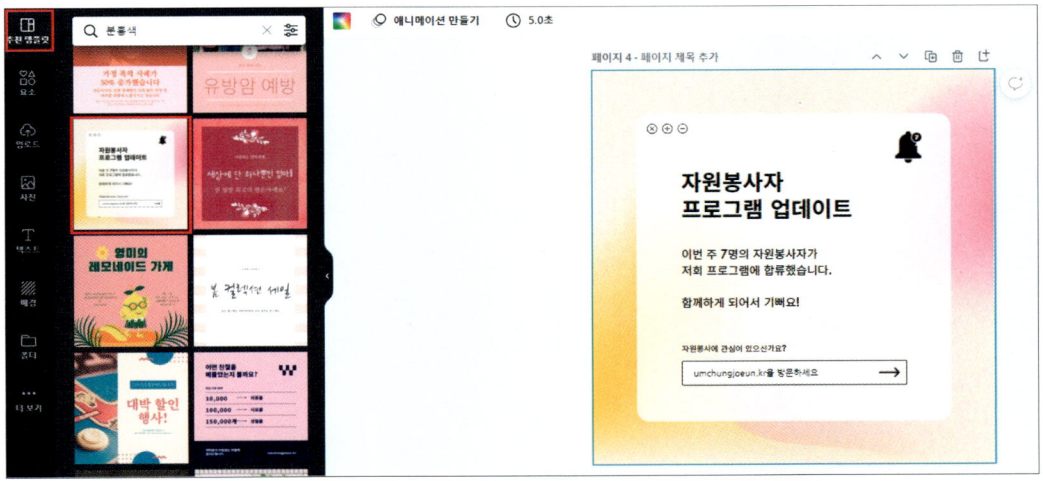

내용 장 템플릿 선택

11 제공하는 템플릿의 요소 중에서 활용할 것만 남기고 불필요한 것은 삭제한다.

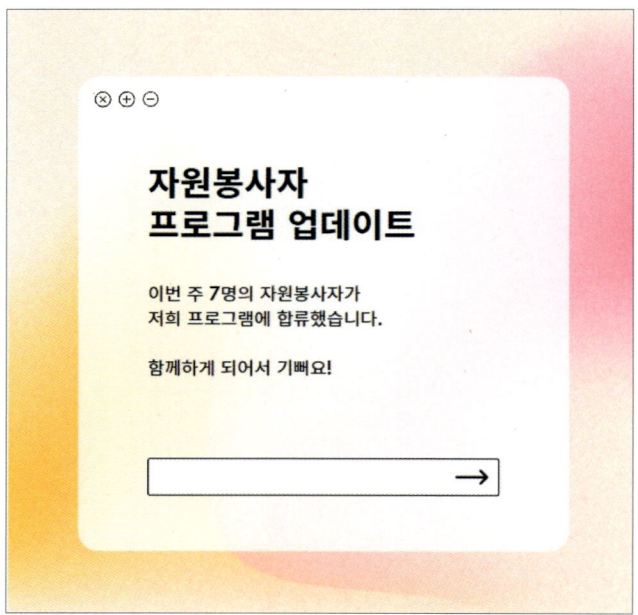

요소 정리 1

12 제목 장에 썼던 우측 상단의 'Canva X Dreamboard'와 하단에 인스타그램 계정을 쓴 with @mindcaso | @design_caso 텍스트는 Ctrl+C로 복사한 뒤 Ctrl+V로 붙여 넣고 적절한 곳에 배치해 주었다.

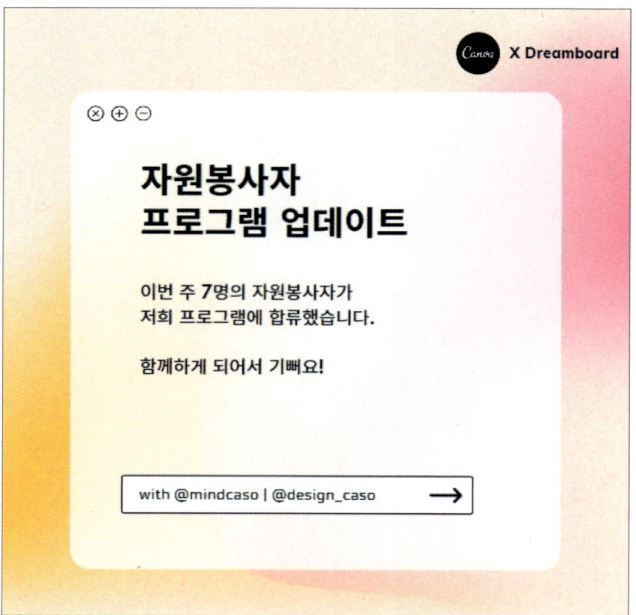

요소 정리 2

13 카드뉴스 기획서를 바탕으로 콘텐츠와 순서에 적합하게 텍스트를 수정한다. 첫 번째 내용 장에는 무엇을 배우게 되는지에 대한 강의 내용을 담았다. '강의 내용'의 폰트는 'Nanum Square Bold'로, 강의 내용을 설명하는 부분의 폰트는 'Kopub바탕체 Bold'로 두 가지를 사용했다. 텍스트의 크기도 보기 좋게 조정하고 텍스트 및 그래픽 요소의 배치와 전체적인 레이아웃을 살펴본다. 완성되었으면 '페이지 복제'를 클릭해서 그대로 복사한다.

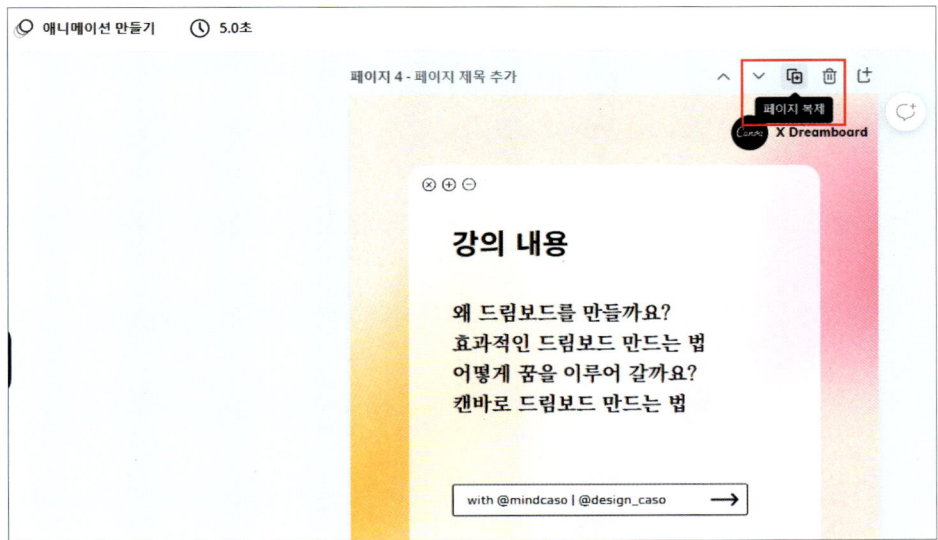

텍스트의 내용 변경 및 페이지 복사

14 다음 페이지 역시 카드뉴스 기획서를 바탕으로 텍스트를 수정한다. 두 번째 내용 장에는 언제, 어떻게 진행되는지 강의 일정을 담았다. 통일감을 위해서 첫 번째 내용 장의 레이아웃과 폰트는 그대로 사용하면서 내용만 바꿔준다. 완성되었으면 '페이지 복제'를 클릭해서 그대로 복사한다.

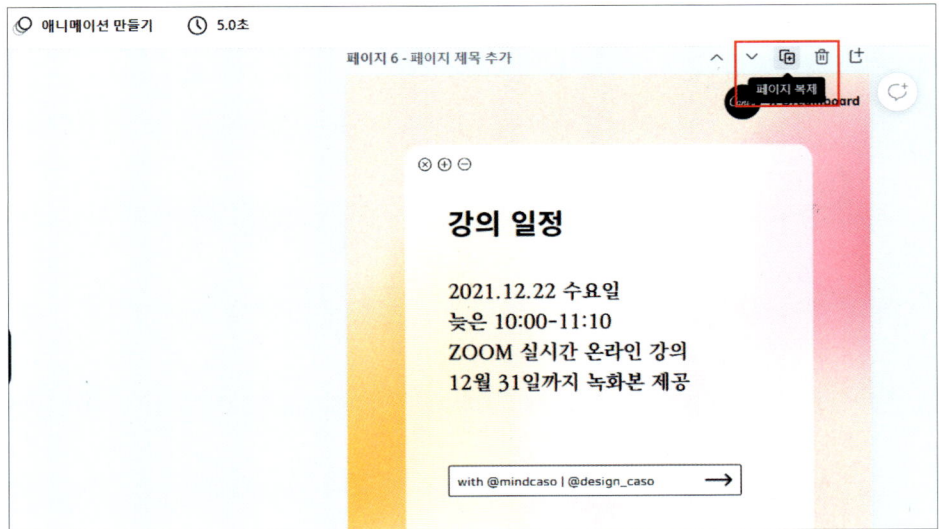

텍스트의 내용 변경 및 페이지 복사

15 다음 페이지도 마찬가지다. 카드뉴스 기획서를 바탕으로 텍스트를 수정한다. 세 번째 내용 장에는 이 강의를 들으면 좋을 사람들, 신청 대상을 써서 설득했다. 통일감을 위해서 첫 번째 내용 장의 레이아웃과 폰트는 그대로 사용하면서 내용만 바꿔준다. 완성되었으면 '페이지 복제'를 클릭해서 그대로 복사한다.

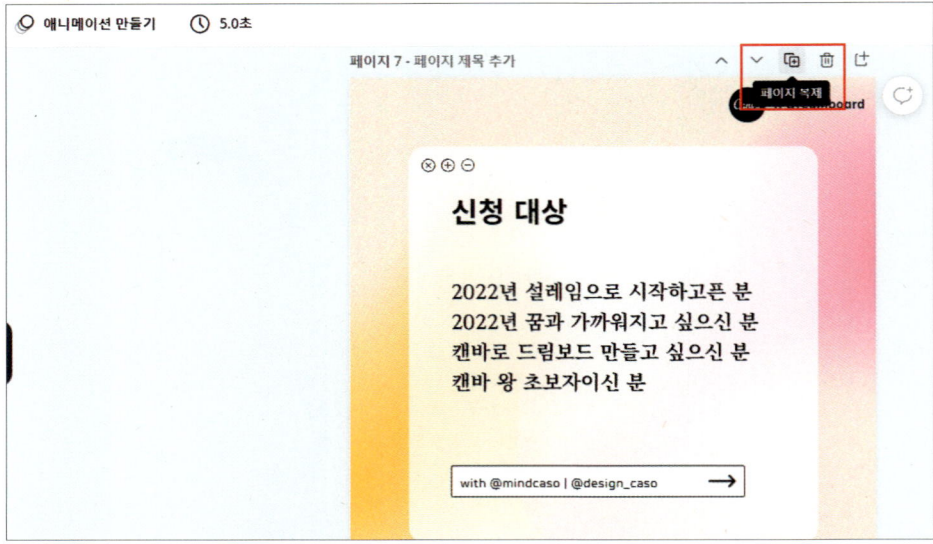

텍스트의 내용 변경 및 페이지 복사

16 네 번째 내용 장도 카드뉴스 기획서를 바탕으로 수정한다. 강의를 신청하는 방법을 담았고, 조금 더 인지하기 쉽도록 '요소'에서 '인스타그램'과 '이메일' 키워드로 그래픽을 검색해서 활용했다. 이번 페이지 역시 일관성 있는 디자인을 위해서 첫 번째 장의 레이아웃과 폰트는 그대로 사용하면서 내용만 바꿔준다. '올해도 감사합니다'처럼 강조하고 싶은 텍스트는 크기를 더 키워도 좋다.

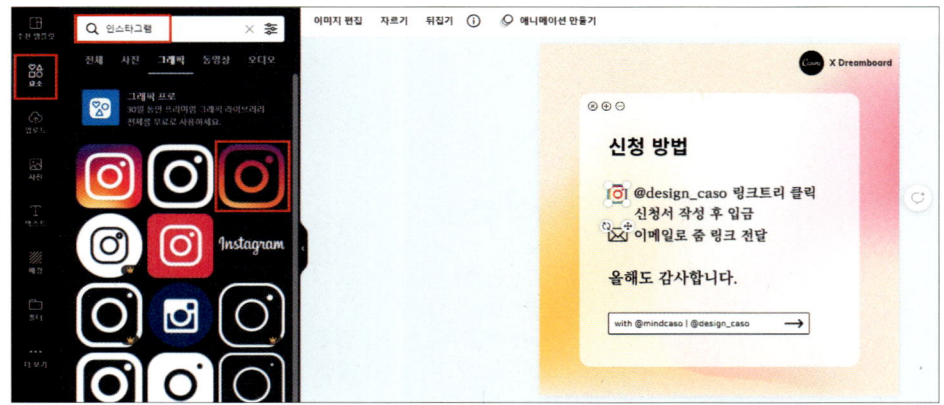

텍스트의 내용 변경 및 페이지 복사

17 마무리 장은 가장 처음에 만든 제목 장을 복사해서 제목의 텍스트 상자는 삭제하고, 준비한 강의를 통해서 전하고 싶은 메시지를 명언으로 설득하고자 했다. 계획한 모든 페이지가 완성이 되었으면 하단의 그리드 뷰를 클릭한다. 전체적인 분위기, 내용과 흐름을 살피면서 수정할 부분이 있는지 확인한다.

마무리 장

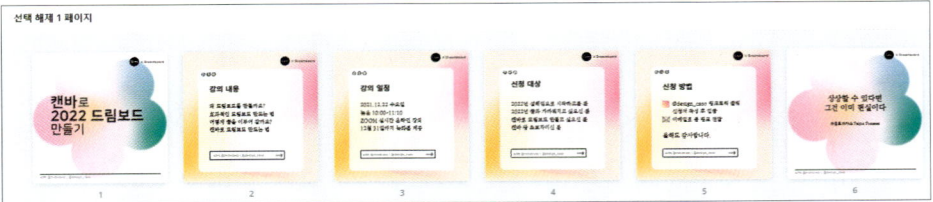

그리드 뷰

18 우측 상단의 '공유'로 들어가서 '다운로드'를 클릭한다.

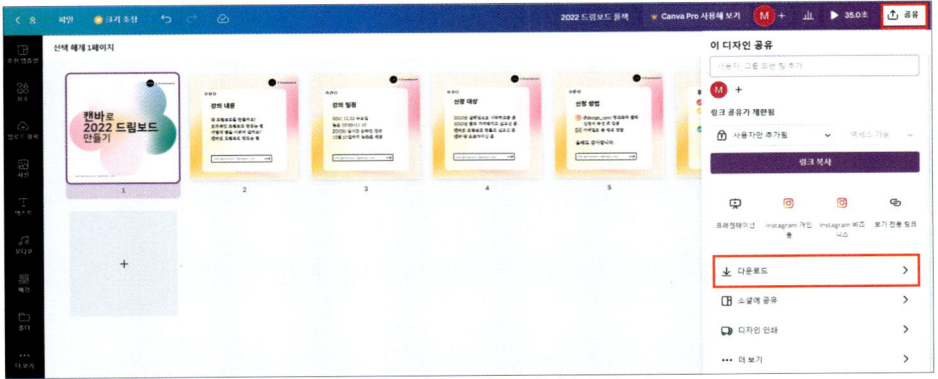

다운로드하기

Chapter 06. 2주 만에 완성하는 SNS 콘텐츠 디자인

19 파일 형식은 'PNG'로 설정하고, 필요한 이미지 7장을 모두 선택한 다음, '완료' 후 '다운로드'한다.

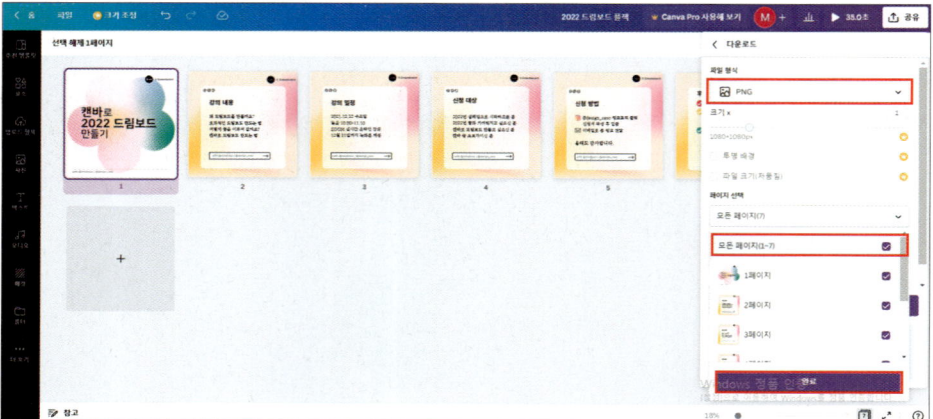

다운로드하기

20 여러 장을 한번에 선택하면 압축 파일로 다운로드되므로, 압축을 푼 다음 완성된 이미지를 SNS에 올려 보자.

7일차 : 진정성 UP! 사진을 활용한 유튜브 섬네일 디자인 ▶유튜브

유튜브 영상 클릭 여부를 결정짓는 데 중요한 역할을 하는 섬네일을 만들어 본다. 사진으로 사실감을 강조하고, 텍스트를 활용하여 심플함이 돋보이는 디자인을 작업해 보자.

👆 결과물

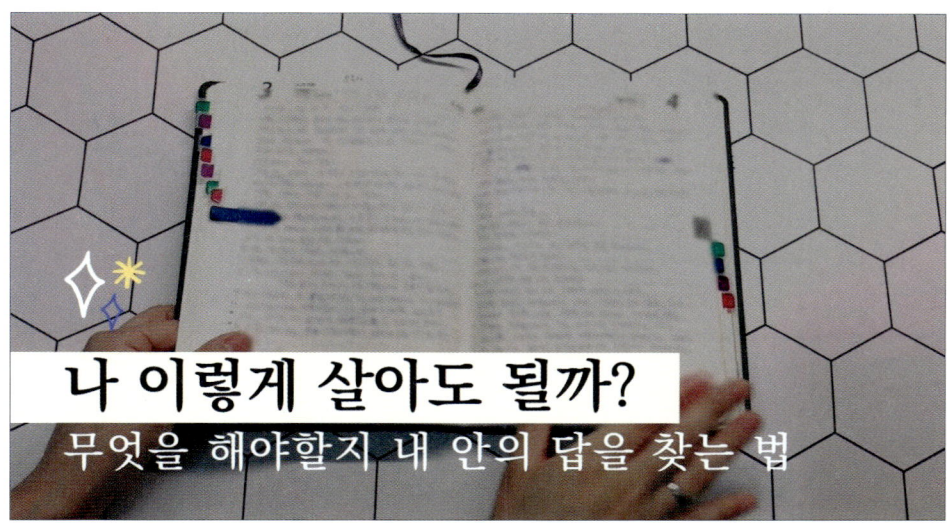

사진을 활용한 유튜브 섬네일

👆 디자인하기

01 캔바 메인 페이지에서 '소셜 미디어'의 'YOUTUBE 섬네일'을 클릭해서 작업할 작업 페이지를 연다.

YOUTUBE 섬네일

02 배경 이미지로 사용할 사진을 '업로드 항목'에 불러오고, 작업 페이지에 맞게 키워 준다. 유튜브의 섬네일은 대체로 직접 찍은 사진을 활용하는 것이 효과적이다.

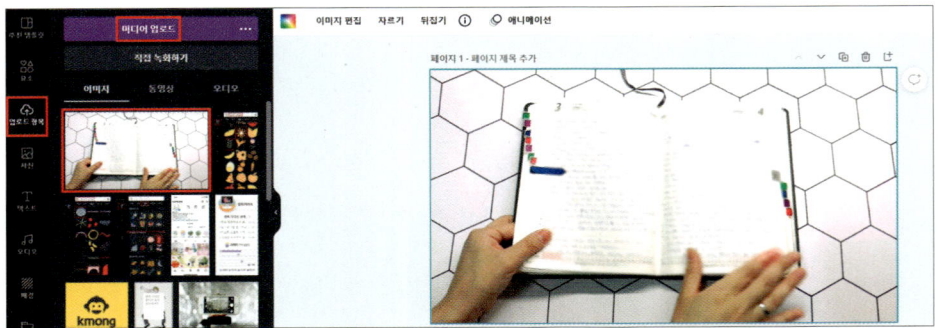
사진 사진 업로드 및 사이즈 키워주기

03 텍스트에서 영상의 주제를 잘 표현하는 제목을 넣는다. 주제목과 소제목을 나누어서 역할에 따라 글자의 크기와 폰트, 컬러까지 다르게 하여 읽는 사람을 고려한다. 감성적인 느낌의 영상이라서 명조체를 활용했고, 소제목의 크기는 조금 줄여 주었다.

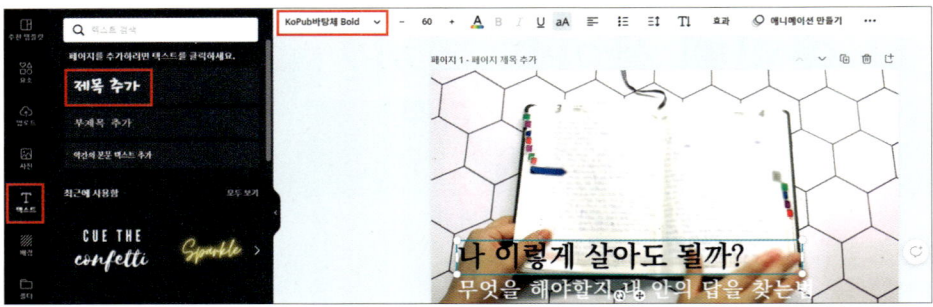
텍스트에서 제목 넣기

04 주제목을 강조하기 위해서 텍스트 밑에 도형을 배치하고, 위치의 '뒤로' 기능으로 텍스트 아래로 보낸다.

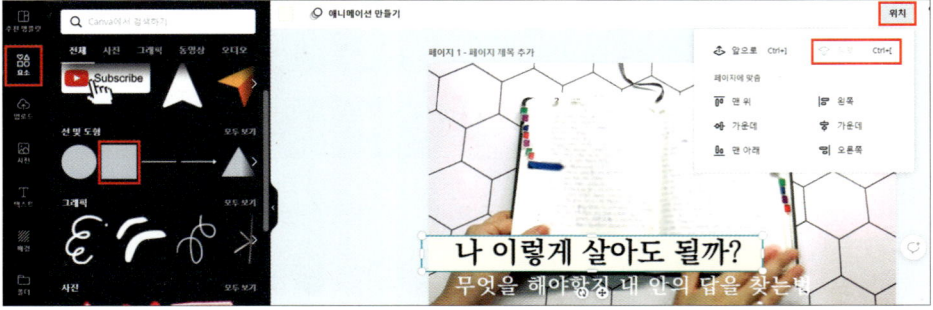
주제목 강조하기

05 제목과 사진을 효과적으로 강조하기 위해서 사진 위에 사각형 도형을 깔고 검은 색으로 변경한 뒤 투명도를 준다. 사진이 살짝 어두워져서 텍스트가 더 잘보인다.

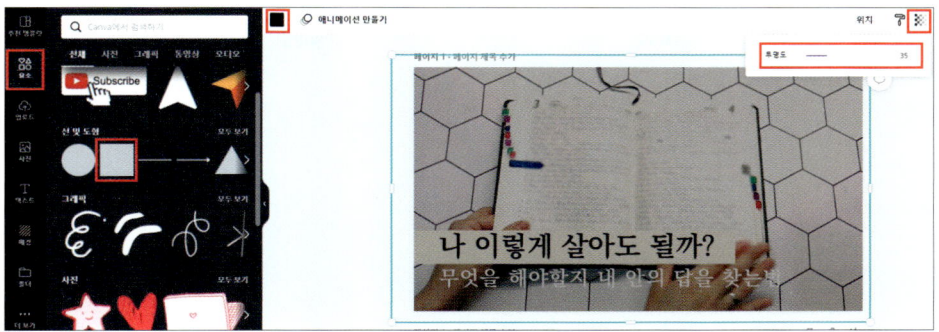

사진 위에 도형 깔기

06 투명도를 준 검은색 사각형은 텍스트 밑에, 사진 위에 위치해야 제목이 더 잘 보이므로 '위치'에서 '뒤로'를 클릭하면서 배치한다.

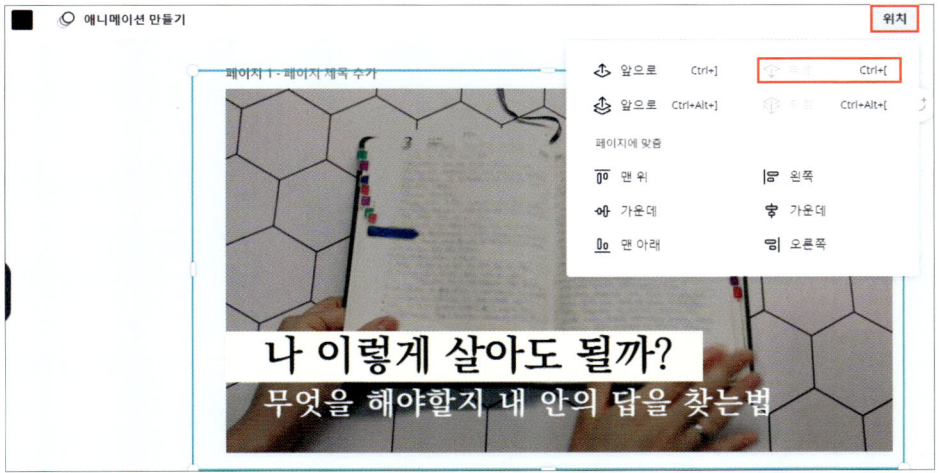

도형 위치 변경

07 '요소'에서 별이나 다이아몬드 등의 그래픽을 검색하고 컬러를 변경해서 과하지 않게 꾸며 주었다.

요소로 꾸미기

08 디자인 요소와 텍스트 등의 배치와 정렬을 전체적으로 살펴보면서 필요한 부분은 정리하고 수정한다.

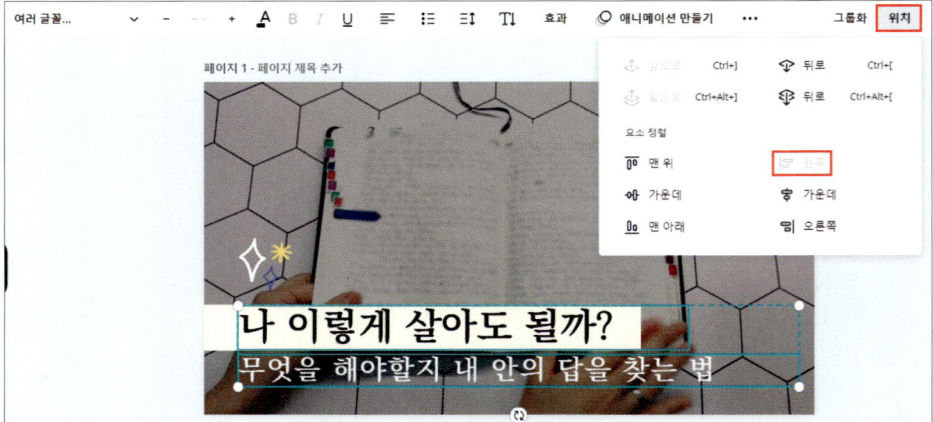

정렬 맞추기

09 우측 상단의 '공유'로 들어가서 '다운로드'를 클릭한다.

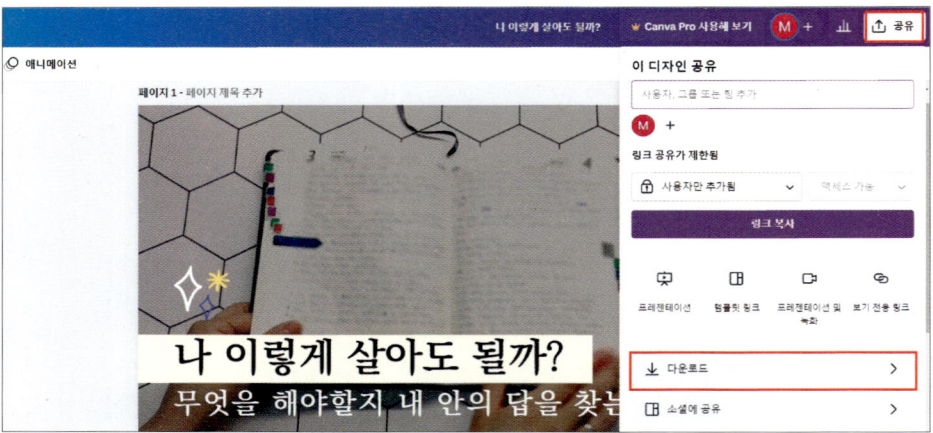

다운로드하기

10 파일 형식은 'PNG'로 설정하고 필요한 이미지를 선택한 다음, '완료' 후 '다운로드'한다.

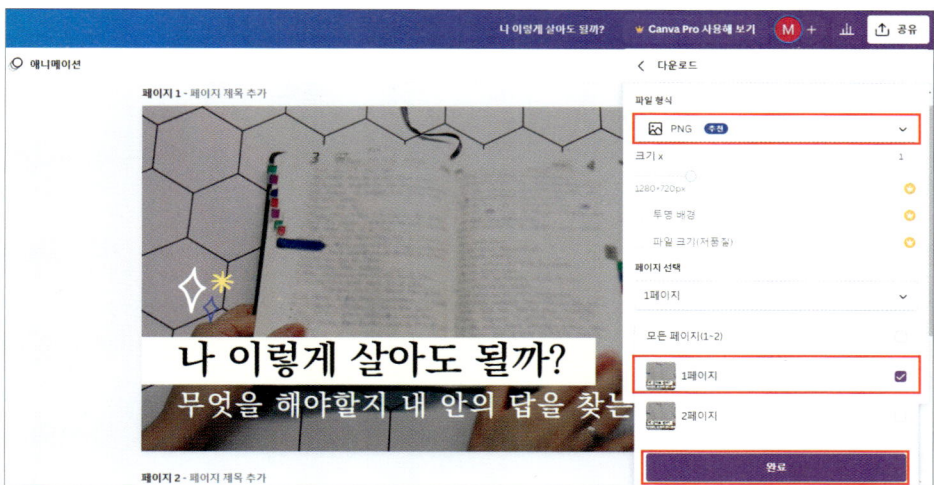

다운로드 설정

11 완성된 이미지는 유튜브 섬네일로 넣어 본다.

8일차 : 채널 정체성 UP! 유튜브 채널아트 디자인 ▶유튜브

유튜브 채널아트는 3일차의 블로그 상단 스킨과 같이 유튜브 채널의 개성과 특징, 콘텐츠를 보여줄 수 있는 간판과 같은 역할을 한다. 어떤 콘텐츠를 다루는 채널인지 인지할 수 있도록 디자인이 필요한 영역이다. 미니멀 라이프를 추구하는 크리에이터의 생활, 패션, 음식 등 심플한 라이프 스타일을 브이로그로 보여주는 채널을 상상하며 채널아트를 만들어 보자.

결과물

미니멀 라이프 유튜브의 채널아트

디자인하기

01 캔바 메인 페이지에서 '소셜 미디어'의 'YOUTUBE 채널아트'를 클릭해서 작업할 작업 페이지를 연다. 참고로 채널 아트의 크기는 가로 2560px, 세로 1440px이다.

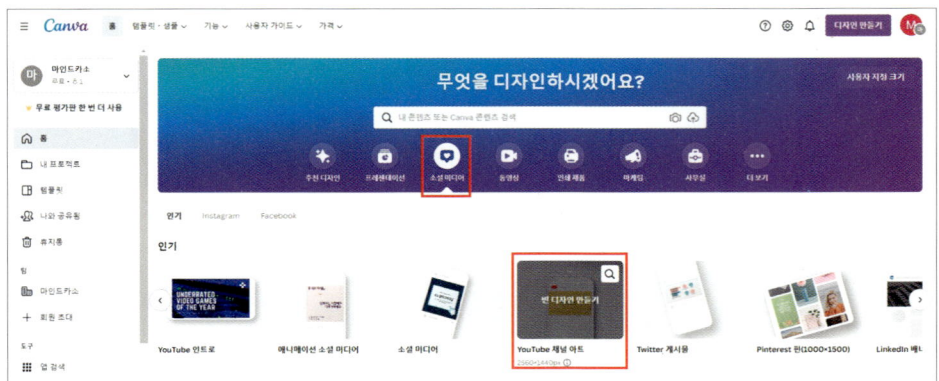

YOUTUBE 채널아트

02 좌측의 '추천 템플릿'에서 구상한 채널아트 이미지에 적용하고 싶은 템플릿을 선택한다. 심플한 폰트를 활용하기 위해 아래의 템플릿 디자인을 골랐다.

템플릿 선택

03 선택한 템플릿에서 활용할 텍스트 외에 불필요한 사진과 디자인 요소를 모두 삭제한다.

요소 삭제

04 좌측 메뉴 바의 '사진'에서 키워드 'minimal'을 검색하여 채널의 콘셉트와 어울리는 사진을 선택하고, 사진의 모서리를 잡고 조정해서 보기 좋게 배치한다.

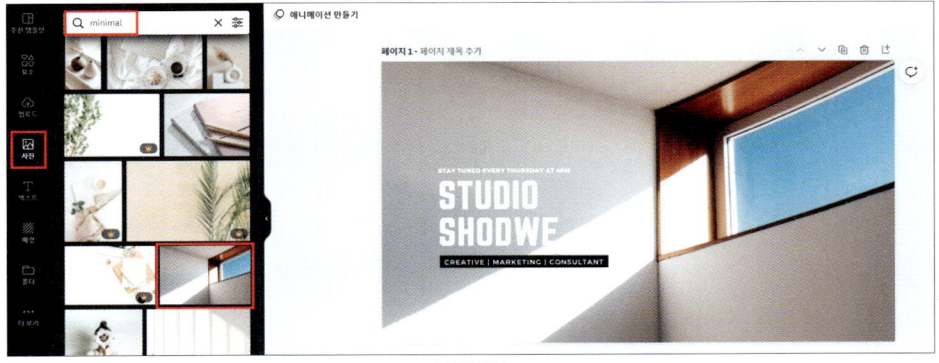

사진 변경

05 채널명과 다루는 콘텐츠를 텍스트로 넣고 크기를 조정한다. 전체적인 레이아웃을 보면서 텍스트의 위치도 보기 좋게 재배치한다.

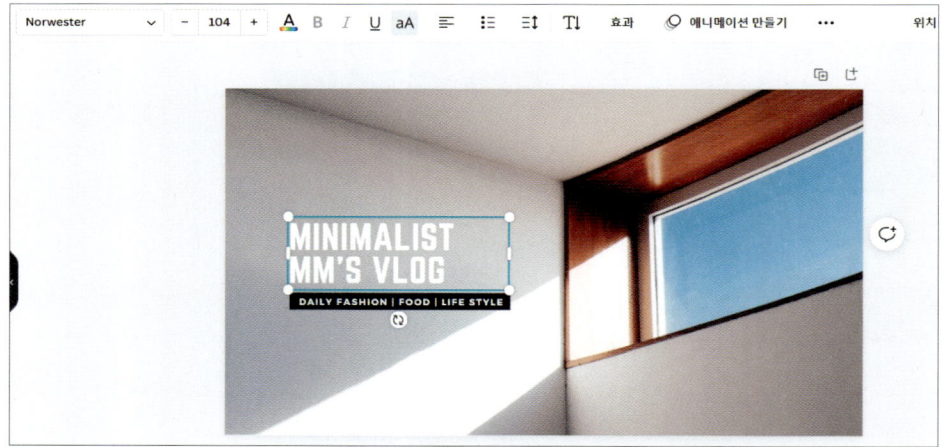

텍스트 변경

06 디자인 요소와 텍스트 등의 배치와 정렬을 전체적으로 살펴보면서 필요한 부분은 정리하고 수정한다.

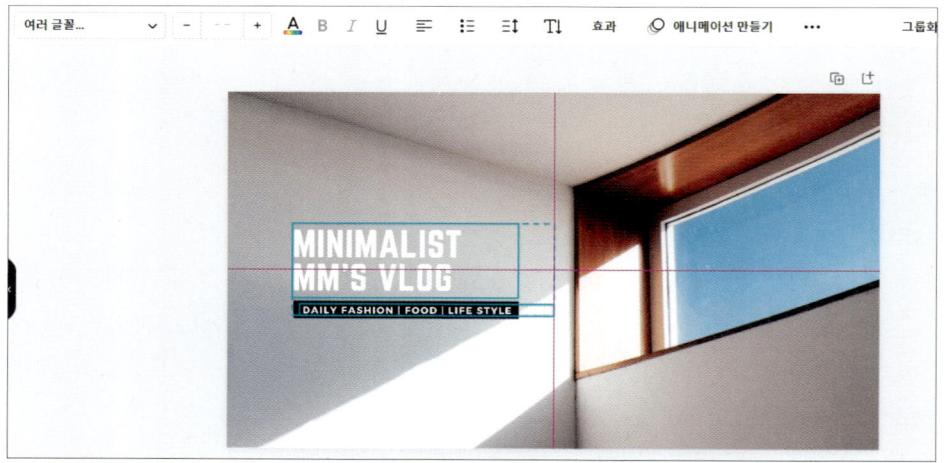

정렬 맞추기

07 우측 상단의 '공유'로 들어가서 '다운로드'를 클릭한다.

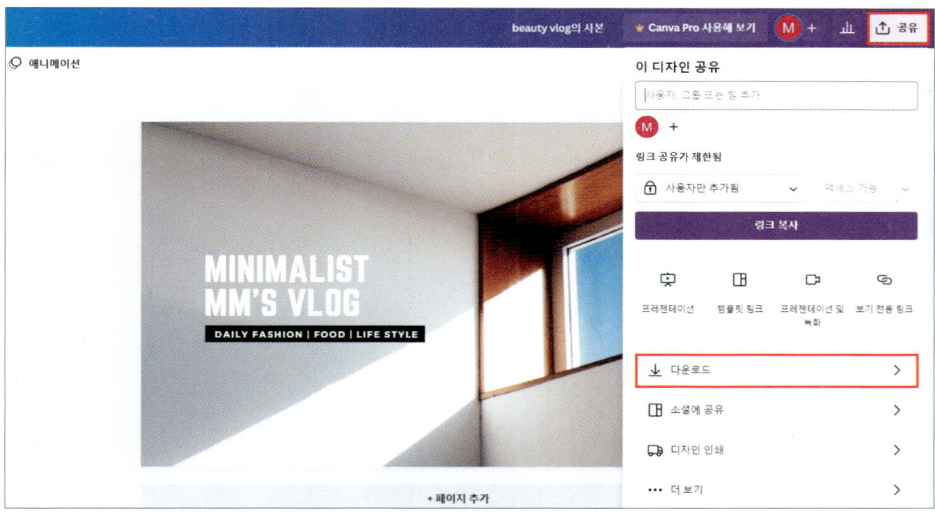

다운로드하기

08 파일 형식은 'PNG'로 설정하고, '다운로드'한다.

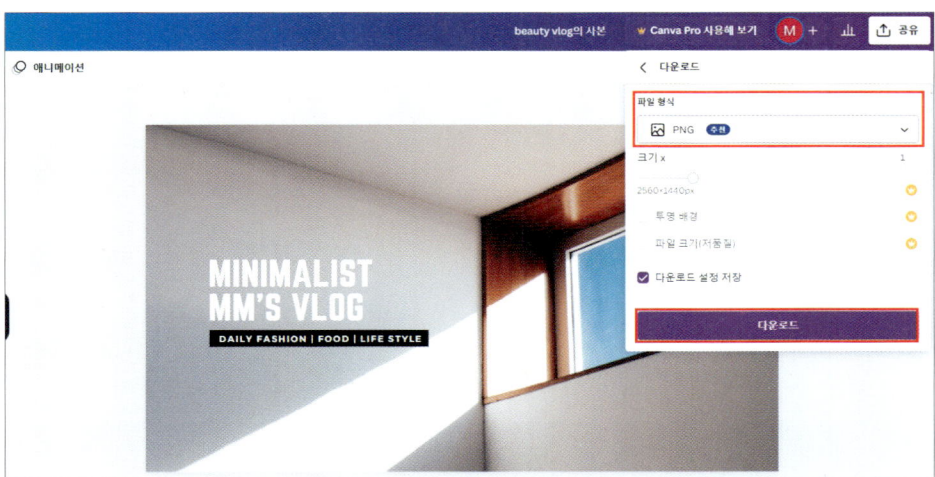

다운로드 설정

09 완성된 채널아트 이미지는 유튜브 설정에서 변경한다.

9일차 : 기억에 남는 프로필 디자인 🔵블로그 📷인스타그램 ▶유튜브

SNS의 프로필 사진은 자신 계정의 간판이자 첫인상이 된다. 무엇을 하는 사람인지 혹은 어떤 콘텐츠를 다루는지 한눈에 알아볼 수 있도록 디자인하는 것이 중요하다. 북튜버 중에서 그림책 읽어주는 콘셉트라 가정하고 프로필 이미지를 만들어 보자. 로고에 대한 자세한 설명은 [챕터 5-4. SNS의 첫 인상이 되는 로고]를 참고하자.

👆 결과물

그림책 읽어주는 SNS 채널의 프로필

👆 디자인하기

01 캔바 메인 페이지에서 '맞춤형'의 '로고'를 클릭해서 작업할 작업 페이지를 연다.

로고

02 좌측의 '추천 템플릿'에서 키워드 '책'으로 검색해서 구상한 채널 계정의 콘셉트와 어울리는 템플릿을 선택한다.

템플릿 선택

03 유튜브 채널명에 맞게 텍스트와 크기를 변경해 준다. '카소 책방'의 텍스트 간격이 넓어 보여서 '글자 간격'을 조정했다.

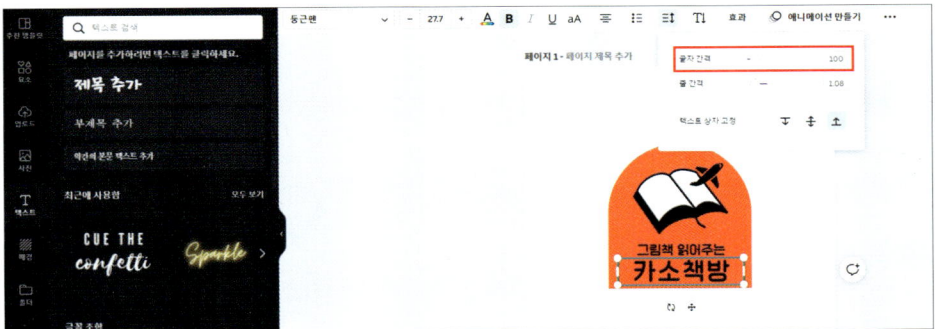

텍스트 변경

04 비행기 그래픽은 콘셉트에 적합하지 않아서 삭제하고, 그림책과 어울릴 요소를 찾기 위해 키워드 '붓'으로 검색해서 붓 터치가 느껴지는 별 그래픽을 선택했다.

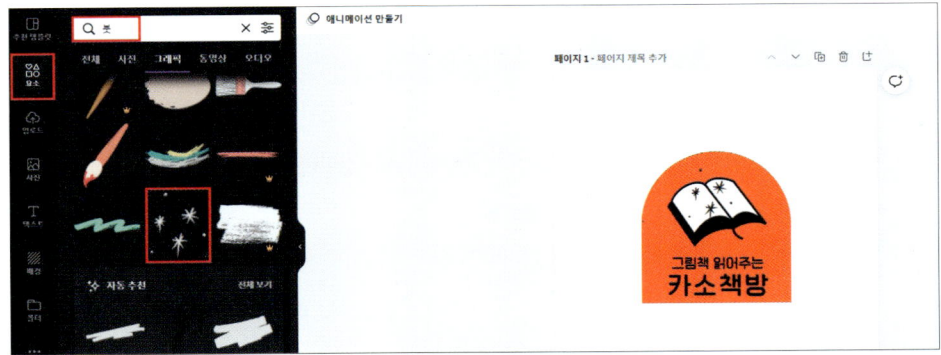

요소 변경 1

05 SNS 프로필 사진 영역은 보통 동그라미로 로고를 넣었을 때 안정적인 느낌을 주기 위해 아래 도형을 원으로 변경했다.

요소 변경 2

06 전체적인 컬러를 바꿔 준다. 그림책 느낌에 어울리게 밝고, 포인트가 되는 컬러 노란 계열을 선택했다. 책은 배경의 노란색과 대비되어 눈에 잘 띄도록 파란색으로, 별 모양 그래픽은 주황색으로 긍정적인 느낌을 표현했다.

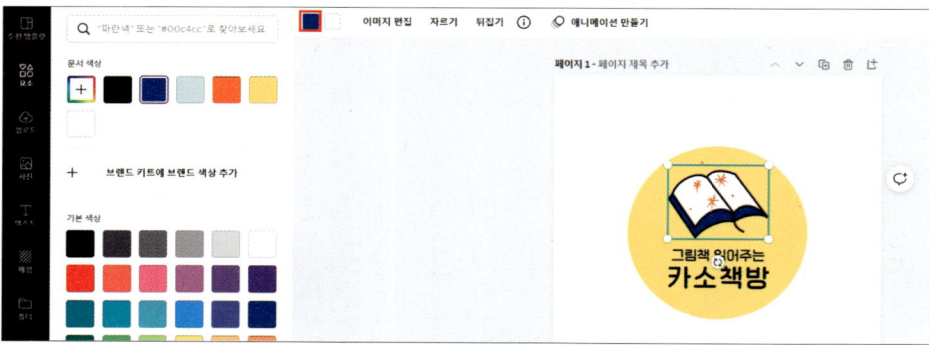

컬러 변경

07 디자인 요소와 텍스트 등의 배치와 정렬을 전체적으로 살펴보면서 필요한 부분은 정리하고 수정한다.

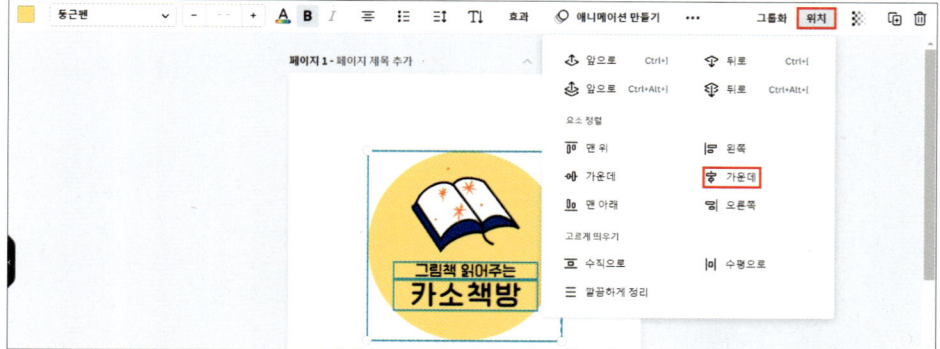

정렬 맞추기

08 우측 상단의 '공유'로 들어가서 '다운로드'를 클릭한다.

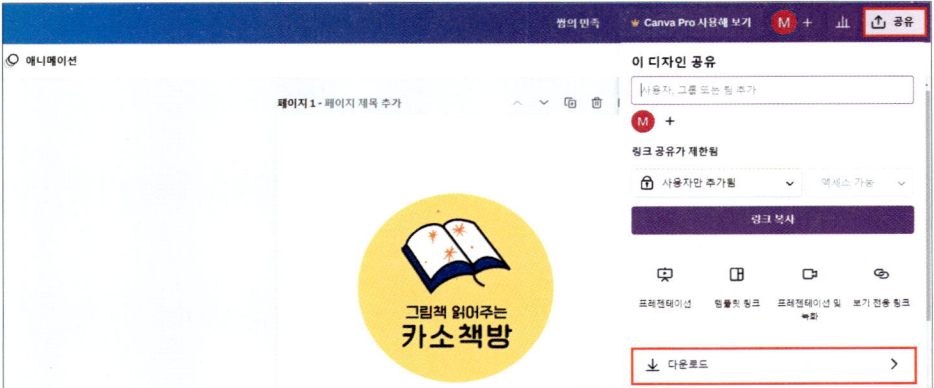

다운로드하기

09 파일 형식은 'PNG'로 설정하고, '다운로드'한다.

다운로드 설정

10 완성된 이미지는 SNS 프로필 이미지로 넣어본다.

♥ TIP   배경이 투명한 로고가 필요하다면?

리무브(www.remove.bg)

캔바 무료 버전에서는 배경이 투명한 이미지로 다운로드할 수 없다. 이럴 때에는 [**챕터 4-2. 사진의 배경을 지우고 싶을 땐, Remove**]에서 소개한 리무브 사이트를 이용해 보자. 단 몇 초 만에 배경이 투명한 로고를 손쉽게 만들 수 있다.

10일차 : 판매량 UP! 제품 이벤트 이미지 디자인

요즘 본업 외에 스마트스토어나 쇼핑몰을 운영하는 경우가 많다. 스토어의 로고부터 배송 혹은 이벤트 안내 이미지, 제품의 상세페이지 등 시각적인 부분에 신경 쓴 만큼 판매량도 향상될 것이다.

아트 포스터를 판매하는 쇼핑몰의 신상품 할인 이벤트 안내 이미지를 만들어 보자. 홈페이지마다 요구하는 사이즈가 다르므로 사이즈는 운영하는 채널에 맞게 설정해 준다.

결과물

신상품 할인 이벤트 이미지

디자인하기

01 만들어 볼 실습 이미지의 사이즈는 '사용자 지정 크기'로 지정해 준다. 가로 1900px, 세로 700px로 설정하고 '새 디자인 만들기'를 클릭한다.

사용자 지정 크기

02 좌측 메뉴 바 '업로드'에서 디자인에 사용할 사진을 '업로드 항목'에 모두 업로드한다.

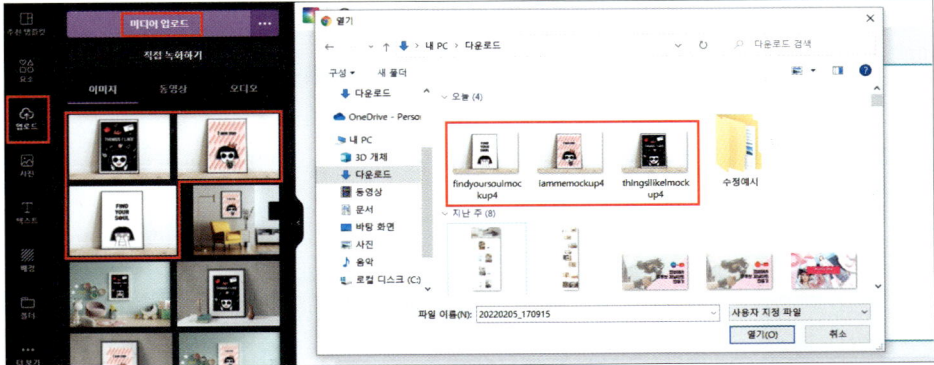

사진 업로드

03 좌측 메뉴 바 '요소'에서 3장의 사진을 넣을 수 있는 그리드를 선택하고, 그리드의 모서리와 변으로 크기를 조정하고 위치를 배치한다.

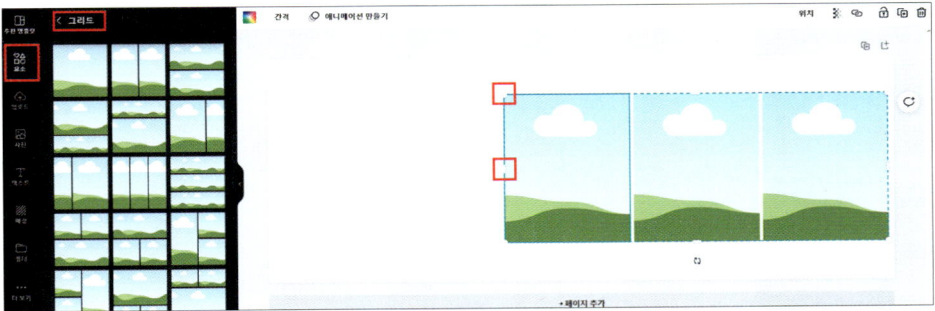

요소 그리드

04 업로드한 사진을 하나씩 클릭한 후 드래그 앤 드롭으로 그리드 칸에 넣는다.

사진 넣기

05 좌측 메뉴 바 '텍스트'에서 '제목 추가'를 클릭해서 텍스트 박스를 불러온 후, 이벤트 제목과 내용을 넣는다. 읽는 사람을 고려하기 위해 주제목과 부가 설명 부분을 나누어서 역할에 따라 글자의 크기와 컬러를 다르게 했다. EVENT는 빨간색으로 강조하고 주변에 여백을 주어서 눈에 더 잘 띌 수 있도록 배치했다. 심플하게 표현하기 위해 제목은 'Nanum Square Bold'를, 맨 아래의 설명 부분은 'Nanum Square Light'를 사용했다.

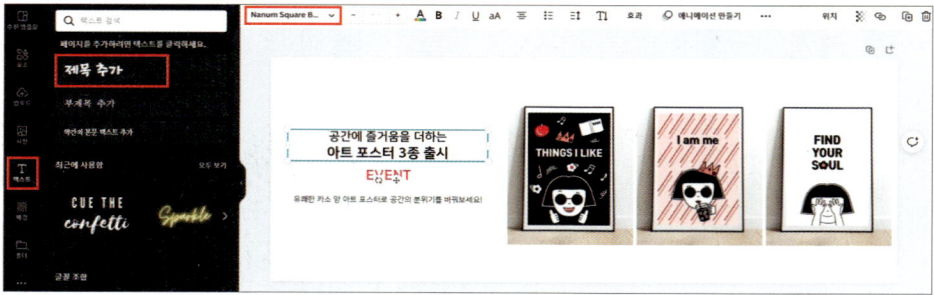

텍스트

06 좌측 메뉴 바 '요소'에서 키워드 '말풍선'을 검색해서 선택한 후, '뒤집기'의 '수평 뒤집기'로 방향을 바꾸고 할인율을 강조했다.

요소

07 말풍선을 강조하기 위해 첫 번째 포스터 사진 속 사과에 활용한 레드 컬러로 변경했다. 상단 컬러칩에서 스포이드로 선택했고, 텍스트 EVENT 역시 같은 레드 컬러를 사용함으로써 통일감을 더했다.

컬러 변경

08 흰색의 배경색보다 살짝 따뜻한 느낌을 주기 위해서, 배경을 선택하고 컬러칩에서 옅은 베이지색으로 변경했다.

배경색 변경

09 디자인 요소와 텍스트 등의 배치와 정렬을 전체적으로 살펴보면서 필요한 부분은 정리하고 수정한다.

정렬 맞추기

10 우측 상단의 '공유'로 들어가서 '다운로드'를 클릭한다.

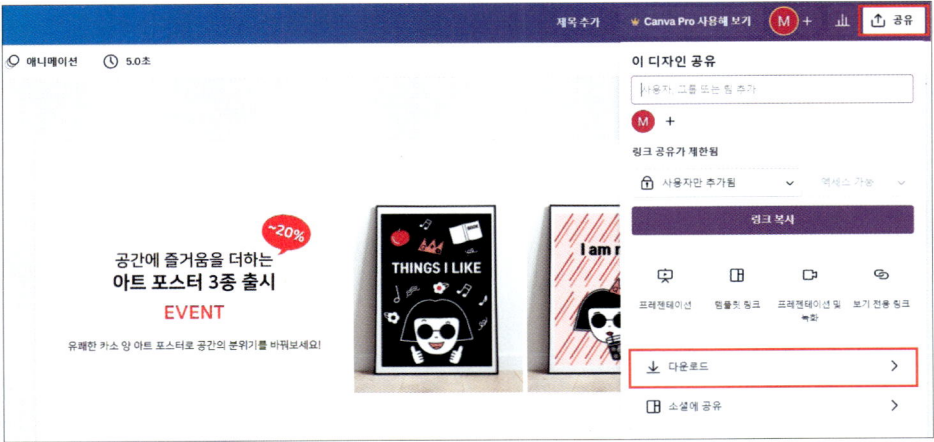

다운로드하기

11 파일 형식은 'PNG'로 설정하고 필요한 이미지를 선택한 다음, '완료' 후 '다운로드'한다.

다운로드 설정

12 완성된 이미지는 운영하는 쇼핑몰에 적용해 본다.

Lesson 02 | 도전! 디자인 실력이 향상되는 응용 과제

'디자인이란 무엇인가'라는 질문을 시작으로, SNS 콘텐츠 디자인을 위한 기본 요소 3가지와 캔바의 주요 기능 학습, 10가지 예시 이미지 제작을 거쳐 마지막 응용 과제를 디자인해 보는 단계까지 왔다.

책에 담은 디자인과 반드시 똑같이 만들 필요는 없다. 이미지를 참고하여 다양한 스타일로 자신에게 필요한 이미지를 만들어 보자. 응용 과제를 작업하다가 막히거나 어려움이 느껴진다면, 필자가 직접 디자인하는 과정을 담은 유튜브 영상을 함께 보면서 만들면 도움이 될 것이다.

포괄적인 의미에서 디자인은 더 이상 특정 전문가만 하는 분야가 아니다. 특히 시각적 상호작용의 비중이 큰 SNS에 자신의 콘텐츠를 올리고, 사람들의 공감을 얻기 위해서는 더욱 그렇다.

어렵게 생각하지 말자. 보기 좋은 이미지를 만들기 위해서는 이 책에 담긴 디자인의 기본을 배우면 되고, 디자인적 센스를 향상시키기 위해서는 약간의 관심만 있으면 된다. 일상에서 접하는 좋아 보이는 제품이나 섬네일, 이벤트 및 광고 이미지 등을 보며, 레이아웃, 컬러, 서체의 디자인 규칙들을 어떻게 접목했는지 생각해 보자. 그리고 디자인 실력을 높이기 위해서는 결국 경험해야 한다. 보고 느낀 것을 나의 콘텐츠로 직접 만들어 보는 과정이 꼭 필요하다.

캔바라는 감각적이고 유용한 편집 도구를 무료로 사용할 수 있으니 얼마나 편리한가. 제공하는 기능들을 충분히 활용하자. 작업의 양에 비례하여 여러분의 디자인 실력과 감각이 향상될 것이다.

욕심내지 말고, 한 번에 하나씩 해나가면서 성취감도 느끼고, 일상에 디자인이 스며들기를 바란다.

11일차 : 기본 템플릿을 활용한 섬네일 디자인　📝블로그 📷인스타그램

캔바에서 제공하는 템플릿을 활용하여 블로그 섬네일을 만들어 보자.

👆 완성 이미지 미리보기

완성 이미지

👆 작업 전 참고사항

▶ 디자인 과정 영상
https://youtu.be/TbQ7sKtZmQc

- **폰트**: Nanum Square Bold
- **템플릿**: 'Instagram 게시물' → '추천 템플릿' → '코로나' 검색 → 이미지 선택

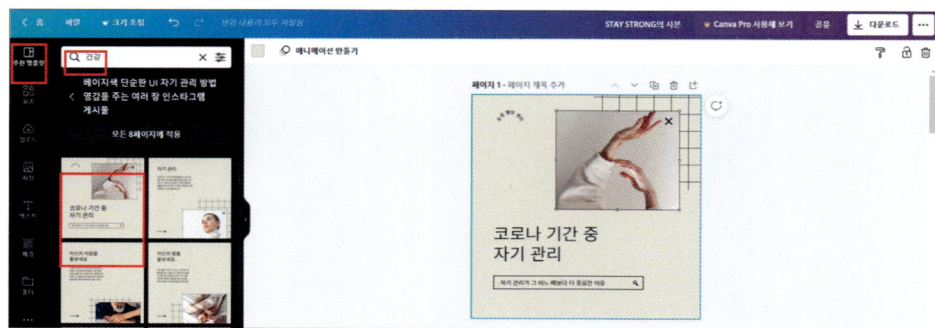

추천 템플릿

12일차 : 참여도를 높이는 이벤트 섬네일 디자인 📝블로그 📷인스타그램

SNS에 올릴 이벤트 이미지를 'Instagram 게시물' 작업 페이지에서 템플릿을 활용하지 않고, 요소의 그래픽과 프레임, 배경 이미지를 검색해서 디자인해 보자.

👆 완성 이미지 미리보기

완성 이미지

👆 작업 전 참고사항

▶ 디자인 과정 영상
https://youtu.be/rXGpUiKjeB0

- **폰트:** DoHyeon
- **배경:** '사선' 검색 → 이미지 선택 → 흰색으로 컬러 변경 → 투명도 적용(35)

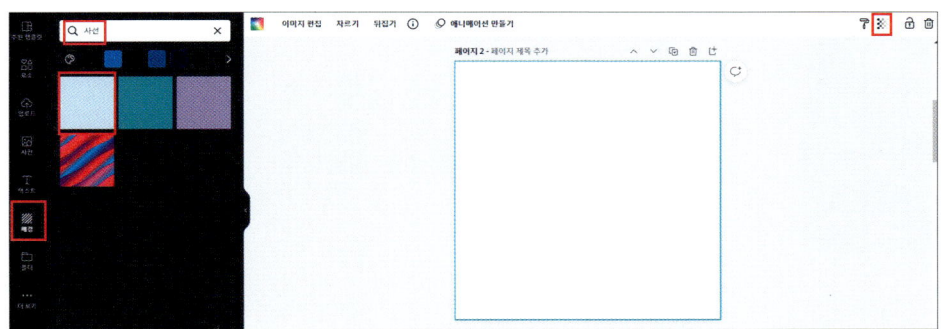

배경 이미지

Chapter 06. 2주 만에 완성하는 SNS 콘텐츠 디자인   **216**

13일차 : 시선을 사로잡는 섬네일 디자인 ▶ 유튜브

유튜브를 운영할 때 디자인적으로 꼭 신경 써야 하는 섬네일 이미지를 요소의 그래픽과 사진을 활용해서 만들어 보자.

완성 이미지 미리 보기

완성 이미지

작업 전 참고사항

디자인 과정 영상
https://youtu.be/1eli9gEOvQw

- **폰트:** 제목 - DoHyeon, 하단 닉네임 - Nanum Pen Script
- **사진:** '유튜브' 검색 → 이미지 선택 → 투명도 적용(70)

사진 선택

- 요소에서 키워드 'canva'와 '유튜브'를 검색해서 이모티콘을 넣었다. SNS 로고 그래픽을 활용하면 보는 사람들이 인지하기가 더 수월해지고, 디자인적 완성도 또한 높아지니 적절하게 활용하는 것을 추천한다.

그래픽 요소 활용

세상에서 가장 쉬운
SNS 콘텐츠 디자인 with 캔바

디자인의 기본부터 유튜브 · 인스타그램 · 블로그 콘텐츠 실습까지

출간일	2022년 7월 21일 ㅣ 1판 1쇄
지은이	강민영
펴낸이	김범준
기획/책임편집	김수민
교정교열	이현혜
편집디자인	나은경
표지디자인	이소정
발행처	비제이퍼블릭
출판신고	2009년 05월 01일 제300-2009-38호
주소	서울시 중구 청계천로 100 시그니쳐타워 서관 10층 1060호
주문/문의	02-739-0739 팩스 02-6442-0739
홈페이지	http://bjpublic.co.kr 이메일 bjpublic@bjpublic.co.kr
가 격	21,000원
ISBN	979-11-6592-135-4 (03000)

한국어판 ⓒ 2022 비제이퍼블릭

이 책은 저작권법에 따라 보호받는 저작물이므로 무단 전재와 무단 복제를 금지하며,
내용의 전부 또는 일부를 이용하려면 반드시 저작권자와 비제이퍼블릭의 서면 동의를 받아야 합니다.

잘못된 책은 구입하신 서점에서 교환해드립니다.